THÉATRE CLASSIQUE
DES FRANÇAIS.

TOME XI.

OEUVRES CHOISIES

DE

P. CORNEILLE.

TOME QUATRIÈME.

ŒUVRES CHOISIES

DE

P. CORNEILLE.

TOME QUATRIÈME.

PARIS,

CHEZ TREUTTEL ET WÜRTZ, RUE DE LILLE, N° 17;

ET MÊME MAISON DE COMMERCE,

A STRASBOURG, GRAND'RUE, N° 15.—LONDRES, 30, SOHO-SQUARE.

1831.

SOPHONISBE,

TRAGÉDIE EN CINQ ACTES.

1663.

ŒUV. CH. DE P. CORNEILLE. IV.

PERSONNAGES.

SYPHAX, roi de Numidie.

MASSINISSE, autre roi de Numidie.

LÆLIUS, lieutenant de Scipion, consul de Rome.

LÉPIDE, tribun romain.

BOCCHAR, lieutenant de Syphax.

MÉZÉTULLE, lieutenant de Massinisse.

ALBIN, centenier romain.

SOPHONISBE, fille d'Asdrubal, général des Carthaginois, et reine de Numidie.

ÉRYXE, reine de Gétulie.

HERMINIE, dame d'honneur de Sophonisbe.

BARCÉE, dame d'honneur d'Érixe.

UN PAGE de Sophonisbe.

GARDES.

La scène est à Cyrthe, capitale du royaume de Syphax, dans le palais du roi.

SOPHONISBE.

ACTE PREMIER.

———

SCÈNE I.

SOPHONISBE, BOCCHAR, HERMINIE.

BOCCHAR.

Madame, il étoit temps qu'il vous vînt du secours,
Le siége étoit formé, s'il eût tardé deux jours.
Les travaux commencés alloient, à force ouverte,
Tracer autour des murs l'ordre de votre perte;
Et l'orgueil des Romains se promettoit l'éclat
D'asservir par leur prise, et vous, et tout l'Etat.
Syphax a dissipé, par sa seule présence,
De leur ambition la plus fière espérance.
Ses troupes se montrant au lever du soleil,
Ont de votre ruine arrêté l'appareil.
A peine une heure ou deux elles ont pris haleine,
Qu'il les range en bataille au milieu de la plaine.
L'ennemi fait de même, et l'on voit des deux parts
Nos sillons hérissés de piques et de dards,
Et l'une et l'autre armée étaler même audace,
Egale ardeur de vaincre, et pareille menace.
L'avantage du nombre est dans notre parti;
Ce grand feu des Romains en paroît ralenti.

Du moins de Lælius la prudence inquiète,
Sur le point du combat nous envoie un trompette.
On le mène à Syphax, à qui sans différer
De sa part il demande une heure à conférer.
Les otages reçus pour cette conférence,
Au milieu des deux camps l'un et l'autre s'avance;
Et si le ciel répond à nos communs souhaits,
Le champ de la bataille enfantera la paix.
    Voilà ce que le roi m'a chargé de vous dire,
Et que de tout son cœur à la paix il aspire,
Pour ne plus perdre aucun de ces moments si doux,
Que la guerre lui vole en l'éloignant de vous.

SOPHONISBE.

Le roi m'honore trop d'une amour si parfaite.
Dites-lui que j'aspire à la paix qu'il souhaite,
Mais que je le conjure, en cet illustre jour,
De penser à sa gloire, encor plus qu'à l'amour.

SCÈNE II.

SOPHONISBE, HERMINIE.

HERMINIE.

Madame, ou j'entends mal une telle prière,
Ou vos vœux pour la paix n'ont pas votre ame entière.
Vous devez pourtant craindre un vainqueur irrité.

SOPHONISBE.

J'ai fait à Massinisse une infidélité.
Accepté par mon père, et nourri dans Carthage,
Tu vis en tous les deux l'amour croître avec l'âge.
Il porta dans l'Espagne, et mon cœur, et ma foi;

Mais durant cette absence on disposa de moi.
J'immolai ma tendresse au bien de ma patrie.
Pour lui gagner Syphax j'eusse immolé ma vie.
Il étoit aux Romains, et je l'en détachai.
J'étois à Massinisse, et je m'en arrachai.
J'en eus de la douleur, j'en sentis de la gêne;
Mais je servois Carthage, et m'en revoyois reine;
Car afin que le change eût pour moi quelque appas,
Syphax de Massinisse envahit les Etats,
Et mettoit à mes pieds l'une et l'autre couronne,
Quand l'autre étoit réduit à sa seule personne.
Ainsi contre Carthage, et contre ma grandeur,
Tu me vis n'écouter ni ma foi, ni mon cœur.

HERMINIE.

Et vous ne craignez point qu'un amant ne se venge,
S'il faut qu'en son pouvoir sa victoire vous range?

SOPHONISBE.

Nous vaincrons, Herminie; et nos destins jaloux
Voudront faire à leur tour quelque chose pour nous.
Mais si de ce héros je tombe en la puissance,
Peut-être aura-t-il peine à suivre sa vengeance;
Et que ce même amour, qu'il m'a plu de trahir,
Ne se trahira pas jusques à me haïr.
Jamais à ce qu'on aime on n'impute d'offense.
Quelque doux souvenir prend toujours sa défense.
L'amant excuse, oublie; et son ressentiment
A toujours malgré lui quelque chose d'amant.
Je sais qu'il peut s'aigrir quand il voit qu'on le quitte,
Par l'estime qu'on prend pour un autre mérite;
Mais lorsqu'on lui préfère un prince à cheveux gris,

Ce choix fait sans amour est pour lui sans mépris ;
Et l'ordre ambitieux d'un hymen politique
N'a rien que ne pardonne un courage héroïque.
Lui-même il s'en console, et trompe sa douleur,
A croire que la main n'a point donné le cœur.

J'ai donc peu de sujet de craindre Massinisse ;
J'en ai peu de vouloir que la guerre finisse.
J'espère en la victoire, ou du moins en l'appui
Que son reste d'amour me saura faire en lui ;
Mais le reste du mien, plus fort qu'on ne présume,
Trouvera dans la paix une prompte amertume ;
Et d'un chagrin secret la sombre et dure loi
M'y fait voir des malheurs qui ne sont que pour moi.

HERMINIE.

J'ai peine à concevoir que le ciel vous envoie
Des sujets de chagrin dans la commune joie,
Et par quel intérêt un tel reste d'amour
Vous fera des malheurs en ce bienheureux jour.

SOPHONISBE.

Ce reste ne va point à regretter sa perte,
Dont je perdrois encor l'occasion offerte ;
Mais il est assez fort pour devenir jaloux
De celle dont la paix le doit faire l'époux.
Eryxe, ma captive, Eryxe, cette reine,
Qui des Gétuliens naquit la souveraine,
Eut aussi-bien que moi des yeux pour ses vertus,
Et trouva de la gloire à choisir mon refus.
Ce fut pour empêcher ce fâcheux hyménée,
Que Syphax fit la guerre à cette infortunée,
La surprit dans sa ville, et fit, en ma faveur,

Ce qu'il n'entreprenoit que pour venger sa sœur :
Car tu sais qu'il l'offrit à ce généreux prince,
Et lui voulut pour dot remettre sa province.

HERMINIE.

Je comprends encor moins que vous peut importer
A laquelle des deux il daigne s'arrêter.
Ce fut, s'il m'en souvient, votre prière expresse,
Qui lui fit par Syphax offrir cette princesse ;
Et je ne puis trouver matière à vos douleurs
Dans la perte d'un cœur que vous donniez ailleurs.

SOPHONISBE.

Je le donnois, ce cœur, où ma rivale aspire.
Ce don, s'il l'eût souffert, eût marqué mon empire,
Eût montré qu'un amant si maltraité par moi
Prenoit encor plaisir à recevoir ma loi.
Après m'avoir perdue, il auroit fait connoître
Qu'il vouloit m'être encor tout ce qu'il pouvoit m'être,
Se rattacher à moi par les liens du sang,
Et tenir de ma main la splendeur de son rang.
Mais s'il épouse Eryxe, il montre un cœur rebelle,
Qui me néglige autant qu'il veut brûler pour elle,
Qui brise tous mes fers, et brave hautement
L'éclat de sa disgrace, et de mon changement.

HERMINIE.

Certes, si je l'osois, je nommerois caprice
Ce trouble ingénieux à vous faire un supplice,
Et l'obstination des soucis superflus
Dont vous gêne ce cœur, quand vous n'en voulez plus.

SOPHONISBE.

Ah, que de notre orgueil tu sais mal la foiblesse,

Quand tu veux que son choix n'ait rien qui m'intéresse !
    Des cœurs que la vertu renonce à posséder,
La conquête toujours semble douce à garder.
Sa rigueur n'a jamais le dehors si sévère,
Que leur perte au-dedans ne lui devienne amère;
Et de quelque façon qu'elle nous fasse agir,
Un esclave échappé nous fait toujours rougir.
Qui rejette un beau feu, n'aime point qu'on l'éteigne.
On se plaît à régner sur ce que l'on dédaigne;
Et l'on ne s'applaudit d'un illustre refus,
Qu'alors qu'on est aimée après qu'on n'aime plus.
    Je veux donc, s'il se peut, que l'heureux Massinisse
Prenne tout autre hymen pour un affreux supplice;
Qu'il m'adore en secret, qu'aucune nouveauté
N'ose le consoler de ma déloyauté;
Ne pouvant être à moi, qu'il ne soit à personne,
Ou qu'il souffre du moins que mon seul choix le donne.
Je veux penser encor que j'en puis disposer;
Et c'est pourquoi la paix me va désabuser.
Juge si j'aurai lieu d'en être satisfaite;
Et, par ce que je crains, vois ce que je souhaite.
    Mais Eryxe déjà commence mon malheur,
Et me vient par sa joie avancer ma douleur.

SCÈNE III.

SOPHONISBE, ÉRYXE, HERMINIE, BARCÉE.

ÉRYXE.

Madame, une captive oseroit-elle prendre
Quelque part au bonheur que l'on nous vient d'apprendre?

SOPHONISBE.

Le bonheur n'est pas grand, tant qu'il est incertain.

ÉRYXE.

On me dit que le roi tient la paix en sa main ;
Et je n'ose douter qu'il ne l'ait résolue.

SOPHONISBE.

Pour être proposée, elle n'est pas conclue ;
Et les grands intérêts qu'il y faut ajuster,
Demandent plus d'une heure à les bien concerter.

ÉRYXE.

Alors que des deux chefs la volonté conspire...

SOPHONISBE.

Que sert la volonté d'un chef qu'on peut dédire ?
Il faut l'aveu de Rome, et que d'autre côté
Le sénat de Carthage accepte le traité.

ÉRYXE.

Lælius le propose, et l'on ne doit pas croire
Qu'au désaveu de Rome il hasarde sa gloire.
Quant à votre sénat, le roi n'en dépend point.

SOPHONISBE.

Le roi n'a pas une ame infidèle à ce point.
Il sait à quoi l'honneur, à quoi sa foi l'engage ;
Et je l'en dédirois, s'il traitoit sans Carthage.

ÉRYXE.

On ne m'avoit pas dit qu'il fallût votre aveu.

SOPHONISBE.

Qu'on vous l'ait dit ou non, il m'importe assez peu.

ÉRYXE.

Je le crois ; mais enfin, donnez votre suffrage,
Et je vous répondrai de celui de Carthage.

SOPHONISBE.

Avez-vous en ces lieux quelque commerce?

ÉRYXE.

Aucun.

SOPHONISBE.

D'où le savez-vous donc?

ÉRYXE.

D'un peu de sens commun.
On y doit être las de perdre des batailles,
Et d'avoir à trembler pour ses propres murailles.

SOPHONISBE.

Rome nous auroit donc appris l'art de trembler.
Annibal...

ÉRYXE.

Annibal a pensé l'accabler.
Mais ce temps-là n'est plus; et la valeur d'un homme...

SOPHONISBE.

On ne voit point d'ici ce qui se passe à Rome.
En ce même moment peut-être qu'Annibal
Lui fait tout de nouveau craindre un assaut fatal,
Et que c'est, pour sortir enfin de ces alarmes,
Qu'elle nous fait parler de mettre bas les armes.

ÉRYXE.

Ce seroit pour Carthage un bonheur signalé;
Mais, Madame, les Dieux vous l'ont-ils révélé?
A moins que de leur voix, l'ame la plus crédule
D'un miracle pareil feroit quelque scrupule.

SOPHONISBE.

Des miracles pareils arrivent quelquefois.
J'ai vu Rome en état de tomber sous nos lois,

La guerre est journalière; et sa vicissitude
Laisse tout l'avenir dedans l'incertitude.

ÉRYXE.

Le passé le prépare, et le soldat vainqueur
Porte aux nouveaux combats plus de force et de cœur.

SOPHONISBE.

Et si j'en étois crue, on auroit le courage
De ne rien écouter sur ce désavantage,
Et d'attendre un succès hautement emporté,
Qui remît notre gloire en plus d'égalité.

ÉRYXE.

On pourroit fort attendre.

SOPHONISBE.

Et durant cette attente
Vous pourriez n'avoir pas l'ame la plus contente.

ÉRYXE.

J'ai déjà grand chagrin de voir que de vos mains
Mon sceptre a su passer en celles des Romains,
Et qu'aujourd'hui, de l'air dont s'y prend Massinisse.
Le vôtre a grand besoin que la paix l'affermisse.

SOPHONISBE.

Quand de pareils chagrins voudront paroître au jour,
Si l'honneur vous est cher, cachez tout votre amour;
Et voyez à quel point votre gloire est flétrie,
D'aimer un ennemi de sa propre patrie,
Qui sert des étrangers, dont par un juste accord
Il pouvoit nous aider à repousser l'effort.

ÉRYXE.

Dépouillé par votre ordre ou par votre artifice,
Il sert vos ennemis pour s'en faire justice;

Mais si de les servir il doit être honteux,
Syphax sert comme lui des étrangers comme eux.
Si nous les voulions tous bannir de notre Afrique,
Il faudroit commencer par votre république,
Et renvoyer à Tyr, d'où vous êtes sortis,
Ceux par qui nos climats sont presque assujettis.
  Nous avons lieu d'avoir pareille jalousie
Des peuples de l'Europe, et de ceux de l'Asie ;
Ou si le temps a pu vous naturaliser,
Le même cours du temps les peut favoriser.
J'ose vous dire plus : si le destin s'obstine
A vouloir qu'en ces lieux leur victoire domine,
Comme vos Tyriens passent pour Africains,
Au milieu de l'Afrique il naîtra des Romains,
Et si de ce qu'on voit nous croyons le présage,
Il en pourra bien naître au milieu de Carthage,
Pour qui notre amitié n'aura rien de honteux,
Et qui sauront passer pour Africains comme eux.

SOPHONISBE.

Vous parlez un peu haut.

ÉRYXE.

Je suis amante et reine.

SOPHONISBE.

Et captive de plus.

ÉRYXE.

On va briser ma chaine,
Et la captivité ne peut abattre un cœur
Qui se voit assuré de celui du vainqueur.
Il est tel dans vos fers que sous mon diadême ;
N'outragez plus ce prince, il a ma foi, je l'aime.

J'ai la sienne, et j'en sais soutenir l'intérêt.

Du reste, si la paix vous plaît, ou vous déplaît,
Ce n'est pas mon dessein d'en pénétrer la cause.
La bataille et la paix sont pour moi même chose.
L'une ou l'autre aujourd'hui finira mes ennuis;
Mais l'une vous peut mettre en l'état où je suis.

SOPHONISBE.

Je pardonne au chagrin d'un si long esclavage,
Qui peut avec raison vous aigrir le courage,
Et voudrois vous servir malgré ce grand courroux.

ÉRYXE.

Craignez que je ne puisse en dire autant de vous.
Mais le roi vient; adieu; je n'ai pas l'imprudence
De m'offrir pour troisième à votre conférence;
Et d'ailleurs, s'il vous vient demander votre aveu,
Soit qu'il l'obtienne ou non, il m'importe fort peu.

SCÈNE IV.

SYPHAX, SOPHONISBE, HERMINIE, BOCCHAR.

SOPHONISBE.

Eh bien, Seigneur, la paix, l'avez-vous résolue?

SYPHAX.

Vous en êtes encor la maîtresse absolue,
Madame, et je n'ai pris trève pour un moment,
Qu'afin de tout remettre à votre sentiment.

On m'offre le plein calme; on m'offre de me rendre
Ce que dans mes Etats la guerre a fait surprendre,
L'amitié des Romains que pour vous j'ai trahis.

SOPHONISBE.

Et que vous offre-t-on, Seigneur, pour mon pays?

SYPHAX.

Loin d'exiger de moi que j'y porte mes armes,
On me laisse aujourd'hui tout entier à vos charmes;
On demande que, neutre en ces dissensions,
Je laisse aller le sort de vos deux nations.

SOPHONISBE.

Et ne pourroit-on point vous en faire l'arbitre?

SYPHAX.

Le ciel sembloit m'offrir un si glorieux titre,
Alors qu'on vit dans Cyrthe entrer d'un pas égal,
D'un côté Scipion, et de l'autre Asdrubal.
Je vis ces deux héros jaloux de mon suffrage,
Le briguer l'un pour Rome, et l'autre pour Carthage.
Je les vis à ma table, et sur un même lit;
Et comme ami commun, j'aurois eu tout crédit.
Votre beauté, Madame, emporta la balance.
De Carthage pour vous j'embrassai l'alliance.
Et comme on ne veut point d'arbitre intéressé,
C'est beaucoup aux vainqueurs d'oublier le passé.
En l'état où je suis, deux batailles perdues,
Mes villes, la plupart surprises, ou rendues,
Mon royaume, d'argent et d'hommes affoibli,
C'est beaucoup de me voir tout d'un coup rétabli.
Je reçois sans combat le prix de la victoire,
Je rentre sans péril en ma première gloire;
Et ce qui plus que tout a lieu de m'être doux,
Il m'est permis enfin de vivre auprès de vous.

SOPHONISBE.

Quoi que vous résolviez, c'est à moi d'y souscrire.
J'oserai toutefois m'enhardir à vous dire,
Qu'avec plus de plaisir je verrois ce traité,
Si j'y voyois pour vous, ou gloire, ou sûreté.
Mais, Seigneur, m'aimez-vous encor?

SYPHAX.

Si je vous aime?

SOPHONISBE.

Oui, m'aimez-vous encor, Seigneur?

SYPHAX.

Plus que moi-même.

SOPHONISBE.

Si mon amour égal rend vos jours fortunés,
Vous souvient-il encor de qui vous les tenez?

SYPHAX.

De vos bontés, Madame.

SOPHONISBE.

Ah! cessez, je vous prie,
De faire en ma faveur outrage à ma patrie.
Un autre avoit le choix de mon père, et le mien;
Elle seule pour vous rompit ce doux lien.
Je brûlois d'un beau feu, je promis de l'éteindre.
J'ai tenu ma parole, et j'ai su m'y contraindre;
Mais vous ne tenez pas, Seigneur, à vos amis
Ce qu'acceptant leur don, vous leur avez promis;
Et pour ne pas user vers vous d'un mot trop rude,
Vous montrez pour Carthage un peu d'ingratitude.
Quoi! vous qui lui devez ce bonheur de vos jours,
Vous, que mon hyménée engage à son secours,

Vous, que votre serment attache à sa défense,
Vous manquez de parole, et de reconnoissance;
Et pour remercîment de me voir en vos mains,
Vous la livrez vous-même en celles des Romains!
Vous brisez le pouvoir dont vous m'avez reçue,
Et je serai le prix d'une amitié rompue!
Moi, qui pour en étreindre à jamais les grands nœuds,
Ai d'un amour si juste éteint les plus beaux feux!
Moi, que vous protestez d'aimer plus que vous-même!
Ah! Seigneur, le dirai-je? est-ce ainsi que l'on m'aime?

SYPHAX.

Si vous m'aimiez, Madame, il vous seroit bien doux
De voir comme je veux ne vous devoir qu'à vous.
Vous ne vous plairiez pas à montrer dans votre ame
Les restes odieux d'une première flamme,
D'un amour dont l'hymen qu'on a vu nous unir
Devroit avoir éteint jusques au souvenir.
Vantez-moi vos appas, montrez avec courage
Ce prix impérieux dont m'achète Carthage:
Avec tant de hauteur prenez son intérêt,
Qu'il me faille en esclave agir comme il lui plaît;
Au moindre soin des miens traitez-moi d'infidèle,
Et ne me permettez de régner que sous elle;
Mais épargnez ce comble aux malheurs que je crains,
D'entendre aussi vanter ces beaux feux mal éteints,
Et de vous en voir l'ame encor toute obsédée,
En ma présence même en caresser l'idée.

SOPHONISBE.

Je m'en souviens, Seigneur, lorsque vous oubliez
Quels vœux mon changement vous a sacrifiés,

Et saurai l'oublier, quand vous ferez justice
A ceux qui vous ont fait un si grand sacrifice.

Au reste, pour ouvrir tout mon cœur avec vous,
Je n'aime point Carthage à l'égal d'un époux;
Mais bien que moins soumise à son destin qu'au vôtre,
Je crains également, et pour l'un, et pour l'autre;
Et ce que je vous suis ne sauroit empêcher
Que le plus malheureux ne me soit le plus cher.

Jouissez de la paix qui vous vient d'être offerte,
Tandis que j'irai plaindre et partager sa perte.
J'y mourrai sans regret, si mon dernier moment
Vous laisse en quelque état de régner sûrement.
Mais Carthage détruite, avec quelle apparence
Oserez-vous garder cette fausse espérance?
Rome qui vous redoute, et vous flatte aujourd'hui,
Vous craindra-t-elle encor, vous voyant sans appui?
Elle qui de la paix ne jette les amorces,
Que par le seul besoin de séparer nos forces,
Et qui dans Massinisse, et voisin, et jaloux,
Aura toujours de quoi se brouiller avec vous?
Tous deux vous devront tout; Carthage abandonnée
Vaut pour l'un et pour l'autre une grande journée :
Mais un esprit aigri n'est jamais satisfait,
Qu'il n'ait vengé l'injure en dépit du bienfait.
Pensez-y. Votre armée est la plus forte en nombre.
Les Romains ont tremblé dès qu'ils en ont vu l'ombre;
Utique à l'assiéger retient leur Scipion;
Un temps bien pris peut tout, pressez l'occasion.
De ce chef éloigné la valeur peu commune

Peut-être à sa personne attache leur fortune.
Il tient auprès de lui la fleur de leurs soldats.
En tout événement Cyrthe vous tend les bras;
Vous tiendrez, et long-temps, dedans cette retraite.
Mon père cependant répare sa défaite.
Hannon a de l'Espagne amené du secours.
Annibal vient lui-même ici dans peu de jours.
Si tout cela vous semble un léger avantage,
Renvoyez-moi, Seigneur, me perdre avec Carthage.
J'y périrai sans vous, vous régnerez sans moi.
Vous préserve le ciel de ce que je prévoi!
Et daigne son courroux, me prenant seule en butte,
M'exempter par ma mort de pleurer votre chute!

SYPHAX.

A des charmes si forts joindre celui des pleurs!
Soulever contre moi ma gloire et vos douleurs!
C'est trop, c'est trop, Madame, il faut vous satisfaire.
Le plus grand des malheurs seroit de vous déplaire;
Et tous mes sentiments veulent bien se trahir,
A la douceur de vaincre, ou de vous obéir.
La paix eût sur ma tête assuré ma couronne,
Il faut la refuser, Sophonisbe l'ordonne;
Il faut servir Carthage, et hasarder l'Etat:
Mais que deviendrez-vous si je meurs au combat?
Qui sera votre appui, si le sort des batailles,
Vous rend un corps sans vie au pied de nos murailles?

SOPHONISBE.

Je vous répondrois bien qu'après votre trépas
Ce que je deviendrai ne vous regarde pas;

Mais j'aime mieux, Seigneur, pour vous tirer de peine,
Vous dire que je sais vivre et mourir en reine.

SYPHAX.

N'en parlons plus, Madame. Adieu, pensez à moi;
Et je saurai pour vous vaincre ou mourir en roi.

FIN DU PREMIER ACTE.

ACTE SECOND.

SCÈNE I.

ÉRYXE, BARCÉE.

ÉRYXE.

Quel désordre, Barcée, ou plutôt quel supplice
M'apprêtoit la victoire à revoir Massinisse,
Et que de mon destin l'obscure trahison,
Sur mes souhaits remplis a versé de poison !
Syphax est prisonnier ; Cyrthe toute éperdue
A ce triste spectacle aussitôt s'est rendue.
Sophonisbe, en dépit de toute sa fierté,
Va gémir a son tour dans la captivité.
Le ciel finit la mienne, et je n'ai plus de chaînes
Que celles qu'avec gloire on voit porter aux reines ;
Et lorsqu'aux mêmes fers je crois voir mon vainqueur,
Je doute, en le voyant, si j'ai part en son cœur.
En vain l'impatience à le chercher m'emporte.
En vain de ce palais je cours jusqu'à la porte,
Et m'ose figurer en cet heureux moment
Sa flamme impatiente, et forte également.
Je l'ai vu ; mais surpris, et troublé de ma vue,
Il n'étoit point lui-même alors qu'il m'a reçue ;
Et ses yeux égarés marquoient un embarras
A faire assez juger qu'il ne me cherchoit pas.

J'ai vanté sa victoire, et je me suis flattée
Jusqu'à m'imaginer que j'étois écoutée;
Mais quand pour me répondre il s'est fait un effort,
Son compliment au mien n'a point eu de rapport;
Et j'ai trop vu par-là qu'un si profond silence
Attachoit sa pensée ailleurs qu'à ma présence,
Et que l'emportement d'un entretien secret,
Sous un front attentif cachoit l'esprit distrait.

BARCÉE.

Les soins d'un conquérant vous donnent trop d'alarmes.
C'est peu que devant lui Cyrthe ait mis bas les armes,
Qu'elle se soit rendue, et qu'un commun effroi
L'ait fait à tout son peuple accepter pour son roi.
Il lui faut s'assurer des places et des portes,
Pour en demeurer maître, y porter ses cohortes.
Ce devoir se préfère aux soucis les plus doux;
Et, s'il en étoit quitte, il seroit tout à vous.

ÉRYXE.

Il me l'a dit lui-même alors qu'il m'a quittée;
Mais j'ai trop vu d'ailleurs son ame inquiétée,
Et de quelque couleur que tu couvres ses soins,
Sa nouvelle conquête en occupe le moins.
Sophonisbe en un mot, et captive, et pleurante,
L'emporte sur Eryxe, et reine, et triomphante;
Et si je m'en rapporte à l'accueil différent,
Sa disgrâce peut plus qu'un sceptre qu'on me rend.

Tu l'as pu remarquer. Du moment qu'il l'a vue,
Ses troubles ont cessé, sa joie est revenue.
Ces charmes à Carthage autrefois adorés
Ont soudain réuni ses regards égarés.

Tu l'as vue étonnée, et tout ensemble altière,
Lui demander l'honneur d'être sa prisonnière,
Le prier fièrement qu'elle pût en ses mains
Eviter le triomphe, et les fers des Romains.
Son orgueil que ses pleurs sembloient vouloir dédire,
Trouvoit l'art, en pleurant, d'augmenter son empire,
Et sûre du succès dont cet art répondoit,
Elle prioit bien moins qu'elle ne commandoit.
Aussi sans balancer il a donné parole
Qu'elle ne seroit point traînée au Capitole,
Qu'il en sauroit trouver un moyen assuré.
En lui tendant la main, sur l'heure il l'a juré,
Et n'eût pas borné là son ardeur renaissante :
Mais il s'est souvenu qu'enfin j'étois présente ;
Et les ordres qu'aux siens il avoit à donner
Ont servi de prétexte à nous abandonner.
  Que dis-je? pour moi seule affectant cette fuite,
Jusqu'au fond du palais des yeux il l'a conduite ;
Et si tu t'en souviens, j'ai toujours soupçonné
Que cet amour jamais ne fut déraciné.
Chez moi, dans Hyarbée, où le mien trop facile
Prêtoit à sa déroute un favorable asile,
Détrôné, vagabond, et sans appui que moi,
Quand j'ai voulu parler contre ce cœur sans foi,
Et qu'à cet infidèle imputant sa misère,
J'ai cru surprendre un mot de haine, ou de colère,
Jamais son feu secret n'a manqué de détours,
Pour me forcer moi-même à changer de discours ;
Ou si je m'obstinois à le faire répondre,
J'en tirois pour tout fruit de quoi mieux me confondre,

Et je n'en arrachois que de profonds hélas,
Et qu'enfin son amour ne la méritoit pas.
Juge par ces soupirs, que produisoit l'absence,
Ce qu'à leur entrevue a produit la présence.

BARCÉE.

Elle a produit sans doute un effet de pitié,
Où se mêle peut-être une ombre d'amitié.
Vous savez qu'un cœur noble, et vraiment magnanime,
Quand il bannit l'amour, aime à garder l'estime,
Et que, bien qu'offensé par le choix d'un mari,
Il n'insulte jamais à ce qu'il a chéri.
Mais quand bien vous auriez tout lieu de vous en plaindre,
Sophonisbe, après tout, n'est point pour vous à craindre.
Eût-elle tout son cœur, elle l'auroit en vain,
Puisqu'elle est hors d'état de recevoir sa main.
Il vous la doit, Madame.

ÉRYXE.

     Il me la doit, Barcée :
Mais que sert une main par le devoir forcée,
Et qu'en auroit le don pour moi de précieux,
S'il faut que son esclave ait son cœur à mes yeux?
 Je sais bien que des rois la fière destinée
Souffre peu que l'amour règle leur hyménée,
Et que leur union souvent, pour leur malheur,
N'est que du sceptre au sceptre, et non du cœur au cœur;
Mais je suis au-dessus de cette erreur commune.
J'aime en lui sa personne, autant que sa fortune,
Et je n'en exigeai qu'il reprît ses Etats,
Que de peur que mon peuple en fît trop peu de cas.
Des actions des rois ce téméraire arbitre

Dédaigne insolemment ceux qui n'ont que le titre.
Jamais d'un roi sans trône il n'eût souffert la loi;
Et ce mépris peut-être eût passé jusqu'à moi.
Il falloit qu'il lui vît sa couronne à la tête,
Et que ma main devînt sa dernière conquête,
Si nous voulions régner avec l'autorité,
Que le juste respect doit à la dignité.
  J'aime donc Massinisse, et je prétends qu'il m'aime.
Je l'adore, et je veux qu'il m'adore de même;
Et pour moi son hymen seroit un long ennui,
S'il n'étoit tout à moi, comme moi toute à lui.
Ne t'étonne donc point de cette jalousie
Dont à ce froid abord mon ame s'est saisie.
Laisse-la moi souffrir sans me la reprocher;
Sers-la si tu le peux, et m'aide à la cacher.
Pour juste aux yeux de tous qu'en puisse être la cause,
Une femme jalouse à cent mépris s'expose.
Plus elle fait de bruit, moins on en fait d'état,
Et jamais ses soupçons n'ont qu'un honteux éclat.
Je veux donner aux miens une route diverse,
A ces amants suspects laisser libre commerce,
D'un œil indifférent en regarder le cours,
Fuir toute occasion de troubler leurs discours,
Et d'un hymen douteux éviter le supplice,
Tant que je douterai du cœur de Massinisse.
Le voici; nous verrons par son empressement
Si je me suis trompée en ce pressentiment.

SCÈNE II.

MASSINISSE, ÉRYXE, BARCÉE, MÉZÉTULLE.

MASSINISSE.

Enfin, maître absolu des murs et de la ville,
Je puis vous rapporter un esprit plus tranquille,
Madame, et voir céder, en ce reste de jour,
Les soins de la victoire aux douceurs de l'amour.
Je n'aurois plus sujet d'aucune inquiétude,
N'étoit que je ne puis sortir d'ingratitude,
Et que dans mon bonheur il n'est pas bien en moi
De m'acquitter jamais de ce que je vous doi.
　　Les forces qu'en mes mains vos bontés ont remises
Vous ont laissée en proie à de lâches surprises,
Et me rendoient ailleurs ce qu'on m'avoit ôté,
Tandis qu'on vous ôtoit, et sceptre, et liberté.
Ma première victoire a fait votre esclavage.
Celle-ci qui le brise, est encor votre ouvrage;
Mes bons destins par vous ont eu tout leur effet,
Et je suis seulement ce que vous m'avez fait.
Que peut donc tout l'effort de ma reconnoissance,
Lorsque je tiens de vous ma gloire et ma puissance,
Et que vous puis-je offrir que votre propre bien,
Quand je vous offrirai votre sceptre, et le mien?

ÉRYXE.

Quoi qu'on puisse devoir, aisément on s'acquitte,
Seigneur, quand on se donne avec tant de mérite.
C'est un rare présent qu'un véritable roi,
Qu'a rendu sa victoire enfin digne de moi.

Si dans quelques malheurs pour vous je suis tombée,
Nous pourrons en parler un jour dans Hyarbée,
Lorsqu'on nous y verra dans un rang souverain,
La couronne à la tête, et le sceptre à la main.
Ici nous ne savons encor ce que nous sommes.
Je tiens tout fort douteux, tant qu'il dépend des hommes,
Et n'ose m'assurer que nos amis jaloux
Consentent l'union de deux trônes en nous.
Ce qu'avec leurs héros vous avez de pratique
Vous a dû mieux qu'à moi montrer leur politique.
Je ne vous en dis rien. Un souci plus pressant,
Et si je l'ose dire, assez embarrassant,
Où même, ainsi que vous, la pitié m'intéresse,
Vous doit inquiéter touchant votre promesse.
Dérober Sophonisbe au pouvoir des Romains,
C'est un pénible ouvrage, et digne de vos mains.
Vous devez y penser.

MASSINISSE.

                 Un peu trop téméraire,
Peut-être ai-je promis plus que je ne puis faire.
Les pleurs de Sophonisbe ont surpris ma raison :
L'opprobre du triomphe est pour elle un poison;
Et j'ai cru que le ciel l'avoit assez punie,
Sans la livrer moi-même à tant d'ignominie.
Madame, il est bien dur de voir déshonorer
L'autel où tant de fois on s'est plu d'adorer;
Et l'ame ouverte aux biens que le ciel lui renvoie
Ne peut rien refuser dans ce comble de joie.
Mais quoi que ma promesse ait de difficultés,
L'effet en est aisé, si vous y consentez.

ÉRYXE.

Si j'y consens! bien plus, Seigneur, je vous en prie.
Voyez s'il faut agir de force, ou d'industrie ;
Et concertez ensemble en toute liberté
Ce que dans votre esprit vous avez projeté.
Elle vous cherche exprès.

SCÈNE III.

MASSINISSE, ÉRYXE, SOPHONISBE, BARCEE,
HERMINIE.

ÉRYXE.

     Tout a changé de face,
Madame, et les destins vous ont mise en ma place.
Vous me deviez servir malgré tout mon courroux ;
Et je fais à présent même chose pour vous :
Je vous l'avois promis, et je vous tiens parole.

SOPHONISBE.

Je vous suis obligée ; et ce qui m'en console,
C'est que tout peut changer une seconde fois,
Et je vous rendrai lors tout ce que je vous dois.

ÉRYXE.

Si le ciel jusque-là vous en laisse incapable,
Vous pourrez quelque temps être ma redevable ;
Non tant d'avoir parlé, d'avoir prié pour vous,
Comme de vous céder un entretien si doux.
Voyez si c'est vous rendre un fort méchant office,
Que vous abandonner le prince Massinisse.

SOPHONISBE.

Ce n'est pas mon dessein de vous le dérober.

ÉRYXE.

Peut-être en ce dessein pourriez-vous succomber.
Mais, Seigneur, quel qu'il soit, je n'y mets point d'obstacles.
Un héros, comme un Dieu, peut faire des miracles;
Et s'il faut mon aveu pour en venir à bout,
Soyez sûr de nouveau que je consens à tout.
Adieu.

SCÈNE IV.

MASSINISSE, SOPHONISBE, HERMINIE, MÉZÉTULLE.

SOPHONISBE.

Pardonnez-vous à cette inquiétude
Que fait de mon destin la triste incertitude,
Seigneur, et cet espoir que vous m'avez donné
Vous fera-t-il aimer d'en être importuné?
Je suis Carthaginoise, et d'un sang que vous-même
N'avez que trop jugé digne du diadême.
Jugez par-là l'excès de ma confusion,
A me voir attachée au char de Scipion,
Et si ce qu'entre nous on vit d'intelligence
Ne nous convaincra point d'une indigne vengeance,
Si vous écoutez plus de vieux ressentiments,
Que le sacré respect de vos derniers serments.
Je fus ambitieuse, inconstante et parjure.
Plus votre amour fut grand, plus grande en est l'injure:
Mais plus il a paru, plus il vous fait de lois,
Pour défendre l'honneur de votre premier choix,
Et plus l'injure est grande, et d'autant mieux éclate
La générosité de servir une ingrate,

Que votre bras lui-même a mise hors d'état
D'en pouvoir dignement reconnoître l'éclat.

MASSINISSE.

Ah! si vous m'en devez quelque reconnoissance,
Cessez de vous en faire une fausse impuissance.
De quelque dur revers que vous sentiez les coups,
Vous pouvez plus pour moi que je ne puis pour vous.
Je dis plus; je ne puis pour vous aucune chose,
A moins qu'à m'y servir ce revers vous dispose.
J'ai promis, mais sans vous j'aurai promis en vain.
J'ai juré, mais l'effet dépend de votre main.
Autre qu'elle en ces lieux ne peut briser vos chaînes;
En un mot, le triomphe est un supplice aux reines;
La femme du vaincu ne le peut éviter;
Mais celle du vainqueur n'a rien à redouter.
De l'une il est aisé que vous deveniez l'autre.
Votre main, par mon sort, peut relever le vôtre;
Mais vous n'avez qu'une heure, ou plutôt qu'un moment,
Pour résoudre votre ame à ce grand changement.
Demain Lælius entre, et je ne suis plus maître;
Et quelque amour en moi que vous voyiez renaître,
Quelques charmes en vous qui puissent me ravir,
Je ne puis que vous plaindre, et non pas vous servir.
C'est vous parler sans doute avec trop de franchise.
Mais le péril...

SOPHONISBE.

De grâce, excusez ma surprise.
Syphax encor vivant, voulez-vous qu'aujourd'hui...

MASSINISSE.

Vous me fûtes promise auparavant qu'à lui;

Et cette foi donnée, et reçue à Carthage,
Quand vous voudrez m'aimer, d'avec lui vous dégage.
Si de votre personne il s'est vu possesseur,
Il en fut moins l'époux, que l'heureux ravisseur;
Et sa captivité qui rompt cet hyménée,
Laisse votre main libre, et la sienne enchaînée.
    Rendez-vous à vous-même; et s'il vous peut venir
De notre amour passé quelque doux souvenir,
Si ce doux souvenir peut avoir quelque force...

SOPHONISBE.

Quoi! vous pourriez m'aimer après un tel divorce,
Seigneur, et recevoir de ma légèreté
Ce que vous déroba tant d'infidélité?

MASSINISSE.

N'attendez point, Madame, ici que je vous die
Que je ne vous impute aucune perfidie,
Que mon peu de mérite et mon trop de malheur
Ont seuls forcé Carthage à forcer votre cœur;
Que votre changement n'éteignit point ma flamme,
Qu'il ne vous ôta point l'empire de mon ame;
Et que si j'ai porté la guerre en vos Etats,
Vous étiez la conquête où prétendoit mon bras.
Quand le temps est trop cher pour le perdre en paroles,
Toutes ces vérités sont des discours frivoles.
Il faut ménager mieux ce moment de pouvoir.
Demain Lælius entre; il le peut dès ce soir.
Avant son arrivée assurez votre empire.
Je vous aime, Madame, et c'est assez vous dire.
    Je n'examine point quels sentiments pour moi
Me rendront les effets d'une première foi.

Que votre ambition, que votre amour choisisse.
L'opprobre est d'un côté, de l'autre Massinisse,
Il faut aller à Rome, ou me donner la main.
Ce grand choix ne se peut différer à demain :
Le péril presse autant que mon impatience ;
Et quoi que mes succès m'offrent de confiance,
Avec tout mon amour je ne puis rien pour vous,
Si demain Rome en moi ne trouve votre époux.

SOPHONISBE.

Il faut donc qu'à mon tour je parle avec franchise,
Puisqu'un péril si grand ne veut point de remise.

    L'hymen que vous m'offrez peut rallumer mes feux,
Et pour briser mes fers, rompre tous autres nœuds ;
Mais avant qu'il vous rende à votre prisonnière,
Je veux que vous voyiez son ame toute entière,
Et ne puissiez un jour vous plaindre avec sujet
De n'avoir pas bien vu ce que vous aurez fait.

    Quand j'épousai Syphax, je n'y fus point forcée.
De quelques traits pour vous que l'amour m'eût blessée,
Je vous quittai sans peine ; et tous mes vœux trahis
Cédèrent avec joie au bien de mon pays.
En un mot, j'ai reçu du ciel pour mon partage
L'aversion de Rome, et l'amour de Carthage.
Vous aimez Lælius, vous aimez Scipion ;
Vous avez lieu d'aimer toute leur nation.
Aimez-la, j'y consens ; mais laissez-moi ma haine.
Tant que vous serez roi, souffrez que je sois reine,
Avec la liberté d'aimer et de haïr,
Et sans nécessité de craindre, ou d'obéir.

    Voilà quelle je suis, et quelle je veux être.

J'accepte votre hymen, mais pour vivre sans maître,
Et ne quitterois point l'époux que j'avois pris,
Si Rome se pouvoit éviter qu'à ce prix.
A ces conditions me voulez-vous pour femme?

MASSINISSE.

A ces conditions prenez toute mon ame;
Et s'il vous faut encor quelques nouveaux serments...

SOPHONISBE.

Ne perdez point, Seigneur, ces précieux moments;
Et puisque sans contrainte il m'est permis de vivre,
Faites tout préparer, je m'apprête à vous suivre.

MASSINISSE.

J'y vais, mais de nouveau gardez que Lælius...

SOPHONISBE.

Cessez de vous gêner par des soins superflus;
J'en connois l'importance, et vous rejoins au temple.

SCÈNE V.

SOPHONISBE, HERMINIE.

SOPHONISBE.

Tu vois, mon bonheur passe et l'espoir et l'exemple;
Et c'est, pour peu qu'on aime, une extrême douceur,
De pouvoir accorder sa gloire avec son cœur :
Mais c'en est une ici bien autre et sans égale,
D'enlever, et sitôt, ce prince à ma rivale,
De lui faire tomber le triomphe des mains,
Et prendre sa conquête aux yeux de ses Romains.
Peut-être avec le temps j'en aurai l'avantage
De l'arracher à Rome, et le rendre à Carthage.

Je m'en réponds déjà sur le don de sa foi.
Il est à mon paÿs, puisqu'il est tout à moi.
A ce nouvel hymen c'est ce qui me convie,
Non l'amour, non la peur de me voir asservie.
L'esclavage aux grands cœurs n'est point à redouter :
Alors qu'on sait mourir, on sait tout éviter.
Mais comme enfin la vie est bonne à quelque chose,
Ma patrie elle-même à ce trépas s'oppose,
Et m'en désavoûroit, si j'osois me ravir
Les moyens que l'amour m'offre de la servir.
Le bonheur surprenant de cette préférence
M'en donne une assez juste et flatteuse espérance.
Que ne pourrai-je point, si, dès qu'il m'a pu voir,
Mes yeux d'une autre reine ont détruit le pouvoir?
Tu l'as vu comme moi, qu'aucun retour vers elle
N'a montré qu'avec peine il lui fût infidèle.
Il ne l'a point nommée, et pas même un soupir
N'en a fait soupçonner le moindre souvenir.

HERMINIE.

Ce sont grandes douceurs que le ciel vous renvoie;
Mais il manque le comble à cet excès de joie,
Dont vous vous sentiriez encor bien mieux saisir,
Si vous voyiez qu'Eryxe en eût du déplaisir.
Elle est indifférente, où plutôt insensible.
A vous servir contre elle, elle fait son possible.
Quand vous prenez plaisir à troubler son discours,
Elle en prend à laisser au vôtre un libre cours;
Et ce héros enfin que votre soin obsède
Semble ne vous offrir que ce qu'elle vous cède.
Je voudrois qu'elle vît un peu plus son malheur,

Qu'elle en fît hautement éclater la douleur,
Que l'espoir inquiet de se voir son épouse
Jetât un plein désordre en son âme jalouse,
Que son amour pour lui fût sans bonté pour vous.

SOPHONISBE.

Que tu te connois mal en sentiments jaloux!
Alors qu'on l'est si peu, qu'on ne pense pas l'être,
On ne réfléchit point, on laisse tout paroître;
Mais quand on l'est assez pour s'en apercevoir,
On met tout son possible à n'en laisser rien voir.
    Eryxe qui connoît et qui hait sa foiblesse,
La renferme au dedans, et s'en rend la maîtresse :
Mais cette indifférence où tant d'orgueil se joint,
Ne part que d'un dépit jaloux au dernier point;
Et sa fausse bonté se trahit elle-même
Par l'effort qu'elle fait à se montrer extrême.
Elle est étudiée, et ne l'est pas assez
Pour échapper entière aux yeux intéressés.
Allons, sans perdre temps, l'empêcher de nous nuire,
Et prévenir l'effet qu'elle pourroit produire.

FIN DU SECOND ACTE.

ACTE TROISIÈME.

SCÈNE I.

MASSINISSE, MÉZÉTULLE.

MÉZÉTULLE.

Oui, Seigneur, j'ai donné vos ordres à la porte,
Que jusques à demain aucun n'entre, ne sorte,
A moins que Lælius vous dépêche quelqu'un.
Au reste votre hymen fait le bonheur commun.
Cette illustre conquête est une autre victoire,
Que prennent les vainqueurs pour un surcroît de gloire,
Et qui fait aux vaincus bannir tout leur effroi,
Voyant régner leur reine avec leur nouveau roi.
Cette union à tous promet des biens solides,
Et réunit sous vous tous les cœurs des Numides.

MASSINISSE.

Mais Eryxe?

MÉZÉTULLE.

J'ai mis des gens à l'observer,
Et suis allé moi-même après eux la trouver,
De peur qu'un contre-temps de jalouse colère
Allât jusqu'aux autels en troubler le mystère.
D'abord qu'elle a tout su, son visage étonné
Aux troubles du dedans sans doute a trop donné.
Du moins à ce grand coup elle a paru surprise;
Mais, un moment après, entièrement remise,

Elle a voulu sourire, et m'a dit froidement :
« Le roi n'use pas mal de mon consentement.
« Allez, et dites-lui que pour reconnoissance... »
Mais, Seigneur, devers vous elle-même s'avance,
Et vous expliquera, mieux que je n'aurois fait,
Ce qu'elle ne m'a pas expliqué tout-à-fait.

MASSINISSE.

Cependant cours au temple, et presse un peu la reine
D'y terminer des vœux dont la longueur me gêne ;
Et dis-lui que c'est trop importuner les Dieux
En un temps où sa vue est si chère à mes yeux.

SCÈNE II.

MASSINISSE, ÉRYXÉ, BARCÉE.

ÉRYXE.

Comme avec vous, Seigneur, je ne sus jamais feindre,
Souffrez pour un moment que j'ose ici m'en plaindre,
Non d'un amour éteint, ni d'un espoir déçu,
L'un fut mal allumé, l'autre fut mal conçu ;
Mais d'avoir cru mon ame et si foible et si basse,
Qu'elle pût m'imputer votre hymen à disgrace,
Et d'avoir envié cette joie à mes yeux,
D'en être les témoins aussi-bien que les Dieux.
Ce plein aveu promis avec tant de franchise
Me préparoit assez à voir tout sans surprise ;
Et sûr que vous étiez de mon consentement,
Vous me deviez ma part en cet heureux moment.
J'aurois un peu plus tôt été désabusée ;

Et près du précipice où j'étois exposée,
Il m'eût été, Seigneur, et m'est encor bien doux,
D'avoir pu vous connoître avant que d'être à vous.
Aussi n'attendez point de reproche ou d'injure,
Je ne vous nommerai ni lâche, ni parjure :
Quel outrage m'a fait votre manque de foi,
De me voler un cœur qui n'étoit pas à moi ?
J'en connois le haut prix, j'en vois tout le mérite ;
Mais jamais un tel vol n'aura rien qui m'irrite,
Et vous vivrez sans trouble en vos contentements,
S'ils n'ont à redouter que mes ressentiments.

MASSINISSE.

J'avois assez prévu qu'il vous seroit facile
De garder dans ma perte un esprit si tranquille.
Le peu d'ardeur pour moi que vos desirs ont eu
Doit s'accorder sans peine avec cette vertu.
Vous avez feint d'aimer, et permis l'espérance ;
Mais cet amour traînant n'avoit que l'apparence,
Et quand par votre hymen vous pouviez m'acquérir,
Vous m'avez renvoyé pour vaincre ou pour périr.
J'ai vaincu par votre ordre, et vois avec surprise
Que je n'en ai pour fruit qu'une froide remise,
Et quelque espoir douteux d'obtenir votre choix,
Quand nous serons chez vous l'un et l'autre en vrais rois.
  Dites-moi donc, Madame, aimiez-vous ma personne,
Ou le pompeux éclat d'une double couronne ?
Et lorsque vous prêtiez des forces à mon bras,
Etoit-ce pour unir nos mains ou nos Etats ?
Je vous l'ai déjà dit, que toute ma vaillance
Tient d'un si grand secours sa gloire et sa puissance.

Je saurai m'acquitter de ce qui vous est dû,
Et je vous rendrai plus que vous n'avez perdu :
Mais comme en mon malheur ce favorable office
En vouloit à mon sceptre, et non à Massinisse,
Vous pouvez sans chagrin, dans mes destins meilleurs,
Voir mon sceptre en vos mains, et Massinisse ailleurs.
Prenez ce sceptre aimé pour l'attacher au vôtre.
Ma main tant refusée est bonne pour une autre ;
Et son ambition a de quoi s'arrêter
En celui de Syphax qu'elle vient d'emporter.
     Si vous m'aviez aimé, vous n'auriez pas eu honte
D'en montrer une estime et plus haute et plus prompte,
Ni craint de ravaler l'honneur de votre rang ;
Pour trop considérer le mérite et le sang.
La naissance suffit quand la personne est chère.
Un prince détrôné garde son caractère :
Mais à vos yeux charmés par de plus forts appas,
Ce n'est point être roi, que de ne régner pas.
Vous en vouliez en moi l'effet comme le titre ;
Et quand de votre amour la fortune est l'arbitre,
Le mien au-dessus d'elle et de tous ses revers,
Reconnoît son objet dans les pleurs, dans les fers.
Après m'être fait roi pour plaire à votre envie,
Aux dépens de mon sang, au péril de ma vie,
Mon sceptre reconquis me met en liberté
De vous laisser un bien que j'ai trop acheté ;
Et ce seroit trahir les droits du diadême,
Que sur le haut d'un trône être esclave moi-même.
Un roi doit pouvoir tout, et je ne suis pas roi,
S'il ne m'est pas permis de disposer de moi.

ÉRYXE.

Il est beau de trancher du roi comme vous faites.
Mais n'a-t-on aucun lieu de douter si vous l'êtes?
Et n'est-ce point, Seigneur, vous y prendre un peu mal,
Que d'en faire l'épreuve en gendre d'Asdrubal?
Je sais que les Romains vous rendront la couronne;
Vous en avez parole, et leur parole est bonne.
Ils vous nommeront roi; mais vous devez savoir
Qu'ils sont plus libéraux du nom que du pouvoir,
Et que, sous leur appui, ce plein droit de tout faire
N'est que pour qui ne veut que ce qui doit leur plaire.
Vous verrez qu'ils auront pour vous trop d'amitié
Pour vous laisser méprendre au choix d'une moitié;
Ils ont pris trop de part en votre destinée,
Pour ne pas l'affranchir d'un pareil hyménée,
Et ne se croiroient pas assez de vos amis,
S'ils n'en désavouoient les Dieux qui l'ont permis.

MASSINISSE.

Je m'en dédis, Madame; et s'il vous est facile
De garder dans ma perte un cœur vraiment tranquille,
Du moins votre grande ame avec tous ses efforts
N'en conserve pas bien les fastueux dehors.
Lorsque vous étouffez l'injure et la menace,
Vos illustres froideurs laissent rompre leur glace;
Et cette fermeté de sentiments contraints
S'échappe adroitement du côté des Romains.
Si tant de retenue a pour vous quelque gêne,
Allez jusqu'en leur camp solliciter leur haine.
Traitez-y mon hymen de lâche et noir forfait,
N'épargnez point les pleurs pour en rompre l'effet;

Nommez-y-moi cent fois, ingrat, parjure, traître.
J'ai mes raisons pour eux; et je les dois connoître.

ÉRYXE.

Je les connois, Seigneur, sans doute moins que vous,
Et les connois assez pour craindre leur courroux.
Ce grand titre de roi, que seul je considère,
Etend sur moi l'affront qu'en vous ils vont lui faire;
Et rien ici n'échappe à ma tranquillité,
Que par les intérêts de notre dignité.
Dans votre peu de foi c'est tout ce qui me blesse.
Vous allez hautement montrer notre foiblesse,
Dévoiler notre honte, et faire voir à tous
Quels fantômes d'Etat on fait régner en nous.
Oui, vous allez forcer nos peuples de connoître
Qu'ils n'ont que le sénat pour véritable maître,
Et que ceux qu'avec pompe ils ont vu couronner,
En reçoivent les lois qu'ils semblent leur donner.
C'est-là mon déplaisir. Si je n'étois pas reine,
Ce que je perds en vous me feroit peu de peine;
Mais je ne puis souffrir qu'un si dangereux choix
Détruise en un moment ce peu qui reste aux rois,
Et qu'en un si grand cœur l'impuissance de l'être
Ait ménagé si mal l'honneur de le paroître.
Mais voici cet objet si charmant à vos yeux,
Dont le cher entretien vous divertira mieux.

SCÈNE III.

MASSINISSE, SOPHONISBE, ÉRYXE, MÉZÉTULLE,
HERMINIE, BARCÉE.

ÉRYXE.

Une seconde fois tout a changé de face,
Madame, et c'est à moi de vous quitter la place.
Vous n'aviez pas dessein de me le dérober?

SOPHONISBE.

L'occasion qui plaît souvent fait succomber.
Vous puis-je en cet état rendre quelque service?

ÉRYXE.

L'occasion qui plaît, semble toujours propice;
Mais ce qui vous et moi nous doit mettre en souci,
C'est que ni vous ni moi ne commandons ici.

SOPHONISBE.

Si vous y commandiez, je pourrois être à plaindre.

ÉRYXE.

Peut-être en auriez-vous quelque peu moins à craindre.
Ceux dont avant deux jours nous y prendrons des lois,
Regardent d'un autre œil la majesté des rois.
Etant ce que je suis, je redoute un exemple;
Et reine, c'est mon sort en vous que je contemple.

SOPHONISBE.

Vous avez du crédit, le roi n'en manque point;
Et si chez les Romains l'un et l'autre se joint...

ÉRYXE.

Votre félicité sera long-temps parfaite,
S'ils la laissent durer autant que je souhaite.

Seigneur, en cet adieu recevez-en ma foi,
Ou me donnez quelqu'un qui réponde de moi.
La gloire de mon rang qu'en vous deux je respecte
Ne sauroit consentir que je vous sois suspecte.
Faites-moi donc justice, et ne m'imputez rien,
Si le ciel à mes vœux ne s'accorde pas bien.

SCÈNE IV.

MASSINISSE, SOPHONISBE, MÉZÉTULLE, HERMINIE.

MASSINISSE.

Comme elle voit ma perte aisément réparable,
Sa jalousie est foible, et son dépit traitable.
Aucun ressentiment n'éclate en ses discours.

SOPHONISBE.

Non; mais le fond du cœur n'éclate pas toujours.
Qui n'est point irritée, ayant trop de quoi l'être,
L'est souvent d'autant plus qu'on le voit moins paroître,
Et cachant son dessein pour le mieux assurer,
Cherche à prendre ce temps qu'on perd à murmurer.
Ce grand calme prépare un dangereux orage.
Prévenez les effets de sa secrète rage;
Prévenez de Syphax l'emportement jaloux,
Avant qu'il ait aigri vos Romains contre vous,
Et portez dans leur camp la premiere nouvelle
De ce que vient de faire un amour si fidèle.
Vous n'y hasardez rien, s'ils respectent en vous,
Comme nous l'espérons, le nom de mon époux;
Mais je m'attirerois la dernière infamie,
S'ils brisoient malgré vous le saint nœud qui nous lie,
Et qu'ils pussent noircir de quelque indignité

Mon trop de confiance en votre autorité.
Si dès qu'ils paroîtront vous n'êtes plus le maître,
C'est d'eux qu'il faut savoir ce que je vous puis être;
Et puisque Lælius doit entrer dès demain...

MASSINISSE.

Ah! je n'ai pas reçu le cœur avec la main,
Et votre amour...

SOPHONISBE.

    Seigneur, je parle avec franchise.
Vous m'avez épousée, et je vous suis acquise.
Voyons si vous pourrez me garder plus d'un jour.
Je me rends au pouvoir, et non pas à l'amour;
Et de quelque façon qu'à présent je vous nomme,
Je ne suis point à vous, s'il faut aller à Rome.

MASSINISSE.

A qui donc, à Syphax, Madame?

SOPHONISBE.

      D'aujourd'hui,
Puisqu'il porte des fers, je ne suis plus à lui.
En dépit des Romains, on voit que je vous aime :
Mais jusqu'à leur aveu, je suis toute à moi-même;
Et pour obtenir plus que mon cœur et ma foi,
Il faut m'obtenir d'eux aussi-bien que de moi.
Le nom d'époux suffit pour me tenir parole,
Pour me faire éviter l'aspect du Capitole :
N'exigez rien de plus, perdez quelques moments
Pour mettre en sûreté l'effet de vos serments.
Afin que vos lauriers me sauvent du tonnerre,
Allez aux Dieux du ciel joindre ceux de la terre.
Mais que nous veut Syphax que ce Romain conduit?

SCÈNE V.

SYPHAX, MASSINISSE, SOPHONISBE, LÉPIDE,
HERMINIE, MÉZÉTULLE, GARDES.

LÉPIDE.

Touché de cet excès du malheur qui le suit,
Madame, par pitié Lælius vous l'envoie,
Et donne à ses douleurs ce mélange de joie,
Avant qu'on le conduise au camp de Scipion.

MASSINISSE.

J'aurai pour ses malheurs même compassion.
Adieu; cet entretien ne veut point ma présence.
J'en attendrai l'issue avec impatience;
Et j'ose en espérer quelques plus douces lois,
Quand vous aurez mieux vu le destin des deux rois.

SOPHONISBE.

Je sais ce que je suis, et ce que je dois faire,
Et prends pour seul objet ma gloire à satisfaire.

SCÈNE VI.

SYPHAX, SOPHONISBE, LÉPIDE, HERMINIE,
GARDES.

SYPHAX.

Madame, à cet excès de générosité
Je n'ai presque plus d'yeux pour ma captivité;
Et malgré de mon sort la disgrace éclatante,
Je suis encor heureux, quand je vous vois constante.
 Un rival triomphant veut place en votre cœur,
Et vous osez pour moi dédaigner ce vainqueur!

Vous préférez mes fers à toute sa victoire,
Et savez hautement soutenir votre gloire!
Je ne vous dirai point aussi que vos conseils
M'ont fait choir de ce rang si cher à nos pareils,
Ni que pour les Romains votre haine implacable
A rendu ma déroute à jamais déplorable;
Puisqu'en vain Massinisse attaque votre foi,
Je règne dans votre ame, et c'est assez pour moi.

SOPHONISBE.

Qui vous dit qu'à ses yeux vous y régniez encore?
Que pour vous je dédaigne un vainqueur qui m'adore?
Et quelle indigne loi m'y pourroit obliger,
Lorsque vous m'apportez des fers à partager?

SYPHAX.

Ce soin de votre gloire et de lui satisfaire...

SOPHONISBE.

Quand vous l'entendrez bien, vous dira le contraire :
Ma gloire est d'éviter les fers que vous portez,
D'éviter le triomphe où vous vous soumettez;
Ma naissance ne voit que cette honte à craindre :
Enfin, détrompez-vous, il siéroit mal de feindre.
Je suis à Massinisse; et le peuple en ces lieux
Vient de voir notre hymen à la face des Dieux.
Nous sortons de leur temple.

SYPHAX.

Ah! que m'osez-vous dire?

SOPHONISBE.

Que Rome sur mes jours n'aura jamais d'empire.
J'ai su m'en affranchir par une autre union,
Et vous suivrez sans moi le char de Scipion.

SYPHAX.

Le croirai-je, grands Dieux, et le voudra-t-on croire,
Alors que l'avenir en apprendra l'histoire?
Sophonisbe servie avec tant de respect,
Elle, que j'adorai dès le premier aspect,
Qui s'est vue à toute heure et partout obéie,
Insulte lâchement à ma gloire trahie,
Met le comble à mes maux par sa déloyauté,
Et d'un crime si noir fait encor vanité!

SOPHONISBE.

Le crime n'est pas grand d'avoir l'ame assez haute
Pour conserver un rang que le destin vous ôte.
Ce n'est point un honneur qui rebute en deux jours;
Et qui règne un moment aime à régner toujours.
Mais si l'essai du trône en fait durer l'envie
Dans l'ame la plus haute à l'égal de la vie,
Un roi né pour la gloire, et digne de son sort,
A la honte des fers sait préférer la mort,
Et vous m'aviez promis en partant...

SYPHAX.

Ah! Madame,
Qu'une telle promesse étoit douce à votre ame!
Ma mort faisoit dès-lors vos plus ardents souhaits.

SOPHONISBE.

Non, mais je vous tiens mieux ce que je vous promets;
Je vis encore en reine, et je mourrai de même.

SYPHAX.

Dites que votre foi tient toute au diadême,
Que les plus saintes lois ne peuvent rien sur vous.

SOPHONISBE.

Ne m'attachez point tant au destin d'un époux.
Seigneur, les lois de Rome, et celles de Carthage
Vous diront que l'hymen se rompt par l'esclavage,
Que vos chaînes du nôtre ont brisé le lien,
Et qu'étant dans les fers, vous ne m'êtes plus rien.
Ainsi par les lois même en mon pouvoir remise,
Je me donne au monarque à qui je fus promise,
Et m'acquitte envers lui d'une première foi,
Qu'il reçut avant vous de mon père et de moi.
Ainsi mon changement n'a point de perfidie.
J'étois, et suis encore au roi de Numidie,
Et laisse à votre sort son flux et son reflux,
Pour régner malgré lui quand vous ne régnez plus.

SYPHAX.

Ah! s'il est quelques lois qui souffrent qu'on étale
Cet illustre mépris de la foi conjugale,
Cette hauteur, Madame, a d'étranges effets
Après m'avoir forcé de refuser la paix.
Me les promettiez-vous, alors qu'à ma défaite
Vous montriez dans Cyrthe une sûre retraite,
Et qu'outre le secours de votre général,
Vous me vantiez celui d'Hannon et d'Annibal?
Pour vous avoir trop crue, hélas! et trop aimée,
Je me vois sans Etats, je me vois sans armée;
Et par l'indignité d'un soudain changement
La cause de ma chute en fait l'accablement.

SOPHONISBE.

Puisque je vous montrois dans Cyrthe une retraite,
Vous deviez vous y rendre après votre défaite.

S'il eût fallu périr sous un fameux débris,
Je l'eusse appris de vous, ou je vous l'eusse appris;
Moi, qui sans m'ébranler du sort de deux batailles,
Venois de m'enfermer exprès dans ces murailles,
Prête à souffrir un siége, et soutenir pour vous
Quoi que du ciel injuste eût osé le courroux.

   Pour mettre en sûreté quelques restes de vie,
Vous avez du triomphe accepté l'infamie;
Et ce peuple déçu qui vous tendoit les mains,
N'a revu dans son roi qu'un captif des Romains.
Vos fers en leur faveur plus forts que leurs cohortes
Ont abattu les cœurs, ont fait ouvrir les portes,
Et réduit votre femme à la nécessité
De chercher tous moyens d'en fuir l'indignité,
Quand vos sujets ont cru que sans devenir traîtres
Ils pouvoient après vous se livrer à vos maîtres.
Votre exemple est ma loi, vous vivez, et je vi,
Et si vous fussiez mort, je vous aurois suivi;
Mais si je vis encor ce n'est pas pour vous suivre.
Je vis pour vous punir de trop aimer à vivre;
Je vis peut-être encor pour quelque autre raison,
Qui se justifira dans une autre saison.
Un Romain nous écoute; et quoi qu'on veuille en croire,
Quand il en sera temps, je mourrai pour ma gloire.

   Cependant, bien qu'un autre ait le titre d'époux,
Sauvez-moi des Romains, je suis encore à vous;
Et je croirai régner malgré votre esclavage,
Si vous pouvez m'ouvrir les chemins de Carthage.
Obtenez de vos Dieux ce miracle pour moi,
Et je romps avec lui pour vous rendre ma foi.

Je l'aimai; mais ce feu dont je fus la maîtresse
Ne met point dans mon cœur de honteuse tendresse.
Toute ma passion est pour la liberté,
Et toute mon horreur pour la captivité.
  Seigneur, après cela je n'ai rien à vous dire.
Par ce nouvel hymen vous voyez où j'aspire :
Vous savez le moyen d'en rompre le lien;
Réglez-vous là-dessus sans vous plaindre de rien.

SCÈNE VII.

SYPHAX, LÉPIDE, GARDES.

SYPHAX.

A-t-on vu sous le ciel plus infâme injustice?
Ma déroute la jette au lit de Massinisse;
Et pour justifier ses lâches trahisons,
Les maux qu'elle a causés, lui servent de raisons.

LÉPIDE.

Si c'est avec chagrin que vous souffrez sa perte,
Seigneur, quelque espérance encor vous est offerte.
Si je l'ai bien compris, cet hymen imparfait
N'est encor qu'en parole, et n'a point eu d'effet;
Et comme nos Romains le verront avec peine,
Ils pourront mal répondre aux souhaits de la reine.
Je vais m'assurer d'elle, et vous dirai de plus
Que j'en viens d'envoyer avis à Lælius.
J'en attends nouvel ordre, et dans peu je l'espère.

SYPHAX.

Quoi, prendre tant de soin d'adoucir ma misère!
Lépide, il n'appartient qu'à de vrais généreux

D'avoir cette pitié des princes malheureux.
Autres que les Romains n'en chercheroient la gloire.

LÉPIDE.

Lælius fera voir ce qu'il vous en faut croire.
Vous autres, attendant quel est son sentiment,
Allez garder le roi dans cet appartement.

FIN DU TROISIÈME ACTE.

ACTE QUATRIÈME.

SCÈNE I.

SYPHAX, LÉPIDE.

LÉPIDE.

Lælius est dans Cyrthe, et s'en est rendu maître.
Bientôt dans ce palais vous le verrez paroître;
Et si vous espérez que parmi vos malheurs
Sa présence ait de quoi soulager vos douleurs,
Vous n'avez avec moi qu'à l'attendre au passage.

SYPHAX.

Lépide, que dit-il touchant ce mariage?
En rompra-t-il les nœuds? en sera-t-il d'accord?
Fera-t-il mon rival arbitre de mon sort?

LÉPIDE.

Je ne vous réponds point que sur cette matière
Il veuille vous ouvrir son ame toute entière;
Mais vous pouvez juger que, puisqu'il vient ici,
Cet hymen comme à vous lui donne du souci.
Sachez-le de lui-même, il entre, et vous regarde.

SCÈNE II.

LÆLIUS, SYPHAX, LÉPIDE.

LÆLIUS.

Détachez-lui ses fers, il suffit qu'on le garde.
Prince, je vous ai vu tantôt comme ennemi,
Et vous vois maintenant comme ancien ami.
Le fameux Scipion de qui vous fûtes l'hôte,
Ne s'offensera point des fers que je vous ôte,
Et feroit encor plus, s'il nous étoit permis
De vous remettre au rang de nos plus chers amis.

SYPHAX.

Ah! ne rejetez point dans ma triste mémoire
Le cuisant souvenir de l'excès de ma gloire;
Et ne reprochez point à mon cœur désolé,
A force de bontés, ce qu'il a violé.
Je fus l'ami de Rome, et de ce grand courage
Qu'opposent vos destins aux destins de Carthage.
Toutes deux, et ce fut le plus beau de mes jours,
Par leurs plus grands héros briguèrent mon secours.
J'eus des yeux assez bons pour remplir votre attente:
Mais que sert un bon choix dans une ame inconstante,
Et que peuvent les droits de l'hospitalité
Sur un cœur si facile à l'infidélité?
Je suis assez puni par un revers si rude,
Seigneur, sans m'accabler de mon ingratitude.
Il suffit des malheurs qu'on voit fondre sur moi,
Sans me convaincre encor d'avoir manqué de foi,

Et me faire avouer que le sort qui m'opprime,
Pour cruel qu'il me soit, rend justice à mon crime.

LÆLIUS.

Je ne vous parle aussi qu'avec cette pitié,
Que nous laisse pour vous un reste d'amitié.
Elle n'est pas éteinte, et toutes vos défaites
Ont rempli nos succès d'amertumes secrètes.
Nous ne saurions voir même aujourd'hui qu'à regret,
Ce gouffre de malheurs que vous vous êtes fait.
Le ciel m'en est témoin; et vos propres murailles,
Qui nous voyoient enflés du gain de deux batailles,
Ont vu cette amitié porter tous nos souhaits
A regagner la vôtre, et vous rendre la paix.
Par quel motif de haine obstinée à vous nuire
Nous avez-vous forcés vous-même à vous détruire?
Quel astre, de votre heur, et du nôtre jaloux,
Vous a précipité jusqu'à rompre avec nous?

SYPHAX.

Pourrez-vous pardonner, Seigneur, à ma vieillesse,
Si je vous fais l'aveu de toute sa foiblesse?
  Lorsque je vous aimai, j'étois maître de moi;
Et tant que je le fus je vous gardai ma foi :
Mais dès que Sophonisbe avec son hyménée
S'empara de mon ame et de ma destinée,
Je suivis de ses yeux le pouvoir absolu,
Et n'ai voulu depuis que ce qu'elle a voulu.
  Que c'est un imbécille et sévère esclavage,
Que celui d'un époux sur le penchant de l'âge,
Quand sous un front ridé qu'on a droit de haïr
Il croit se faire aimer à force d'obéir!

De ce mourant amour les ardeurs ramassées
Jettent un feu plus vif dans nos veines glacées,
Et pensent racheter l'horreur des cheveux gris
Par le présent d'un cœur au dernier point soumis.
Sophonisbe par-là devint ma souveraine,
Régla mes amitiés, disposa de ma haine,
M'anima de sa rage, et versa dans mon sein
De toutes ses fureurs l'implacable dessein.
Sous ces dehors charmants qui paroient son visage,
C'étoit une Alecton que déchaînoit Carthage.
Elle avoit tout mon cœur, Carthage tout le sien.
Hors de ses intérêts elle n'écoutoit rien ;
Et malgré cette paix que vous m'avez offerte,
Elle a voulu pour eux me livrer à ma perte.
Vous voyez son ouvrage en ma captivité ;
Voyez-en un plus rare en sa déloyauté.

 Vous trouverez, Seigneur, cette même furie,
Qui seule m'a perdu pour l'avoir trop chérie ;
Vous la trouverez, dis-je, au lit d'un autre roi,
Qu'elle saura séduire, et perdre comme moi.
Si vous ne le savez, c'est votre Massinisse,
Qui croit par cet hymen se bien faire justice,
Et que l'infâme vol d'une telle moitié,
Le venge pleinement de notre inimitié ;
Mais pour peu de pouvoir qu'elle ait sur son courage,
Ce vainqueur avec elle épousera Carthage.
L'air qu'un si cher objet se plaît à respirer,
A des charmes trop forts pour n'y pas attirer.
Dans ce dernier malheur c'est ce qui me console.
Je lui cède avec joie un poison qu'il me vole,

Et ne vois point de don si propre à m'acquitter
De tout ce que ma haine ose lui souhaiter.

LÆLIUS.

Je connois Massinisse, et ne vois rien à craindre
D'un amour que lui-même il prendra soin d'éteindre.
Il en sait l'importance; et quoi qu'il ait osé,
Si l'hymen fut trop prompt, le divorce est aisé.
Sophonisbe envers vous l'ayant mis en usage,
Le recevra de lui sans changer de visage,
Et ne se promet pas de ce nouvel époux
Plus d'amour ou de foi qu'elle n'en eut pour vous.
Vous, puisque cet hymen satisfait votre haine,
De ce qui le suivra ne soyez point en peine,
Et sans en augurer pour nous ni bien, ni mal,
Attendez sans souci la perte d'un rival;
Et laissez-nous celui de voir quel avantage
Pourroit avec le temps en recevoir Carthage.

SYPHAX.

Seigneur, s'il est permis de parler aux vaincus,
Souffrez encor un mot, et je ne parle plus.
    Massinisse de soi pourroit fort peu de chose;
Il n'a qu'un camp volant que le hasard dispose :
Mais joint à vos Romains, joint aux Carthaginois,
Il met dans la balance un redoutable poids;
Et par ma chute enfin sa fortune enhardie,
Va traîner après lui toute la Numidie.
Je le hais fortement, mais non pas à l'égal
Des murs que ma perfide eut pour séjour natal.
Le déplaisir de voir que ma ruine en vienne,
Craint qu'ils ne durent trop, s'il faut qu'il les soutienne.

Puisse-t-il, ce rival, périr dès aujourd'hui !
Mais puissé-je les voir trébucher avant lui.
    Prévenez donc, Seigneur, l'appui qu'on leur prépare ;
Vengez-moi de Carthage avant qu'il se déclare.
Pressez en ma faveur votre propre courroux ;
Et gardez jusque-là Massinisse pour vous.
Je n'ai plus rien à dire, et vous en laisse faire.

LÆLIUS.

Nous saurons profiter d'un avis salutaire.
Allez m'attendre au camp, je vous suivrai de près.
Je dois ici l'oreille à d'autres intérêts ;
Et ceux de Massinisse...

SYPHAX.

        Il osera vous dire...

LÆLIUS.

Ce que vous m'avez dit, Seigneur, vous doit suffire.
Encore un coup, allez sans vous inquiéter ;
Ce n'est pas devant vous que je dois l'écouter.

SCÈNE III.

LÆLIUS, MASSINISSE, MÉZÉTULLE.

MASSINISSE.

L'avez-vous commandé, Seigneur, qu'en ma présence,
Vos tribuns vers la reine usent de violence ?

LÆLIUS.

Leur ordre est d'emmener au camp les prisonniers ;
Et comme elle et Syphax s'en trouvent les premiers,
Ils ont suivi cet ordre en commençant par elle.
Mais par quel intérêt prenez-vous sa querelle ?

MASSINISSE.

Syphax vous l'aura dit, puisqu'il sort d'avec vous.
   Seigneur, elle a reçu son véritable époux ;
Et j'ai repris sa foi par force violée
Sur un usurpateur qui me l'avoit volée.
Son père et son amour m'en avoient fait le don.

LÆLIUS.

Ce don pour tout effet n'eut qu'un lâche abandon.
Dès que Syphax parut, cet amour sans puissance...

MASSINISSE.

J'étois lors en Espagne, et durant mon absence
Carthage la força d'accepter ce parti ;
Mais à présent Carthage en a le démenti.
En reprenant mon bien, j'ai détruit son ouvrage,
Et vous fais dès ici triompher de Carthage.

LÆLIUS.

Commencer avant nous un triomphe si haut,
Seigneur, c'est la braver un peu plus qu'il ne faut,
Et mettre entre elle et Rome une étrange balance,
Que de confondre ainsi l'une et l'autre alliance.
Notre ami tout ensemble, et gendre d'Asdrubal.
Croyez-moi, ces deux noms s'accordent assez mal ;
Et quelque grand dessein que puisse être le vôtre,
Vous ne pourrez long-temps conserver l'un et l'autre.
   Ne vous figurez point qu'une telle moitié
Soit jamais compatible avec notre amitié,
Ni que nous attendions que le même artifice
Qui nous ôta Syphax, nous vole Massinisse.
Nous aimons nos amis ; et même en dépit d'eux
Nous savons les tirer de ces pas dangereux.

Ne nous forcez à rien qui vous puisse déplaire.

MASSINISSE.

Ne m'ordonnez donc rien que je ne puisse faire ;
Et montrez cette ardeur de servir vos amis
A tenir hautement ce qu'on leur a promis.
Du consul et de vous j'ai la parole expresse ;
Et ce grand jour a fait que tout obstacle cesse.
Tout ce qui m'appartient me doit être rendu.

LÆLIUS.

Et par où cet espoir vous est-il défendu ?

MASSINISSE.

Quel ridicule espoir en garderoit mon ame,
Si votre dureté me refuse ma femme ?
Est-il rien plus à moi, rien moins à balancer ?
Et du reste par-là que me faut-il penser ?
Puis-je faire aucun fonds sur la foi qu'on me donne,
Et traité comme esclave attendre ma couronne ?

LÆLIUS.

Nous en avons ici les ordres du sénat,
Et même de Syphax il y joint tout l'Etat ;
Mais nous n'en avons point touchant cette captive.
Syphax est son époux ; il faut qu'elle le suive.

MASSINISSE.

Syphax est son époux ! et que suis-je, Seigneur ?

LÆLIUS.

Consultez la raison plutôt que votre cœur ;
Et voyant mon devoir souffrez que je le fasse.

MASSINISSE.

Chargez, chargez-moi donc de vos fers en sa place.
Au lieu d'un conquérant par vos mains couronné,

Traînez à votre Rome un vainqueur enchaîné;
Je suis à Sophonisbe; et mon amour fidèle
Dédaigne et diadême, et liberté sans elle.
Je ne veux ni régner, ni vivre qu'en ses bras.
Non, je ne veux...

LÆLIUS.

Seigneur, ne vous emportez pas.

MASSINISSE.

Résolus à ma perte, hélas! que vous importe
Si ma juste douleur se retient ou s'emporte?
Mes pleurs et mes soupirs vous fléchiront-ils mieux;
Et faut-il à génoux vous parlez comme aux Dieux?
Que j'ai mal employé mon sang et mes services,
Quand je les ai prêtés à vos astres propices,
Si j'ai pu tant de fois hâter votre destin
Sans pouvoir mériter cette part au butin!

LÆLIUS.

Si vous avez, Seigneur, hâté notre fortune,
Je veux bien que la proie entre nous soit commune;
Mais, pour la partager, est-ce à vous de choisir?
Est-ce avant notre aveu qu'il vous en faut saisir?

MASSINISSE.

Ah! si vous aviez fait la moindre expérience
De ce qu'un digne amour donne d'impatience,
Vous sauriez... Mais pourquoi n'en auriez-vous pas fait?
Pour aimer à notre âge en est-on moins parfait?
Les héros des Romains ne sont-ils jamais hommes?
Leur Mars a tant de fois été ce que nous sommes;
Et le maître des Dieux, des rois, et des amants,
En ma place auroit eu mêmes empressements.

J'aimois, on l'agréoit, j'étois ici le maître;
Vous m'aimiez, ou du moins vous le faisiez paroître.
L'amour en cet état daigne-t-il hésiter,
Faute d'un mot d'aveu dont il n'ose douter?
Voir son bien en sa main et ne le point reprendre,
Seigneur, c'est un respect bien difficile à rendre.
Un roi se souvient-il, en des moments si doux,
Qu'il a dans votre camp des maîtres parmi vous?
Je l'ai dû toutefois, et je m'en tiens coupable.
Ce crime est-il si grand, qu'il soit irréparable;
Et sans considérer mes services passés,
Sans excuser l'amour par qui nos cœurs forcés...

LÆLIUS.

Vous parlez tant d'amour, qu'il faut que je confesse
Que j'ai honte pour vous de voir tant de foiblesse.

N'alléguez point les Dieux, si l'on voit quelquefois
Leur flamme s'emporter en faveur de leur choix:
Ce n'est qu'à leurs pareils à suivre leurs exemples;
Et vous ferez comme eux quand vous aurez des temples.
Comme ils sont dans leur ciel au-dessus du danger,
Ils n'ont là rien à craindre, et rien à ménager.

Du reste, je sais bien que souvent il arrive
Qu'un vainqueur s'adoucit auprès de sa captive.
Les droits de la victoire ont quelque liberté,
Qui ne sauroit déplaire à notre âge indompté;
Mais quand à cette ardeur un monarque défère,
Il s'en fait un plaisir, et non pas une affaire.
Il repousse l'amour comme un lâche attentat,
Dès qu'il veut prévaloir sur la raison d'Etat;
Et son cœur au-dessus de ces basses amorces,

Laisse à cette raison toujours toutes ses forces.

Quand l'amour avec elle a de quoi s'accorder,

Tout est beau, tout succède, on n'a qu'à demander :

Mais pour peu qu'elle en soit ou doive être alarmée,

Son feu qu'elle dédit doit tourner en fumée.

Je vous en parle en vain; cet amour decevant

Dans votre cœur surpris a passé trop avant.

Vos feux vous plaisent trop pour les pouvoir éteindre;

Et tout ce que je puis, Seigneur, c'est de vous plaindre.

MASSINISSE.

Me plaindre tout ensemble, et me tyranniser!

LÆLIUS.

Vous l'avoûrez un jour, c'est vous favoriser.

MASSINISSE.

Quelle faveur, grands Dieux! qui tient lieu de supplice!

LÆLIUS.

Quand vous serez à vous, vous lui ferez justice.

MASSINISSE.

Ah, que cette justice est dure à concevoir!

LÆLIUS.

Je la connois assez pour suivre mon devoir.

SCÈNE IV.

LELIUS, MASSINISSE, MÉZÉTULLE, ALBIN.

ALBIN.

Scipion vient, Seigneur, d'arriver dans vos tentes,

Ravi du grand succès qui prévient ses attentes,

Et ne vous croyant pas maître en si peu de jours,

Il vous venoit lui-même amener du secours;

Tandis que le blocus laissé devant Utique
Répond de cette place à notre république,
Il me donne ordre exprès de vous en avertir.

LÆLIUS, *à Massinisse.*

Allez à votre hymen le faire consentir.
Allez le voir sans moi, je l'en laisse seul juge.

MASSINISSE.

Oui, contre vos rigueurs il sera mon refuge;
Et j'en rapporterai d'autres ordres pour vous.

LÆLIUS.

Je les suivrai, Seigneur, sans en être jaloux.

MASSINISSE.

Mais avant mon retour si l'on saisit la reine...

LÆLIUS.

J'en réponds jusque-là, n'en soyez point en peine.
Qu'on la fasse venir. Vous pouvez lui parler,
Pour prendre ses conseils, et pour la consoler.

Gardes, que sans témoins on le laisse avec elle.
Vous, pour dernier avis d'une amitié fidèle,
Perdez fort peu de temps en ce doux entretien,
Et jusques au retour ne vous vantez de rien.

SCÈNE V.

MASSINISSE, SOPHONISBE, MÉZÉTULLE,
HERMINIE.

MASSINISSE, *à Lælius qui sort.*

Voyez-la donc, Seigneur, voyez tout son mérite.
Voyez s'il est aisé qu'un héros... Il me quitte;

Et d'un premier éclat le barbare alarmé
N'ose exposer son cœur aux yeux qui m'ont charmé.
Il veut être inflexible, et craint de ne plus l'être,
Pour peu qu'il se permît de voir et de connoître.

    Allons, allons, Madame, essayer aujourd'hui
Sur le grand Scipion ce qu'il a craint pour lui.
Il vient d'entrer au camp; venez-y par vos charmes
Appuyer mes soupirs, et secourir mes larmes,
Et que ces mêmes yeux qui m'ont fait tout oser,
Si j'en suis criminel, servent à m'excuser.
Puissent-ils, et sur l'heure, avoir là tant de force,
Que pour prendre ma place il m'ordonne un divorce!
Qu'il veuille conserver mon bien en me l'ôtant,
J'en mourrai de douleur, mais je mourrai content.
Mon amour pour vous faire un destin si propice,
Se prépare avec joie à ce grand sacrifice.
Si c'est vous bien servir, l'honneur m'en suffira;
Et si c'est mal aimer, mon bras m'en punira.

SOPHONISBE.

Le trouble de vos sens dont vous n'êtes plus maître
Vous a fait oublier, Seigneur, à me connoître.

    Quoi! j'irois mendier jusqu'au camp des Romains
La pitié de leur chef qui m'auroit en ses mains!
J'irois déshonorer par un honteux hommage
Le trône où j'ai pris place, et le sang de Carthage;
Et l'on verroit gémir la fille d'Asdrubal
Aux pieds de l'ennemi pour eux le plus fatal!
Je ne sais si mes yeux auroient là tant de force,
Qu'en sa faveur sur l'heure il pressât un divorce;
Mais je ne me vois pas en état d'obéir,

S'il osoit jusque-là cesser de me haïr.
La vieille antipathie entre Rome et Carthage
N'est pas prête à finir par un tel assemblage.
Ne vous préparez point à rien sacrifier
A l'honneur qu'il auroit de vous justifier.
Pour effet de vos feux et de votre parole,
Je ne veux qu'éviter l'aspect du Capitole.
Que ce soit par l'hymen, ou par d'autres moyens,
Que je vive avec vous, ou chez vos citoyens,
La chose m'est égale, et je vous tiendrai quitte,
Qu'on nous sépare, ou non, pourvu que je l'évite.
Mon amour voudroit plus; mais je règne sur lui,
Et n'ai changé d'époux que pour prendre un appui.

    Vous m'avez demandé la faveur de ce titre,
Pour soustraire mon sort à son injuste arbitre;
Et puisqu'à m'affranchir il faut que j'aide un roi,
C'est-là tout le secours que vous aurez de moi.
Ajoutez-y des pleurs, mêlez-y des bassesses;
Mais laissez-moi de grâce ignorer vos foiblesses,
Et si vous souhaitez que l'effet m'en soit doux,
Ne me donnez point lieu d'en rougir après vous.
Je ne vous cèle point que je serois ravie
D'unir à vos destins les restes de ma vie;
Mais si Rome en vous-même ose braver les rois,
S'il faut d'autres secours, laissez-les à mon choix.
J'en trouverai, Seigneur, et j'en sais qui peut-être
N'auront à redouter ni maîtresse, ni maître;
Mais mon amour préfère à cette sûreté
Le bien de vous devoir toute ma liberté.

MASSINISSE.

Ah! si je vous pouvois offrir même assurance,
Que je serois heureux de cette préférence!

SOPHONISBE.

Syphax et Lælius pourront vous prévenir,
Si vous perdez ici le temps de l'obtenir.
Partez.

MASSINISSE.

M'enviez-vous le seul bien qu'à ma flamme
A souffert jusqu'ici la grandeur de votre ame?
Madame, je vous laisse aux mains de Lælius.
Vous avez pu vous-même entendre ses refus;
Et mon amour ne sait ce qu'il peut se promettre
De celles du consul où je vais me remettre.
L'un et l'autre est Romain, et peut-être en ce lieu
Ce peu que je vous dis est le dernier adieu.
Je ne vois rien de sûr que cette triste joie;
Ne me l'enviez plus, souffrez que je vous voie.
Souffrez que je vous parle, et vous puisse exprimer
Quelque part des malheurs où l'on peut m'abimer,
Quelques informes traits de la secrète rage
Que déjà dans mon cœur forme leur sombre image.
Non que je désespère, on m'aime, mais hélas!
On m'estime, on m'honore, et l'on ne me craint pas.
M'éloigner de vos yeux en cette incertitude,
Pour un cœur tout à vous c'est un tourment bien rude;
Et si j'en ose croire un noir pressentiment,
C'est vous perdre à jamais que vous perdre un moment.
Madame, au nom des Dieux, rassurez mon courage;

Dites que vous m'aimez, j'en pourrai davantage,
J'en deviendrai plus fort auprès de Scipion.
Montrez pour mon bonheur un peu de passion.
Montrez que votre flamme au même bien aspire.
Ne régnez plus sur elle, et laissez-lui me dire...

SOPHONISBE.

Allez, Seigneur, allez, je vous aime en époux,
Et serois à mon tour aussi foible que vous.

MASSINISSE.

Faites, faites-moi voir cette illustre foiblesse,
Que ses douceurs...

SOPHONISBE.

    Ma gloire en est encor maîtresse.
Adieu; ce qui m'échappe en faveur de vos feux
Est moins que je ne sens, et plus que je ne veux.

(*Elle rentre.*)

MÉZÉTULLE.

Douterez-vous encor, Seigneur, qu'elle vous aime?

MASSINISSE.

Mézétulle, il est vrai, son amour est extrême;
Mais cet extrême amour, au lieu de me flatter,
Ne sauroit me servir qu'à mieux me tourmenter.
Ce qu'elle m'en fait voir, redouble ma souffrance.
Reprenons toutefois un moment de constance.
En faveur de sa flamme espérons jusqu'au bout;
Et pour tout obtenir, allons hasarder tout.

FIN DU QUATRIÈME ACTE.

ACTE CINQUIÈME.

SCÈNE I.

SOPHONISBE, HERMINIE.

SOPHONISBE.

Cesse de me flatter d'une espérance vaine.
Auprès de Scipion ce prince perd sa peine.
S'il l'avoit pu toucher, il seroit revenu;
Et puisqu'il tarde tant, il n'a rien obtenu.

HERMINIE.

Si tant d'amour pour vous s'impute à trop d'audace,
Il faut un peu de temps pour en obtenir grâce.
Moins on la rend facile, et plus elle a de poids.
Scipion s'en fera prier plus d'une fois;
Et peut-être son ame encore irrésolue...

SOPHONISBE.

Sur moi, quoi qu'il en soit, je me rends absolue.
Contre sa dureté j'ai du secours tout prêt,
Et ferai, malgré lui, moi seule mon arrêt.
    Cependant de mon feu l'importune tendresse,
Aussi-bien que ma gloire en mon sort s'intéresse,
Veut régner en mon cœur comme ma liberté,
Et n'ose l'avouer de toute sa fierté.
Quelle bassesse d'ame! O ma gloire! ô Carthage!
Faut-il qu'avec vous deux un homme la partage?
Et l'amour de la vie en faveur d'un époux,
Doit-il être, en ce cœur, aussi puissant que vous?

Ce héros a trop fait de m'avoir épousée.
De sa seule pitié s'il m'eût favorisée,
Cette pitié peut-être, en ce triste et grand jour,
Auroit plus fait pour moi que cet excès d'amour.
Il devoit voir que Rome en juste défiance...

HERMINIE.

Mais vous lui témoigniez pareille impatience,
Et vos feux rallumés montroient de leur côté
Pour ce nouvel hymen égale avidité.

SOPHONISBE.

Ce n'étoit point l'amour qui la rendoit égale,
C'étoit la folle ardeur de braver ma rivale;
J'en faisois mon suprême et mon unique bien.
Tous les cœurs ont leur foible, et c'étoit-là le mien.
La présence d'Eryxe aujourd'hui m'a perdue;
Je me serois sans elle un peu mieux défendue.
J'aurois su mieux choisir et les temps, et les lieux;
Mais ce vainqueur vers elle eût pu tourner les yeux.
Tout mon orgueil disoit à mon ame jalouse,
Qu'une heure de remise en eût fait son épouse,
Et que pour me braver à son tour hautement,
Son feu se fût saisi de ce retardement.
Cet orgueil dure encore; et c'est lui qui l'invite
Par un message exprès à me rendre visite,
Pour reprendre à ses yeux un si cher conquérant,
Ou s'il me faut mourir, la braver en mourant.
  Mais je vois Mézétulle; en cette conjoncture,
Son retour sans le prince est d'un mauvais augure.
Raffermis-toi, mon ame, et prends des sentiments
A te mettre au-dessus de tous événements.

SCÈNE II.

SOPHONISBE, MÉZÉTULLE, HERMINIE.

SOPHONISBE.

Quand reviendra le roi?

MÉZÉTULLE.

                    Pourrai-je bien vous dire
A quelle extrémité le porte un dur empire?
Et si je vous le dis, pourrez-vous concevoir
Quel est son déplaisir, quel est son désespoir?
Scipion ne veut pas même qu'il vous revoie.

SOPHONISBE.

J'ai donc peu de raison d'attendre cette joie.
Quand son maître a parlé, c'est à lui d'obéir.
Il lui commandera bientôt de me haïr;
Et dès qu'il recevra cette loi souveraine,
Je ne dois pas douter un moment de sa haine.

MÉZÉTULLE.

Si vous pouviez douter encor de son ardeur,
Si vous n'aviez pas vu jusqu'au fond de son cœur,
Je vous dirois...

SOPHONISBE.

            Que Rome à présent l'intimide.

MÉZÉTULLE.

Madame, vous savez...

SOPHONISBE.

              Je sais qu'il est Numide.
Toute sa nation est sujette à l'amour;

Mais cet amour s'allume et s'éteint en un jour.
J'aurois tort de vouloir qu'il en eût davantage.

MÉZÉTULLE.

Que peut en cet état le plus ferme courage ?
Scipion, ou l'obsède, ou le fait observer.
Dès demain vers Utique il le veut enlever...

SOPHONISBE.

N'avez-vous de sa part autre chose à me dire ?

MÉZÉTULLE.

Par grâce on a souffert qu'il ait pu vous écrire,
Qu'il l'ait fait sans témoins ; et par ce peu de mots
Qu'ont arrosé ses pleurs, qu'ont suivi ses sanglots,
Il vous fera juger...

SOPHONISBE.

Donnez.

MÉZÉTULLE.

Avec sa lettre,
Voilà ce qu'en vos mains j'ai charge de remettre.

SOPHONISBE *lit.*

« Il ne m'est pas permis de vivre votre époux ;
      « Mais enfin je vous tiens parole,
« Et vous éviterez l'aspect du Capitole,
      « Si vous êtes digne de vous.
      « Ce poison que je vous envoie
      « En est la seule et triste voie ;
« Et c'est tout ce que peut un déplorable roi,
      « Pour dégager sa foi. »

SOPHONISBE.

Voilà de son amour une preuve assez ample ;
Mais s'il m'aimoit encor, il me devoit l'exemple.

Plus esclave en son camp que je ne suis ici,
Il devoit de son sort prendre même souci.
Quel présent nuptial d'un époux à sa femme !
Qu'au jour d'un hyménée il lui marque de flamme !
Reportez, Mézétulle, à votre illustre roi
Un secours dont lui-même a plus besoin que moi.
Il ne manquera pas d'en faire un digne usage,
Dès qu'il aura des yeux à voir son esclavage.
Si tous les rois d'Afrique en sont toujours pourvus,
Pour dérober leur gloire aux malheurs imprévus,
Comme eux, et comme lui, j'en dois être munie ;
Et quand il me plaira de sortir de la vie,
De montrer qu'une femme a plus de cœur que lui,
On ne me verra point emprunter rien d'autrui.

SCÈNE III.

SOPHONISBE, ÉRYXE, UN PAGE, BARCÉE, HERMINIE.

SOPHONISBE, *au Page.*
Eryxe viendra-t-elle ? as-tu vu cette reine ?
UN PAGE.
Madame, elle est déjà dans la chambre prochaine,
Surprise d'avoir su que vous la vouliez voir.
Vous la voyez ; elle entre.
SOPHONISBE.
Elle va plus savoir.

SCÈNE IV.

ÉRYXE, SOPHONISBE, BARCÉE, HERMINIE,
MÉZÉTULLE.

SOPHONISBE, *à Eryxe.*

Si vous avez connu le prince Massinisse...

ÉRYXE.

N'en parlons plus, Madame, il vous a fait justice.

SOPHONISBE.

Vous n'avez pas connu tout-à-fait son esprit.
Pour le connoître mieux, lisez ce qu'il m'écrit.

ÉRYXE, *après avoir lu.*

Du côté des Romains je ne suis point surprise :
Mais ce qui me surprend, c'est qu'il les autorise;
Qu'il passe plus avant qu'ils ne voudroient aller.

SOPHONISBE.

Que voulez-vous, Madame? il faut s'en consoler.

(*à Mézétulle.*)

Allez, et dites-lui que je m'apprête à vivre,
En faveur du triomphe, en dessein de le suivre;
Que puisque son amour ne sait pas mieux agir,
Je m'y réserve exprès pour l'en faire rougir.
Je lui dois cette honte; et Rome son amie.
En verra sur son front rejaillir l'infamie.
Elle y verra marcher, ce qu'on n'a jamais vu,
La femme du vainqueur à côté du vaincu,
Et mes pas chancelants sous ces pompes cruelles,
Couvrir ses plus hauts faits de taches éternelles.
Portez-lui ma réponse; allez.

MÉZÉTULLE.

Dans ses ennuis...

SOPHONISBE.

C'est trop m'importuner dans l'état où je suis.
Ne vous a-t-il chargé de rien dire à la reine?

MÉZÉTULLE.

Non, Madame.

SOPHONISBE.

Allez donc, et sans vous mettre en peine
De ce qu'il me plaira croire, ou ne croire pas,
Laissez en mon pouvoir ma vie et mon trépas.

SCÈNE V.

SOPHONISBE, ÉRYXE, HERMINIE, BARCÉE.

SOPHONISBE.

Une troisième fois mon sort change de face,
Madame, et c'est mon tour de vous quitter la place;
Je ne m'en défends point, et quel que soit le prix
De ce rare trésor que je vous avois pris,
Quelques marques d'amour que ce héros m'envoie,
Ce que j'en eus pour lui vous le rend avec joie.
Vous le conserverez plus dignement que moi.

ÉRYXE.

Madame, pour le moins j'ai su garder ma foi;
Et ce que mon espoir en a reçu d'outrage,
N'a pu jusqu'à la plainte emporter mon courage.
Aucun de nos Romains sur mes ressentiments...

SOPHONISBE.

Je ne demande point ces éclaircissements,

Je m'en rapporte aux Dieux qui savent toutes choses.
Quand l'effet est certain, il n'importe des causes.
Que ce soit mon malheur, que ce soient nos tyrans,
Que ce soit vous ou lui, je l'ai pris; je le rends.

Il est vrai que l'état où j'ai su vous le prendre,
N'est pas du tout le même où je vais vous le rendre.
Je vous l'ai pris vaillant, généreux, plein d'honneur,
Et je vous le rends lâche, ingrat, empoisonneur.
Je l'ai pris magnanime, et vous le rends perfide;
Je vous le rends sans cœur, et l'ai pris intrépide.
Je l'ai pris le plus grand des princes africains,
Et le rends pour tout dire, esclave des Romains.

ÉRYXE.

Qui me le rend ainsi, n'a pas beaucoup d'envie
Que j'attache à l'aimer le bonheur de ma vie.

SOPHONISBE.

Ce n'est pas là, Madame, où je prends intérêt.
Acceptez, refusez, aimez-le tel qu'il est;
Dédaignez son mérite, estimez sa foiblesse;
De tout votre destin vous êtes la maîtresse.
Je le serai du mien, et j'ai cru vous devoir
Ce mot d'avis sincère avant que d'y pourvoir.
S'il part d'un sentiment qui flatte mal les vôtres,
Lælius que je vois vous en peut donner d'autres.
Souffrez que je l'évite, et que dans mon malheur
Je m'ose de sa vue épargner la douleur.

SCÈNE VI.

LÆLIUS, ÉRYXE, LÉPIDE, BARCÉE.

LÆLIUS.

Lépide, ma présence est pour elle un supplice.

ÉRYXE.

Vous a-t-on dit, Seigneur, ce qu'a fait Massinisse!

LÆLIUS.

J'ai su que, pour sortir d'une témérité,
Dans une autre plus grande il s'est précipité.
Au bas de l'escalier j'ai trouvé Mézétulle.
Sur ce qu'a dit la reine il est un peu crédule.
Pour braver Massinisse, elle a quelque raison
De refuser de lui le secours du poison;
Mais ce refus pourroit n'être qu'un stratagême
Pour faire malgré nous son destin elle-même.
   Allez l'en empêcher, Lépide, et dites-lui
Que le grand Scipion veut lui servir d'appui;
Que Rome en sa faveur voudra lui faire grâce;
Qu'un si prompt désespoir sentiroit l'ame basse:
Que le temps fait souvent plus qu'on ne s'est promis;
Que nous ferons pour elle agir tous nos amis.
Enfin avec douceur tâchez de la réduire
A venir dans le camp, à s'y laisser conduire,
A se rendre à Syphax, qui même en ce moment
L'aime et l'adore encor malgré son changement.
Nous attendons ici l'effet de votre adresse,
N'y perdez point de temps.

SCÈNE VII.

LÆLIUS, ÉRYXE, BARCÉE.

LÆLIUS.

Et vous, grande princesse,
Si des restes d'amour ont surpris un vainqueur,
Quand il devoit au vôtre et son trône, et son cœur,
Nous vous en avons fait assez prompte justice,
Pour obtenir de vous que ce trouble finisse,
Et que vous fassiez grâce à ce prince inconstant,
Qui se vouloit trahir lui-même en vous quittant.

ÉRYXE.

Vous auroit-il prié, Seigneur, de me le dire?

LÆLIUS.

De l'effort qu'il s'est fait, il gémit, il soupire;
Et je crois que son cœur, encor outré d'ennui,
Pour retourner à vous n'est pas assez à lui.
Mais si cette bonté qu'eut pour lui votre flamme
Aidoit à sa raison à rentrer dans son ame,
Nous aurions peu de peine à rallumer des feux,
Que n'a pas bien éteints cette erreur de ses vœux.

ÉRYXE.

Quand d'une telle erreur vous punissez l'audace,
Il vous sied mal pour lui de me demander grâce :
Non que je la refuse à ce perfide tour;
L'hymen des rois doit être au-dessus de l'amour,
Et je sais qu'en un prince heureux et magnanime
Mille infidélités ne sauroient faire un crime;

Mais si tout inconstant il est digne de moi,
Il a cessé de l'être en cessant d'être roi.

LÆLIUS.

Ne l'est-il plus, Madame, et si la Gétulie
Par votre illustre hymen à son trône s'allie,
Si celui de Syphax s'y joint dès aujourd'hui,
En est-il sur la terre un plus puissant que lui?

ÉRYXE.

Et de quel front, Seigneur, prend-il une couronne,
S'il ne peut disposer de sa propre personne,
S'il lui faut pour aimer attendre votre choix,
Et que jusqu'en son lit vous lui fassiez des lois?
Un sceptre compatible avec un joug si rude
N'a rien à me donner que de la servitude;
Et si votre prudence ose en faire un vrai roi,
Il est à Sophonisbe, et ne peut être à moi.
Jalouse seulement de la grandeur royale,
Je la regarde en reine, et non pas en rivale,
Je vois dans son destin le mien enveloppé,
Et du coup qui la perd tout mon cœur est frappé.
Par votre ordre on la quitte; et cet ami fidèle
Me pourroit au même ordre abandonner comme elle.
  Disposez de mon sceptre, il est entre vos mains;
Je veux bien le porter au gré de vos Romains.
Je suis femme; et mon sexe, accablé d'impuissance,
Ne reçoit point d'affront par cette dépendance:
Mais je n'aurai jamais à rougir d'un époux
Qu'on voie ainsi que moi ne régner que sous vous.

LÆLIUS.

Détrompez-vous, Madame; et voyez dans l'Asie

Nos dignes alliés régner sans jalousie,
Avec l'indépendance, avec l'autorité
Qu'exige de leur rang toute la majesté.
Regardez Prusias, considérez Attale,
Et ce que souffre en eux la dignité royale.
Massinisse avec vous, et toute autre moitié,
Recevra même honneur, et pareille amitié;
Mais quant à Sophonisbe, il m'est permis de dire
Qu'elle est Carthaginoise, et ce mot doit suffire.
    Je dirois qu'à la prendre ainsi sans notre aveu,
Tout notre ami qu'il est, il nous bravoit un peu;
Mais comme je lui veux conserver votre estime,
Autant que je le puis, je déguise son crime,
Et nomme seulement imprudence d'Etat,
Ce que nous aurions droit de nommer attentat.
Mais Lépide déjà revient de chez la reine.

SCÈNE VIII.

LÆLIUS, ÉRYXE, LÉPIDE, BARCÉE.

LÆLIUS.
Qu'avez-vous obtenu de cette ame hautaine?
LÉPIDE.
Elle avoit trop d'orgueil pour en rien obtenir;
De s᷉᷉ aine pour nous elle a su se punir.
LÆLIUS.
Je l'avois bien prévu, je vous l'ai dit moi-même,
Que ce dessein de vivre étoit un stratagême,
Qu'elle voudroit mourir : mais ne pouviez-vous pas...

LÉPIDE.

Ma présence n'a fait que hâter son trépas.

    A peine elle m'a vu, que d'un regard farouche,
Portant je ne sais quoi de sa main à sa bouche,
« Parlez, m'a-t-elle dit, je suis en sûreté,
« Et recevrai votre ordre avec tranquillité. »
Surpris d'un tel discours, je l'ai pourtant flattée.
J'ai dit qu'en grande reine elle seroit traitée,
Que Scipion et vous en prendriez souci;
Et j'en voyois déjà son regard adouci,
Quand d'un souris amer me coupant la parole :
« Qu'aisément, reprend-elle, une ame se console!
« Je sens vers cet espoir tout mon cœur s'échapper,
« Mais il est hors d'état de se laisser tromper;
« Et d'un poison ami le secourable office
« Vient de fermer la porte à tout votre artifice.

    « Dites à Scipion qu'il peut dès ce moment
« Chercher à son triomphe un plus rare ornement.
« Pour voir de deux grands rois la lâcheté punie,
« J'ai dû livrer leur femme à cette ignominie.
« C'est ce que méritoit leur amour conjugal;
« Mais j'en ai dû sauver la fille d'Asdrubal.
« Leur bassesse aujourd'hui de tous deux me dégage,
« Et n'étant plus qu'à moi, je meurs toute à Carthage,
« Digne sang d'un tel père, et digne de régner,
« Si la rigueur du sort eût voulu m'épargner. »
    A ces mots la sueur lui montant au visage,
Les sanglots de sa voix saisissent le passage.
Une morte pâleur s'empare de son front;
Son orgueil s'applaudit d'un remède si prompt;

De sa haine aux abois la fierté se redouble.
Elle meurt à mes yeux, mais elle meurt sans trouble,
Et soutient en mourant la pompe d'un courroux,
Qui semble moins mourir que triompher de nous.

ÉRYXE.

Le dirai-je, Seigneur, je la plains et l'admire,
Une telle fierté méritoit un empire;
Et j'aurois en sa place eu même aversion
De me voir attachée au char de Scipion.
La fortune jalouse, et l'amour infidèle,
Ne lui laissoient ici que son grand cœur pour elle :
Il a pris le dessus de toutes leurs rigueurs,
Et son dernier soupir fait honte à ses vainqueurs.

LÆLIUS.

Je dirai plus, Madame, en dépit de sa haine,
Une telle fierté devoit naître romaine.
Mais allons consoler un prince généreux,
Que sa seule imprudence a rendu malheureux.
Allons voir Scipion, allons voir Massinisse.
Souffrez qu'en sa faveur le temps vous adoucisse;
Et préparez votre ame à le moins dédaigner,
Lorsque vous aurez vu comme il saura régner.

ÉRYXE.

En l'état où je suis, je fais ce qu'on m'ordonne :
Mais ne disposez point, Seigneur, de ma personne;
Et si de ce héros les desirs inconstants...

LÆLIUS.

Madame, encore un coup, laissons-en faire au temps.

FIN DE SOPHONISBE.

EXAMEN DE SOPHONISBE.

CETTE pièce m'a fait connoître qu'il n'y a rien de si pénible que de mettre sur le théâtre un sujet qu'un autre y a déjà fait réussir; mais aussi j'ose dire qu'il n'y a rien de si glorieux quand on s'en acquitte dignement. C'est un double travail, d'avoir tout ensemble à éviter les ornements dont s'est saisi celui qui nous a prévenus, et à faire effort pour en trouver d'autres qui puissent tenir leur place. Depuis trente ans que M. Mairet a fait admirer sa Sophonisbe sur notre théâtre, elle y dure encore; et il ne faut point de marque plus convaincante de son mérite, que cette durée, qu'on peut nommer une ébauche, ou plutôt des arrhes de l'immortalité, qu'elle assure à son illustre auteur. Et certainement il faut avouer qu'elle a des endroits inimitables, et qu'il seroit dangereux de retâter après lui. Le démêlé de Scipion avec Massinisse, et le désespoir de ce prince sont de ce nombre. Il est impossible de penser rien de plus juste, et très-difficile de l'exprimer plus heureusement. L'un et l'autre sont de son invention; je n'y pouvois toucher sans lui faire un larcin, et si j'avois été d'humeur à me le permettre, le peu d'espérance de l'égaler me l'auroit défendu. J'ai cru plus à propos de respecter sa gloire et de ménager la mienne, par une scrupuleuse exactitude à m'écarter de sa route, pour ne laisser aucun lieu de dire, ni que je sois demeuré au-dessous de lui, ni que j'aie prétendu m'élever au-dessus, puisqu'on ne peut faire aucune comparaison entre des choses où l'on ne voit aucune concurrence. Si j'ai conservé les circonstances qu'il a changées, et changé celles qu'il a conservées, ç'a été par le seul dessein de faire autrement, sans ambition de faire mieux. C'est ainsi qu'en usoient nos anciens, qui traitoient d'ordinaire les mêmes sujets. La mort de Clytemnestre en peut servir d'exemple. Nous la voyons encore chez Eschyle, chez Sophocle, et chez Euripide, tuée par son fils Oreste; mais chacun d'eux a choisi diverses manières pour arriver à cet événement, qu'aucun des trois n'a voulu changer, quelque cruel et dénaturé qu'il fût, et c'est sur quoi notre Aristote en a établi le précepte. Cette noble et laborieuse émulation a passé de leur siècle jusqu'au nôtre, au travers de plus de deux mille ans qui les séparent. Feu M. Tristan a renouvelé Mariamne et Panthée sur les pas du défunt sieur Hardi. Le grand éclat que M. de Scudéri a donné à sa Didon n'a point empêché que M. de Bois-Robert n'en ait fait voir une autre trois ou quatre ans après, sur une disposition qui lui en avoit été donnée, à ce qu'il disoit, par M. l'abbé d'Aubignac. A peine la Cléopâtre de M. de Benserade a paru, qu'elle a été suivie du Marc-Antoine de M. Mairet, qui n'est que le même sujet sous un autre titre. Sa Sophonisbe même n'a pas été la première qui ait ennobli les théâtres des derniers temps. Celle du Trissin l'avoit précédée en Italie, et celle du sieur de Mont-Chrétien en France, et je voudrois que quelqu'un se voulût divertir à retoucher le Cid ou les Horaces, avec autant de retenue pour ma conduite et pour mes pensées, que j'en ai eu pour celle de M. Mairet.

Vous trouverez en cette tragédie les caractères tels que chez Tite-Live. Vous y verrez Sophonisbe avec le même attachement aux intérêts de son pays, et la même haine pour Rome, qu'il lui attribue. Je lui prête un peu d'amour; mais elle règne sur lui, et ne daigne l'écouter, qu'autant qu'il peut servir à ces passions dominantes qui règnent sur elle, et à qui elle sacrifie toutes les tendresses de son cœur, Massinisse, Syphax, et sa propre vie. Elle en fait son unique bonheur, et en soutient la gloire avec une fierté si noble et si élevée, que Lælius est contraint d'avouer lui-même qu'elle méritoit d'être née Romaine. Elle n'avoit point abandonné Syphax après deux défaites; elle étoit prête à s'ensevelir avec lui sous les ruines de sa capitale, s'il y fût revenu s'enfermer avec elle après la perte d'une troisième bataille : mais elle vouloit qu'il mourût, plutôt que d'accepter l'ignominie des fers et du triomphe où le réservoient les Romains; et elle avoit d'autant plus de droit d'attendre de lui cet effort de magnanimité, qu'elle s'étoit résolue à prendre ce parti pour elle, et qu'en Afrique c'étoit la coutume des rois de porter toujours sur eux du poison très-violent, pour s'épargner la honte de tomber vivants entre les mains de leurs ennemis. Je ne sais si ceux qui l'ont blâmée de traiter avec trop de hauteur ce malheureux prince après sa disgrace, ont assez conçu la mortelle horreur qu'a dû exciter en cette grande ame la vue de ces fers qu'il lui apporte à partager ; mais du moins ceux qui ont eu peine à souffrir qu'elle eût deux maris vivants, ne se sont pas souvenus que les lois de Rome vouloient que le mariage se rompît par la captivité. Celles de Carthage nous sont fort peu connues ; mais il y a lieu de présumer, par l'exemple même de Sophonisbe, qu'elles étoient encore plus faciles à ces ruptures. Asdrubal son père l'avoit mariée à Massinisse, avant que d'emmener ce jeune prince en Espagne, où il commandoit les armées de cette république ; et néanmoins, durant le séjour qu'ils y firent, les Carthaginois la marièrent de nouveau à Syphax, sans user d'aucune formalité, ni envers ce premier mari, ni envers ce père, qui demeura extrêmement surpris et irrité de l'outrage qu'ils avoient fait à sa fille et à son gendre. C'est ainsi que mon auteur appelle Massinisse, et c'est là-dessus que je le fais se fonder ici, pour se ressaisir de Sophonisbe sans l'autorité des Romains, comme d'une femme qui étoit déjà à lui, et qu'il avoit épousée avant qu'elle fût à Syphax.

On s'est mutiné toutefois contre ces deux maris ; et je m'en suis étonné d'autant plus, que l'année dernière je ne m'aperçus point qu'on se scandalisât de voir, dans le Sertorius, Pompée mari de deux femmes vivantes, dont l'une venoit chercher un second mari aux yeux même de ce premier. Je ne vois aucune apparence d'imputer cette inégalité de sentiments à l'ignorance du siècle, qui ne peut avoir oublié en moins d'un an cette facilité que les anciens avoient donnée aux divorces, dont il étoit si bien instruit alors; mais il y auroit quelque lieu de s'en prendre à ceux qui, sachant mieux la Sophonisbe de M. Mairet que celle de Tite-Live, se sont hâtés de condamner en la mienne tout ce qui n'étoit pas de leur connoissance, et n'ont pu faire cette réflexion, que la mort de Syphax étoit une fiction de M. Mairet, dont je ne pouvois me servir sans faire un pillage sur lui, et comme un attentat sur sa gloire. Sa Sophonisbe est à lui, c'est son bien, qu'il ne faut pas lui envier; mais celle de Tite-Live est à tout le monde. Le Trissin et Mont-Chrétien, qui l'ont fait revivre avant nous, n'ont assassiné aucun des deux rois. J'ai cru qu'il m'étoit permis de n'être pas plus cruel, et de garder la même fidélité à une histoire assez connue parmi ceux qui ont quelque teinture des livres, pour nous convier à ne la démentir pas.

J'accorde qu'au lieu d'envoyer du poison à Sophonisbe, Massinisse devoit soulever des troupes qu'il commandoit dans l'armée, s'attaquer à la personne de Scipion, se faire blesser par ses gardes, et, tout percé de leurs coups, venir rendre les derniers soupirs aux pieds de cette princesse. C'eût été un amant parfait; mais ce n'eût pas été Massinisse. Que sait-on même si la prudence de Scipion n'avoit point donné de si bons ordres, qu'aucun de ces emportements ne fût en son pouvoir? Je le marque assez pour en faire naître quelque pensée en l'esprit de l'audi-

teur judicieux et désintéressé, dont je laisse l'imagination libre sur cet article. S'il aime les héros fabuleux, il croira que Lælius et Eryxe, entrant dans le
camp, y trouveront celui-ci mort de douleur, ou de
sa main. Si les vérités lui plaisent davantage, il ne
fera aucun doute qu'il ne s'y soit consolé aussi aisément que l'histoire nous en assure. Ce que je fais
dire de son désespoir à Mézétulle, s'accommode avec
l'une et l'autre de ces idées; et je n'ai peut-être encore
fait rien de plus adroit pour le théâtre, que de tirer
le rideau sur des déplaisirs qui devoient être si grands,
et eurent si peu de durée.

Quoi qu'il en soit, comme je ne sais que les règles
d'Aristote et d'Horace, et que je ne les sais pas même
trop bien, je ne hasarde pas volontiers en dépit d'elles
ces agréments surnaturels et miraculeux, qui défi-
gurent quelquefois nos personnages autant qu'ils les
embellissent, et détruisent l'histoire au lieu de la
corriger. Ces grands coups de maître passent ma
portée; je les laisse à ceux qui en savent plus que
moi : j'aime mieux qu'on me reproche d'avoir fait
mes femmes trop héroïnes, par une ignorance et
basse affectation de les faire ressembler aux origi-
naux qui en sont venus jusqu'à nous, que de m'entendre louer d'avoir efféminé mes héros par une docte
et sublime complaisance au goût de nos délicats, qui
veulent de l'amour partout*, et ne permettent qu'à lui
de faire auprès d'eux la bonne ou mauvaise fortune
de nos ouvrages.

Eryxe n'a point ici l'avantage de cette ressem-

---

* Corneille désigne ici Quinault.

blance, qui fait la principale perfection des portraits. C'est une reine de ma façon, de qui ce poème reçoit un grand ornement, et qui pourroit toutefois y passer en quelque sorte pour inutile, n'étoit qu'elle ajoute des motifs vraisemblables aux historiques, et sert tout ensemble d'aiguillon à Sophonisbe pour précipiter son mariage, et de prétexte aux Romains pour n'y point consentir. Les protestations d'amour que semble lui faire Massinisse au commencement de leur premier entretien, ne sont qu'une équivoque, dont le sens caché regarde cette autre reine. Ce qu'elle y répond, fait voir qu'elle s'y méprend la première; et tant d'autres ont voulu s'y méprendre après elle, que je me suis cru obligé de vous en avertir.

FIN DE L'EXAMEN DE SOPHONISBE.

EXTRAIT

JUGEMENTS DES SAVANTS, DE M. BAILLET,

TOME V, page 357. In-4°.

————

LE sujet de cette tragédie avoit déjà été représenté sur le Théâtre françois par M. Mairet, qui y avoit réussi au goût de la plupart du monde. C'est ce qui a fait, dit un critique anonyme (l'abbé d'Aubignac), que plusieurs personnes considérables par leur esprit ou par leur qualité, n'approuveront pas le dessein de M. Corneille, qui, en retouchant la matière, sembloit vouloir montrer qu'elle n'étoit point consommée. M. Corneille témoigne pourtant avoir été persuadé que Mairet avoit très-bien fait. (Voir le premier paragraphe de l'Examen précédent.)

C'est, dit-il, ce qui a augmenté en lui la difficulté de réussir, sans marcher sur les traces de Mairet. Il s'est trouvé chargé d'un double travail, de tâcher d'éviter les ornements qu'avoit employés celui qui l'avoit devancé, et de faire ses efforts pour en trouver d'autres qui pussent tenir leur place. Il a tâché de ne lui faire aucun larcin, et de respecter sa gloire en s'étudiant à en acquérir une autre, de sorte que s'il a conservé les circonstances que Mairet avoit changées, et changé celles qu'il avoit conservées, il nous assure que c'a été par le seul dessein de faire autrement, sans ambition de faire mieux. Le critique que nous avons allégué n'en a rien voulu voir; mais, condamnant sa conduite, il prétend que la justice a vengé M. Mairet, et que M. Corneille, qui voyoit tout le Parnasse au-dessous de lui, a donné sujet de le mettre au-dessous d'un autre auquel on ne pensoit plus. Il dit que la Sophonisbe du premier est plus judicieuse et mieux conduite que celle-ci, et que la bienséance y est mieux observée.

M. de Saint-Evremond n'est pas d'accord sur ce point avec cet auteur. « Un des grands défauts de « notre nation, dit-il, c'est de ramener tout à elle, « jusqu'à nommer étrangers, dans leur propre pays, « ceux qui n'ont pas bien ou son air, ou ses ma- « nières. De là vient qu'on nous reproche justement « de ne savoir estimer les choses que par le rapport « qu'elles ont avec nous, dont Corneille a fait une « injuste et fâcheuse expérience dans sa Sopho- « nisbe. Mairet, qui avoit dépeint la sienne infidèle « aux yeux de Syphax, amoureuse du jeune et vic- « torieux Massinisse, plut presque généralement à « tout le monde, pour avoir rencontré le goût des « dames, et le vrai esprit des gens de la cour. Mais « Corneille, qui fait mieux parler les Grecs que les « Grecs, les Romains que les Romains, et les Car- « thaginois que les citoyens de Carthage ne parloient « eux-mêmes; Corneille qui, presque seul, a le goût « de l'antiquité, a eu le malheur de ne plaire pas à

« notre siècle, pour être entré dans le génie de ces
« nations, et avoir conservé à la fille d'Asdrubal son
« véritable caractère. Ainsi, à la honte de nos juge-
« ments, celui qui a surpassé tous nos auteurs, et
« qui s'est peut-être ici surpassé lui-même à rendre à
« ces grands noms tout ce qui leur étoit dû, n'a pu
« nous obliger à lui rendre tout ce que nous lui de-
« vions, asservis par la coutume aux choses que nous
« voyons en usage, et peu disposés par la raison à
« estimer les qualités et les sentiments qui ne s'accom-
« modent pas aux nôtres. »

Il faut avouer pourtant que toutes les réflexions de
l'anonyme contre cette pièce de Corneille ne sont pas
à mépriser; mais elles sont trop longues, et elles n'ont
pas été assez considérables pour nous donner lieu de
les rapporter, et nous empêcher de finir.

LETTRE

EN RÉPONSE

AUX REMARQUES CRITIQUES

FAITES SUR LA SOPHONISBE DE M. CORNEILLE.

MONSIEUR,

PUISQUE vous souhaitez savoir quels sont mes sentiments touchant les remarques qu'on a faites sur la Sophonisbe de M. Corneille, je veux bien vous les expliquer; et pour vous en écrire avec sincérité, forcer mon inclination naturelle, qui, comme vous savez, n'a guère de penchant à critiquer les ouvrages qui sont exposés au public. Avant que d'entrer en matière, je vous dirai que l'artifice dont M. l'abbé d'Aubignac se sert pour commencer à parler de M. Corneille, seroit tout-à-fait ingénieux, si l'on ne découvroit d'abord qu'il ne l'accable de louanges, qu'afin de le censurer avec plus de malignité. Il est vrai que c'est quelquefois l'adresse de l'excellent orateur d'élever les choses pour les mieux détruire; mais il le doit faire avec tant d'art, qu'il semble toujours que ce soit la raison qui le fasse agir, et non pas quelque passion, ainsi que M. l'abbé d'Aubignac le fait paroître dans ses Remarques. Je m'étonne comment il a pu se résoudre d'écrire contre une pièce qu'il dit n'avoir vue qu'une seule fois. C'est à mon sens, juger d'un ouvrage bien légèrement; car il est très-difficile que dans une première représentation, la mémoire ou le jugement ne se trompe, et qu'il n'échappe des choses à l'une ou à l'autre, qu'on ne doit pas ignorer quand on entreprend de faire une censure.

La première remarque que fait ce censeur, est qu'il observa, dit-il, que durant tout ce spectacle, le théâtre n'éclata que quatre ou cinq fois au plus, et qu'en tout le reste il demeura sans émotion : pour être persuadé du contraire, il ne faut que voir représenter ce merveilleux ouvrage; et puis c'est une mauvaise conséquence pour bien juger des pièces de Corneille, parce qu'elles ont ordinairement tant de beautés, que les spectateurs sont sans cesse dans l'admiration, et sentent une joie intérieure qui les retient dans un profond silence; et s'il arrive qu'ils s'emportent quelquefois jusqu'à s'écrier, c'est autant pour donner relâche à leurs esprits, que pour exprimer la satisfaction qu'ils en reçoivent.

Cet observateur dit que dans cette tragédie on ne sait jamais où les acteurs vont, ni d'où ils viennent. Il y a grande apparence qu'il n'a pas prêté l'attention nécessaire à cette pièce, et que lorsqu'il étoit à l'hôtel de Bourgogne, il avoit ses pensées ailleurs. Il pouvoit entendre comme tous les autres que Bocchar, qui fait l'ouverture du théâtre avec Sophonisbe, marque, par son discours, qu'il vient de la plaine où Syphax rangeoit son armée en bataille, et que, quelque temps après, Eryxe fait connoître par plusieurs fois au spectateur, que le lieu de la scène est un palais. J'en pourrois bien dire autant de tous les autres ; mais cela suffit, Monsieur, pour vous faire voir qu'il n'a pas fait ses observations si justes qu'il se l'imagine. Peut-être aussi a-t-il feint d'ignorer toutes ces circonstances pour avoir lieu de combattre une opinion que M. Corneille a doctement soutenue dans un traité qu'il a fait des trois unités du poème dramatique, et qu'il a si bien autorisée par quantité d'exemples, qu'il n'est pas fort facile de lui répondre.

Il dit dans ses remarques, qu'il n'est pas satisfait de ce qu'entre le premier et le second acte, on rompt un pour-parler de paix, et qu'on donne une grande bataille : ce n'est pas, poursuit-il, que cela ne se puisse faire aisément, mais il falloit ajouter une scène après le départ de Syphax quand il sort pour donner la bataille, ou en mettre une au commencement du second acte, avant de parler de la défaite de ce prince, afin d'abuser l'imagination du spectateur. Je voudrois bien savoir quelle nécessité il y a de l'abuser en cet endroit, puisque le spectateur, ayant vu sortir Syphax dans la résolution de combattre en cas qu'il n'obtienne rien pour Carthage, attend avec impatience la nouvelle de ce qui s'est fait pendant cet intervalle. Vous jugez bien, Monsieur, que la scène qu'on y auroit pu mettre n'eût servi que d'un amusement, et que cet amusement auroit pu causer du dégoût dans l'esprit des spectateurs, qui ne sont jamais contents qu'ils ne sachent ce qui s'est passé hors

du théâtre, et surtout quand on leur a fait espérer
des choses dignes de leur curiosité.

Il dit encore que les deux principales narrations
qui doivent servir à l'intelligence du sujet, sont faites
par deux reines à deux suivantes. Si cet homme étoit
de la cour, il sauroit que les reines n'ont point de
suivantes, et qu'elles ont des dames ou des filles
d'honneur, et que ces personnes étant souvent de la
plus haute qualité, elles ne sont pas indignes de leur
confidence. Vous voyez, Monsieur, qu'il est assez
vraisemblable que ces deux reines s'entretiennent
avec ces deux confidentes, des choses qu'elles pré-
voient devoir arriver ce jour-là, et qu'elles leur découvrent les plus secrets sentiments de leurs ames,
puisqu'apparemment elles leur avoient fait d'autres
confidences, comme vous l'avez pu remarquer par ces
paroles, *tu sais, il te souvient, tu vis*, etc. ce qui
fait voir clairement que ces deux reines ne prennent
occasion de leur dire ces choses, que pour leur mieux
expliquer ce qu'elles pensent dans l'état où elles se
trouvent; c'est pourquoi l'observateur n'a pas raison
de soutenir que ces deux confidentes savent fort bien
ce que ces deux reines leur content, et que ces deux
reines n'ignorent rien de ce que ces deux confidentes
leur répondent...

A l'exemple des anciens, dit-il, nous ne devrions
point faire parler les suivants ni les suivantes, s'ils
ne se trouvent engagés dans les affaires de la scène.
Je serois assez de cet avis, mais aussi l'on pourroit
tomber dans un défaut qui me semble moins suppor-

table : car si l'on ne mettoit ces personnages sur le théâtre que pour y recevoir des ordres, et pour y rapporter les nouvelles des choses qu'ils auroient exécutées, nous verrions souvent un seul acteur réciter un acte entier, ainsi que nous le voyons dans la plupart des anciens. Pour éviter ces longs monologues, qui peut-être pourroient causer du chagrin, il n'est pas mal à propos de faire qu'un prince s'entretienne sur la scène avec un confident ou un ami, et que par ce moyen il instruise les spectateurs des choses qu'ils doivent savoir; mais il est bon d'attacher le plus qu'il est possible ces sortes de personnages à l'action du théâtre.

Le critique avoue que cette pièce est remplie de plusieurs discours politiques, grands, solides, et dignes de M. Corneille, mais il ne peut souffrir qu'il les ait mis la plupart dans la bouche des femmes. Il vous souvient, Monsieur, qu'Eryxe parle beaucoup plus de sa passion, que des autres affaires de la scène, et que si elle touche en passant quelque raison d'Etat, ce n'est que pour servir à son amour. Il est vrai que Sophonisbe s'explique par des raisonnements grands et solides; mais il ne falloit point qu'elle s'expliquât d'une autre manière: car toute femme qui sacrifie son amour et soi-même pour l'intérêt de son pays, doit avoir des sentiments extraordinaires et au-dessus de son sexe.

Il demeure d'accord que dans cette pièce les hommes y disent d'excellentes choses, mais qu'elles ne sont poussées qu'à demi, et qu'elles n'ont rien de ces belles contestations que M. Corneille a fait tant de fois éclater sur la scène avec de si grands applaudissements. Il vous souvient bien encore, Monsieur, que toutes les fois que j'eus l'honneur de voir avec vous ce merveilleux ouvrage, vous admirâtes en plusieurs endroits la force et la vigueur du génie de Corneille, et que vous me dîtes que ce qu'il y avoit de particulier, étoit qu'il ne laissoit rien à dire après lui : mais qui voudroit répondre à ce censeur, il n'y auroit qu'à lui citer la scène de Sophonisbe et de Syphax au troisième acte, où les raisons de tous les deux sont si puissantes, qu'il semble que Sophonisbe ne devoit point épouser Massinisse, et que néanmoins elle a eu raison de le faire. Y a-t-il rien encore de plus achevé que la scène de Lælius avec Massinisse au quatrième acte, où le premier soutient l'intérêt de Rome, et le dernier défend celui de son amour ? Leurs réponses et leurs répliques sont si convaincantes, que s'il falloit juger pour l'un ou pour l'autre, on se trouveroit fort embarrassé.

Il condamne deux circonstances dans la catastrophe de cette pièce. La première est, que Lælius, dit-il, présume que Sophonisbe a quelque dessein de se soustraire par la mort à la gloire des Romains, et qu'elle use de dissimulation pour n'en être pas empêchée, et néanmoins il la voit passer devant ses yeux sans donner ordre à Lépide qui le suivoit, de s'en assurer et de l'observer, et qu'après avoir prôné longtemps sur des considérations inutiles, il s'avise d'envoyer Lépide auprès d'elle pour y prendre garde. Cet

observateur a vu les choses tout autrement qu'elles ne
sont : car je me rappelle que quand Lælius et Lépide
entrent sur le théâtre, Eryxe allant au-devant de Lælius, lui demande s'il sait ce qu'a fait Massinisse ;
Lælius lui répond en quatre vers qu'il vient de rencontrer Mézétulle qui lui en a fait le récit, et ensuite
de ces vers il donne ordre à Lépide d'aller auprès de
Sophonisbe. Ainsi vous voyez, Monsieur, que ce
temps n'est point employé par affectation, pour donner le loisir à cette princesse de s'empoisonner,
comme il le prétend dans ses Remarques, puisqu'à
peine elle est sortie hors de la scène, que Lépide la
suit.

La seconde circonstance trouvée défectueuse par le
critique, est que Lépide raconte lui-même qu'à son
arrivée auprès de Sophonisbe elle venoit de prendre
du poison, et qu'il en avoit reconnu les premiers
effets, et néanmoins il ne dit point qu'il ait fait le
moindre effort pour la secourir. En vérité, Monsieur,
ce critique fait bien voir en cet endroit qu'il dormoit,
ou qu'il commençoit déjà à faire ses Remarques ; car
s'il n'eût point été distrait, il auroit ouï que Lépide
raconte qu'il lui a vu porter sa main à sa bouche,
mais il ne dit pas qu'il sache qu'elle a pris du poison :
il ne présume pas même par cette action assez commune à la plupart des gens, qu'elle y ait pensé, et il
l'auroit toujours ignoré, si par ses paroles elle ne le
lui eût découvert aux moments qu'elle est prête à ex-
pirer, ainsi que le marque Lépide dans le récit qu'il
en fait. Je voudrois bien demander ce que Lépide

devoit faire en cette rencontre, et si avec toutes les
puissances humaines, il lui étoit possible d'empêcher
que Sophonisbe ne mourût. Il est à présumer qu'elle
s'étoit munie d'un si prompt et si violent poison, qu'il
eût été difficile de la secourir, quand même elle y eût
consenti. Je veux même qu'un homme en cette occasion fasse tous ses efforts pour prêter son secours,
quoiqu'inutile ; mais ce sont des circonstances dont le
poète n'est point obligé de rendre compte aux spectateurs, si elles ne produisent des choses nécessaires
pour quelques événements, parce qu'ils supposent
aisément que les gens font leur devoir en semblables rencontres.

Nous voyons, dit-il, en cette catastrophe, Sophonisbe empoisonnée de sa propre main, et rien davantage. Le récit en est si court, que les spectateurs n'en
sont point émus. Je ne puis m'empêcher de dire encore qu'il a été à la comédie pour la voir, mais qu'il ne
l'a point écoutée ; je souhaiterois qu'il s'y fût attaché
comme il le devoit, parce qu'il fait paroître assez
d'esprit dans ses Remarques, pour croire qu'il eût
écrit plus judicieusement qu'il n'a fait. Vous savez,
Monsieur, que la narration de la mort de Sophonisbe
est remplie de tant de beautés, qu'on n'y peut rien
ajouter qui n'y soit inutile, et que les grandes accla-
mations que les spectateurs font à la fin du récit, sont
des preuves manifestes du contraire de ce qu'il ose
avancer dans ses observations. Il dit qu'il falloit peindre cette mort de quelques couleurs illustres tirées de
la grandeur de sa condition, et de son amour pour sa

patrie. Les vers de ce récit auroient pu le satisfaire
s'il avoit pris la peine de les écouter :

Dites à Scipion, etc. (Voir la scène dernière de la pièce.)

Le véritable caractère de Sophonisbe, c'est-à-dire,
le grand amour qu'elle avoit pour sa patrie, et la
haine mortelle qu'elle conservoit pour les Romains,
sont peints dans ces vers.

Le censeur dit qu'il falloit au moins dire quelque
chose de Massinisse et de Syphax ; mais je ne vois pas
qu'il soit nécessaire d'en parler. M. Corneille a prétendu traiter l'histoire de Sophonisbe, et rien davantage ; et quand elle est morte, l'action du théâtre doit
être terminée. Ne suffit-il pas que Lælius dise à Eryxe
qu'ils sont tous deux retenus dans le camp de Scipion,
sans les faire venir sur le théâtre pousser des regrets
qui n'eussent été qu'un jeu du poëte, puisque les affaires de la scène doivent être finies en la mort de Sophonisbe ? Il est à présumer que si Massinisse et Syphax avoient pu se rendre dans Cyrthe après la mort
de cette princesse, ils y seroient venus pour s'acquitter de ce qu'ils devoient à une personne qu'ils avoient
tant aimée ; mais M. Corneille qui ne fait rien dire, ni
rien faire au théâtre, qui ne tende à l'action théâtrale,
a feint qu'il leur étoit impossible d'y venir, pour
n'être pas obligé de leur faire dire des choses qui
n'auroient de rien servi à cette action, laquelle,
comme j'ai dit ci-dessus, est achevée par cette mort.

Il dit qu'on ne louera pas M. Corneille d'avoir
laissé Massinisse vivant dans un état si déplorable, et

qu'il ne faut point que le poëte s'attache si fortement aux circonstances de l'histoire. Je ne suis pas pour cette maxime, et je tiens que quand le poëte met sur le théâtre une histoire connue, il en doit conserver la vérité : il lui est bien permis d'en changer quelque circonstance, quand ce changement produit sur la scène un effet plus agréable que la vérité historique, mais il n'en doit point altérer le fondement; autrement c'est nous donner une histoire chimérique sous des noms véritables...

Par exemple, Massinisse, dans l'histoire, envoie du poison à Sophonisbe qui l'accepte, et M. Corneille dans sa tragédie fait qu'elle le refuse; c'est une circonstance qui dans son changement produit un effet fort agréable aux spectateurs, et qui conserve le caractère de cette héroïne : mais à ce refus M. Corneille fait qu'elle en a de tout préparé, afin qu'elle puisse s'empoisonner elle-même, ainsi que l'histoire le rapporte... N'est-il pas vrai, Monsieur, que si l'on représentoit sur le théâtre la mort de César, et qu'on le fit mourir dans le lit d'une fièvre chaude, vous diriez hautement que ce ne seroit point la mort de César, et que si Médée, loin de se venger sur ses enfants de l'infidélité de Jason, se plaignoit sur la scène, et qu'ensuite d'une longue plainte elle mourût de douleur, ne diriez-vous pas encore que ce ne seroit point Médée, et que ces personnages seroient nés de la fantaisie du poëte? Vous voyez par-là, Monsieur, la nécessité qu'il y a de garder sur la scène la vérité d'une histoire connue, particulièrement dans les choses qui lui sont essentielles, outre qu'Horace le prescrit ainsi dans son Art poétique. « Si tu me dépeins, dit-il, « Achille plein de gloire, peins-le vigilant, colère, in- « exorable, ne se voulant point soumettre aux lois qu'il « soutient n'être point faites pour lui, et qu'il s'attri- « bue toutes choses par les armes. Que Médée soit « fière et inflexible. » Ces préceptes font assez con- noître que le poète ne doit point changer les carac- tères que l'histoire attribue aux personnes dont elle parle; et M. l'abbé d'Aubignac lui-même, dans sa Pratique du Théâtre, expliquant doctement ce pré- cepte (qu'il faut suivre le bien commun, ou feindre des choses qui lui soient convenables), dit qu'Horace nous apprend qu'il ne faut pas donner aux acteurs principaux des mœurs dissemblables à eux-mêmes, ni entièrement éloignées de celles qu'ils ont dans l'opi- nion générale de l'histoire, comme, poursuit-il, seroit de faire César poltron, ou Messaline chaste.

L'auteur des Remarques dit que Sophonisbe porte son mari à refuser la paix, et qu'elle l'expose à une dangereuse bataille, par des motifs de rage et de mé- pris envers un si grand prince. Je ne m'étonne pas qu'il juge si mal de cette pièce, puisque dès le pre- mier acte il n'y avoit point mis d'attention. Dans la scène de Syphax avec Sophonisbe, elle lui témoigne d'abord qu'elle est ravie de la paix; mais quand elle apprend que Syphax n'a rien obtenu de favorable pour son pays, et que les Romains en veulent disposer en maîtres, elle lui reproche qu'il ne lui tient point ce

qu'il lui avoit promis en l'épousant, et qu'elle ne s'é-
toit donnée à lui qu'à condition qu'il soutiendroit
toujours les intérêts de Carthage. Il me semble qu'elle
n'étoit pas obligée de dire autre chose, en cette rencontre, et qu'une femme qui aime plus sa patrie
qu'elle ne s'aime soi-même, et qui voit l'armée de
son mari bien plus nombreuse que celle de ses ennemis, peut bien, en l'état où elle se trouve, lui reprocher qu'il lui manque de parole. Il dit aussi que
Sophonisbe manque à son devoir, et qu'elle a peu
d'estime pour Syphax. C'est tout le contraire; car
elle lui avoue qu'elle l'aime plus que son pays, mais
que véritablement elle ne peut s'empêcher de craindre pour le dernier; et, plutôt que de consentir que
Rome en soit la maîtresse, elle aime mieux se voir
ensevelir sous les ruines de Carthage : ainsi elle
rend ce qu'elle doit à son mari, et ne trahit point
l'amitié qu'elle croit devoir à sa patrie. Il trouve
mauvais que Sophonisbe ait deux maris en même
temps, parce que, dit-il, cela n'est pas supportable
à nos mœurs. Il est vrai qu'il n'y a point de con-
formité; mais aussi il devoit considérer que c'est
une vérité historique; que M. Corneille met sur le
théâtre une Carthaginoise, et que le divorce étant
permis en ce temps-là, elle peut épouser Massinisse
pour s'empêcher de suivre le triomphe des Romains, ce qu'elle appréhendoit plus que la mort.
Quant à la formalité que ce critique dit qu'il falloit
observer en cette rencontre, il n'en étoit pas be-

soin; car la loi portoit que du moment de la captivité, le divorce avoit lieu, comme il est marqué
dans le troisième acte de cette pièce. Ce n'est pas,
Monsieur, que j'excusasse volontiers un poète qui
auroit inventé des choses semblables, parce qu'il est
le maître de l'invention; mais il ne lui est pas défendu de s'en servir quand il les trouve dans l'histoire. Nous avons vu sur nos théâtres une Zénobie
entre deux rois ses maris, contre laquelle personne
ne s'est soulevé, et nous y voyons souvent bien des
choses qui sont directement opposées à nos mœurs,
sans que nous nous en plaignions. Les attentats et les
conspirations qu'on y voit contre les rois et les princes, nous sont en exécration; cependant nous n'en
disons mot, parce qu'en ces moments nous nous ima-
ginons être en Grèce ou à Rome, et que nous savons par les histoires, que toutes ces choses sont
arrivées.

Je n'ai point vu, comme ce censeur dit, que Massinisse presse la consommation du mariage, ni même
qu'il en parle. Pour ce qui est de Syphax, il fait tout
ce qu'un homme captif peut faire; il souhaite la perte
de Sophonisbe et de Massinisse, et demande aux dieux
qu'il puisse avoir la joie de les voir accablés sous les
murs du séjour natal de sa perfide, et c'est tout ce qu'il
peut en l'état pitoyable où il est. Quant à Massinisse,
il ne cesse pas d'être honnête homme par l'infidélité
qu'il semble faire à Eryxe, à la vue d'un objet qu'il
avoit aimé passionnément, et qu'il aimoit encore. Cela

n'a rien contre la vraisemblance ordinaire; et puis vous
savez, Monsieur, que suivant le maître de l'art les
gens qu'on fait paroître sur la scène ne doivent pas
être entièrement parfaits, et qu'ils sont hommes, et
par conséquent sujets aux passions.

Cet observateur dit, qu'on sait bien que Massinisse
envoie du poison à Sophonisbe, mais qu'on ne voit
pas quelle est la paix ou le trouble de son esprit. Ne
diroit-on pas qu'il prend plaisir à faire connoître qu'il
n'a pas écouté cette pièce? car il est aisé de juger de
la douleur de Massinisse, par ce que Mézétulle dit à
Sophonisbe, en lui apportant le poison, savoir, que
Massinisse est dans le dernier désespoir; qu'il est tellement observé par les gens de Scipion, qu'il ne lui
est pas possible de revenir de Cyrthe, et que toute
la grâce qu'il en a pu obtenir, est de lui écrire un
billet que Mézétulle lui donne avec le poison.

Pour Eryxe, que le critique trouve une épisode
aussi inutile que l'Infante du Cid, j'y vois une grande
différence, parce que celle du Cid n'avance ni ne re-
cule les affaires de la scène. et celle-ci précipite le
mariage de Massinisse avec Sophonisbe, et donne lieu
à tous les événements qui le suivent. Je ne sais pas
pourquoi il s'avise de dire qu'en plusieurs endroits
de cette pièce, les expressions sont obscures et con-
fuses. S'il l'avoit écoutée comme il le falloit, il auroit
eu des pensées toutes contraires, outre qu'il peut savoir qu'on n'a jamais accusé M. Corneille d'un tel
défaut; et qu'on a toujours dit que ce qu'il avoit d'ex-

traordinaire étoit la grandeur des sentiments, la force et la clarté de l'expression (1). Ce critique fait connoître par-là que quand il a voulu faire ses Remarques, il a bien plutôt pris avis de sa passion que de sa raison. Voilà, Monsieur, mes sentiments sur ses observations.

Je suis, etc.

(1) Si l'on se reporte au temps où parut Sophonisbe, en 1663, époque antérieure à la Thébaïde de Racine, on pourra juger des efforts de Corneille pour enrichir la langue, qui n'étoit pas fixée, en employant le premier avec succès dans le langage poétique, tant de figures de mots, de diction et de construction, dont Racine et ses successeurs n'ont fait que régulariser l'emploi.

OTHON,

TRAGÉDIE EN CINQ ACTES.

1664.

PRÉFACE DE CORNEILLE
AU LECTEUR.

Si mes amis ne me trompent, cette pièce égale ou passe la meilleure des miennes. Quantité de suffrages illustres et solides se sont déclarés pour elle ; et si j'ose y mêler le mien, je vous dirai que vous y trouverez quelque justesse dans la conduite, et un peu de bon sens dans le raisonnement. Quant aux vers, on n'en a point vu de moi que j'aie travaillés avec plus de soin. Le sujet est tiré de Tacite, qui commence ses histoires par celle-ci ; et je n'en ai encore mis aucune sur le théâtre à qui j'aie gardé plus de fidélité, et prêté plus d'invention. Les caractères de ceux que j'y fais parler, y sont les mêmes que chez cet incomparable auteur, que j'ai traduit tant qu'il m'a été possible. J'ai tâché de faire paroître les vertus de mon héros en tout leur éclat, sans en dissimuler les vices non plus que lui ; et je me suis contenté de les attribuer à une politique de cour, où, quand le souverain se plonge dans les débauches, et que sa faveur n'est qu'à ce prix, il y a presse à qui sera de la partie. J'y ai conservé les événements, et pris la liberté de changer la manière dont ils arrivent, pour en jeter tout le

crime sur un méchant homme, qu'on soupçonna dès-
lors d'avoir donné des ordres secrets pour la mort de
Vinius; tant leur inimitié étoit forte et déclarée. Othon
avoit promis à ce consul d'épouser sa fille s'il le pouvoit faire choisir à Galba pour successeur; et comme
il se vit empereur sans son ministère, il se crut dégagé
de cette promesse, et ne l'épousa point. Je n'ai pas
voulu aller plus loin que l'histoire; et je puis dire
qu'on n'a point encore vu de pièce où il se propose
tant de mariages pour n'en conclure aucun. Ce sont
intrigues de cabinet qui se détruisent les unes les
autres.

PERSONNAGES.

GALBA, empereur de Rome.

VINIUS, consul.

OTHON, sénateur romain, amant de Plautine.

LACUS, préfet du prétoire.

CAMILLE, nièce de Galba.

PLAUTINE, fille de Vinius, amante d'Othon.

MARTIAN, affranchi de Galba.

ALBIN, ami d'Othon.

ALBIANE, sœur d'Albin, dame d'honneur de Camille.

FLAVIE, amie de Plautine.

ATTICUS, } soldats romains.
RUTILE, }

La scène est à Rome, dans le palais impérial.

OTHON.

ACTE PREMIER.

——

SCÈNE I.

OTHON, ALBIN.

ALBIN.

VOTRE amitié, Seigneur, me rendra téméraire,
J'en abuse, et je sais que je vais vous déplaire;
Que vous condamnerez ma curiosité :
Mais je croirois vous faire une infidélité,
Si je vous cachois rien de ce que j'entends dire
De votre amour nouveau sous ce nouvel empire.
    On s'étonne de voir qu'un homme tel qu'Othon,
Othon, dont les hauts faits soutiennent le grand nom,
Daigne d'un Vinius se réduire à la fille,
S'attache à ce consul, qui ravage, qui pille,
Qui peut tout, je l'avoue, auprès de l'empereur,
Mais dont tout le pouvoir ne sert qu'à faire horreur.
Et détruit d'autant plus, que plus on le voit croître,
Ce que l'on doit d'amour aux vertus de son maître.

OTHON.

Ceux qu'on voit s'étonner de ce nouvel amour,
N'ont jamais bien conçu ce que c'est que la cour.

Un homme tel que moi jamais ne s'en détache :
Il n'est point de retraite ou d'ombre qui le cache;
Et si du souverain la faveur n'est pour lui,
Il faut, ou qu'il périsse, ou qu'il prenne un appui.

Quand le monarque agit par sa propre conduite,
Mes pareils sans péril se rangent à sa suite;
Le mérite et le sang nous y font discerner;
Mais quand le potentat se laisse gouverner,
Et que de son pouvoir les grands dépositaires,
N'ont pour raison d'Etat que leurs propres affaires,
Ces lâches ennemis de tous les gens de cœur
Cherchent à nous pousser avec toute rigueur,
A moins que notre adroite et prompte servitude
Nous dérobe aux fureurs de leur inquiétude.

Sitôt que de Galba le sénat eut fait choix,
Dans mon gouvernement j'en établis les lois;
Et je fus le premier qu'on vit au nouveau prince
Donner toute une armée et toute une province.
Ainsi je me comptois de ses premiers suivants;
Mais déjà Vinius avoit pris les devants.
Martian l'affranchi, dont tu vois les pillages,
Avoit avec Lacus fermé tous les passages.
On n'approchoit de lui que sous leur bon plaisir;
J'eus donc pour m'y produire un des trois à choisir.
Je les voyois tous trois se hâter sous un maître,
Qui, chargé d'un long âge, a peu de temps à l'être;
Et tous trois à l'envi s'empresser ardemment
A qui dévoreroit ce règne d'un moment.
J'eus horreur des appuis qui restoient seuls à prendre.
J'espérai quelque temps de m'en pouvoir défendre :

Mais quand Nymphidius, dans Rome assassiné,
Fit place au favori qui l'avoit condamné ;
Que Lacus par sa mort fut préfet du Prétoire ;
Que pour couronnement d'une action si noire
Les mêmes assassins surent encor percer
Varron, Turpilian, Capiton et Macer,
Je vis qu'il étoit temps de prendre mes mesures ;
Qu'on perdoit de Néron toutes les créatures,
Et que demeuré seul de toute cette cour,
A moins d'un protecteur, j'aurois bientôt mon tour.
Je choisis Vinius dans cette défiance ;
Pour plus de sûreté j'en cherchai l'alliance.
Les autres n'ont ni sœur, ni fille à me donner ;
Et d'eux, sans ce grand nœud, tout est à soupçonner.

ALBIN.

Vos vœux furent reçus ?

OTHON.

Oui déjà l'hyménée
Auroit avec Plautine uni ma destinée,
Si ces rivaux d'Etat n'en savoient divertir
Un maître qui sans eux n'ose rien consentir.

ALBIN.

Ainsi tout votre amour n'est qu'une politique,
Et le cœur ne sent point ce que la bouche explique ?

OTHON.

Il ne le sentit pas, Albin, du premier jour ;
Mais cette politique est devenue amour.
Tout m'en plaît, tout m'en charme, et mes premiers scrupules
Près d'un si cher objet passent pour ridicules.

Vinius est consul, Vinius est puissant ;
Il a de la naissance, et s'il est agissant,
S'il suit des favoris la pente trop commune,
Plautine hait en lui ces soins de sa fortune :
Son cœur est noble et grand.

ALBIN.

> Quoi qu'elle ait de vertu,

Vous devriez dans l'ame être un peu combattu.
La nièce de Galba pour dot aura l'Empire,
Et vaut bien que pour elle à ce prix on soupire.
Son oncle doit bientôt lui choisir un époux.
Le mérite et le sang font un éclat en vous,
Qui pour y joindre encor celui du diadême...

OTHON.

Quand mon cœur se pourroit soustraire à ce que j'aime,
Et que pour moi Camille auroit tant de bonté,
Que je dusse espérer de m'en voir écouté ;
Si, comme tu le dis, sa main doit faire un maître,
Aucun de nos tyrans n'est encor las de l'être,
Et ce seroit tous trois les attirer sur moi,
Qu'aspirer sans leur ordre à recevoir sa foi.
Surtout de Vinius le sensible courage
Feroit tout pour me perdre après un tel outrage,
Et se vengeroit même à la face des Dieux,
Si j'avois sur Camille osé tourner les yeux.

ALBIN.

Pensez-y toutefois ; ma sœur est auprès d'elle.
Je puis vous y servir, l'occasion est belle.
Tout autre amant que vous s'en laisseroit charmer ;
Et je vous dirois plus, si vous osiez l'aimer.

OTHON.

Porte à d'autres qu'à moi cette amorce inutile.
Mon cœur tout à Plautine est fermé pour Camille.
La beauté de l'objet, la honte de changer,
Le succès incertain, l'infaillible danger,
Tout fait à ces projets d'invincibles obstacles.

ALBIN.

Seigneur, en moins de rien il se fait des miracles.
A ces deux grands rivaux peut-être il seroit doux
D'ôter à Vinius un gendre tel que vous;
Et si l'un par bonheur à Galba vous propose...
Ce n'est pas qu'après tout j'en sache aucune chose.
Je leur suis trop suspect pour s'en fier à moi;
Mais si je vous puis dire enfin ce que je croi,
Je vous proposerois si j'étois en leur place.

OTHON.

Aucun d'eux ne fera ce que tu veux qu'il fasse;
Et s'ils peuvent jamais trouver quelque douceur
A faire que Galba choisisse un successeur,
Ils voudront sur ce choix se mettre en assurance,
Et n'en proposeront que de leur dépendance.
Je sais... Mais Vinius que j'aperçois venir...

SCÈNE II.

VINIUS, OTHON, ALBIN.

VINIUS.

Laissez-nous seuls, Albin, je veux l'entretenir.

SCÈNE III.

VINIUS, OTHON.

VINIUS.

Je crois que vous m'aimez, Seigneur, et que ma fille
Vous fait prendre intérêt en toute ma famille.
Il en faut une preuve, et non pas seulement
Qui consiste aux devoirs dont s'empresse un amant;
Il la faut plus solide, il la faut d'un grand homme,
D'un cœur digne en effet de commander à Rome.
Il faut ne plus l'aimer.

OTHON.

Quoi! pour preuve d'amour...

VINIUS.

Il faut faire encor plus, Seigneur, en ce grand jour.
Il faut aimer ailleurs.

OTHON.

Ah! que m'osez-vous dire?

VINIUS.

Je sais qu'à son hymen tout votre cœur aspire :
Mais elle, et vous, et moi, nous allons tous périr;
Et votre change seul nous peut tous secourir.
Vous me devez, Seigneur, peut-être quelque chose.
Sans moi, sans mon crédit qu'à leurs desseins j'oppose,
Laçus et Martian vous auroient peu souffert.
Il faut à votre tour rompre un coup qui me perd,
Et qui, si votre cour ne s'arrache à Plautine,
Vous enveloppera tous deux en ma ruine.

OTHON.

Dans le plus doux espoir de mes vœux acceptés,
M'ordonner que je change! et vous-même!

VINIUS.

Ecoutez.

L'honneur que nous feroit votre illustre hyménée,
Des deux que j'ai nommés tient l'ame si gênée,
Que jusqu'ici Galba, qu'ils obsèdent tous deux,
A refusé son ordre à l'effet de nos vœux.
L'obstacle qu'ils y font, vous peut montrer sans peine
Quelle est pour vous et moi leur envie et leur haine;
Et qu'aujourd'hui, de l'air dont nous nous regardons,
Ils nous perdront bientôt si nous ne les perdons.
C'est une vérité qu'on voit trop manifeste;
Et sur ce fondement, Seigneur, je passe au reste.

    Galba vieil et cassé, qui se voit sans enfants,
Croit qu'on méprise en lui la foiblesse des ans;
Et qu'on ne peut aimer à servir sous un maître
Qui n'aura pas le temps de le bien reconnoître.
Il voit de toutes parts du tumulte excité;
Le soldat en Syrie est presque révolté.
Vitellius avance avec sa force unie,
Des troupes de la Gaule et de la Germanie.
Ce qu'il a de vieux corps le souffre avec ennui.
Tous les prétoriens murmurent contre lui.
De leur Nymphidius l'indigne sacrifice,
De qui se l'immola leur demande justice.
Il le sait, et prétend par un jeune empereur
Ramener les esprits, et calmer leur fureur.
Il espère un pouvoir, ferme, plein, et tranquille,

S'il nomme pour César un époux de Camille.
Mais il balance encor sur ce choix d'un époux,
Et je ne puis, Seigneur, m'assurer que sur vous.
J'ai donc pour ce grand choix vanté votre courage,
Et Lacus à Pison a donné son suffrage.
Martian n'a parlé qu'en termes ambigus,
Mais sans doute il ira du côté de Lacus;
Et l'unique remède est de gagner Camille.
Si sa voix est pour nous, la leur est inutile.
Nous serons pareil nombre; et dans l'égalité
Galba pour cette nièce aura de la bonté,
Il a remis exprès à tantôt d'en résoudre.
De nos têtes, sur eux, détournez cette foudre.
Je vous le dis encor, contre ces grands jaloux
Je ne me puis, Seigneur, assurer que sur vous.
De votre premier choix quoi que je doive attendre,
Je vous aime encor mieux pour maître que pour gendre;
Et je ne vois pour nous qu'un naufrage certain,
S'il nous faut recevoir un prince de leur main.

OTHON.

Ah! Seigneur, sur ce point c'est trop de confiance.
C'est vous tenir trop sûr de mon obéissance.
Je ne prends plus de lois que de ma passion.
Plautine est l'objet seul de mon ambition;
Et si votre amitié me veut détacher d'elle,
La haine de Lacus me seroit moins cruelle.
Que m'importe après tout, si tel est mon malheur,
De mourir par son ordre, ou mourir de douleur!

VINIUS.

Seigneur, un grand courage, à quelque point qu'il aime,

Sait toujours au besoin se posséder soi-même.
Poppée avoit pour vous du moins autant d'appas;
Et quand on vous l'ôta, vous n'en mourûtes pas.

OTHON.

Non, Seigneur, mais Poppée étoit une infidèle,
Qui n'en vouloit qu'au trône, et qui m'aimoit moins qu'elle.
Ce peu qu'elle eut d'amour ne fit du lit d'Othon
Qu'un degré pour monter à celui de Néron.
Elle ne m'épousa qu'afin de s'y produire,
D'y ménager sa place au hasard de me nuire.
Aussi j'en fus banni sous un titre d'honneur;
Et pour ne me plus voir on me fit gouverneur.
Mais j'adore Plautine, et je règne en son ame.
Nous ordonner d'éteindre une si belle flamme,
C'est... je ne l'ose dire. Il est d'autres Romains,
Seigneur, qui sauront mieux appuyer vos desseins.
Il en est dont le cœur pour Camille soupire,
Et qui seront ravis de vous devoir l'empire.

VINIUS.

Je veux que cet espoir à d'autres soit permis;
Mais êtes-vous fort sûr qu'ils soient de nos amis?
Savez-vous mieux que moi s'ils plairont à Camille?

OTHON.

Et croyez-vous pour moi qu'elle soit plus facile?
Pour moi, que d'autres vœux...

VINIUS.

                                        A ne vous rien celer,
Sortant d'avec Galba, j'ai voulu lui parler.
J'ai voulu sur ce point pressentir sa pensée.
J'en ai nommé plusieurs pour qui je l'ai pressée.

A leurs noms, un grand froid, un front triste, un œil bas,
M'ont fait voir aussitôt qu'ils ne lui plaisoient pas.
Au vôtre elle a rougi, puis s'est mis à sourire,
Et m'a soudain quitté sans me vouloir rien dire.
C'est à vous qui savez ce que c'est que d'aimer,
A juger de son cœur ce qu'on doit présumer.

OTHON.

Je n'en veux point juger, Seigneur; et sans Plautine
L'amour m'est un poison, le bonheur m'assassine,
Et toutes les douceurs du pouvoir souverain
Me sont d'affreux tourments, s'il m'en coûte sa main.

VINIUS.

De tant de fermeté j'aurois l'ame ravie,
Si cet excès d'amour nous assuroit la vie :
Mais il nous faut le trône, ou renoncer au jour;
Et quand nous périrons, que servira l'amour?

OTHON.

A de vaines frayeurs un noir soupçon vous livre.
Pison n'est point cruel, et nous laissera vivre.

VINIUS.

Il nous laissera vivre, et je vous ai nommé!
Si de nous voir dans Rome il n'est point alarmé,
Nos communs ennemis qui prendront sa conduite,
En préviendront pour lui la dangereuse suite.
Seigneur, quand pour l'empire on s'est vu désigner,
Il faut, quoi qu'il arrive, ou périr, ou régner.
Le posthume Agrippa vécut peu sous Tibère.
Néron n'épargna point le sang de son beau-frère;
Et Pison vous perdra par la même raison,
Si vous ne vous hâtez de prévenir Pison.

Il n'est point de milieu qu'en saine politique...

OTHON.

Et l'amour est la seule où tout mon cœur s'applique.
Rien ne vous a servi, Seigneur, de me nommer;
Vous voulez que je règne, et je ne sais qu'aimer.
Je pourrois savoir plus, si l'astre qui domine
Me vouloit faire un jour régner avec Plautine;
Mais dérober son ame à de si doux appas,
Pour attacher sa vie à ce qu'on n'aime pas!...

VINIUS.

Eh bien, si cet amour a sur vous tant de force,
Régnez; qui fait des lois peut bien faire un divorce.
Du trône on considère enfin ses vrais amis,
Et quand vous pourrez tout, tout vous sera permis.

SCÈNE IV.

PLAUTINE, VINIUS, OTHON.

PLAUTINE.

Non pas, Seigneur, non pas, quoi que le ciel m'envoie,
Je ne veux rien tenir d'une honteuse voie;
Et cette lâcheté qui me rendroit son cœur
Sentiroit le tyran, et non pas l'empereur.
A votre sûreté, puisque le péril presse,
J'immolerai ma flamme, et toute ma tendresse;
Et je vaincrai l'horreur d'un si cruel devoir,
Pour conserver le jour à qui me l'a fait voir :
Mais ce qu'à mes desirs je fais de violence,
Fuit les honteux appas d'une indigne espérance;
Et la vertu qui dompte et bannit mon amour,
N'en souffrira jamais qu'un vertueux retour.

OTHON.

Ah! que cette vertu m'apprête un dur supplice!
Seigneur, et le moyen que je vous obéisse?
Voyez, et, s'il se peut, pour voir tout mon tourment,
Quittez vos yeux de père, et prenez-en d'amant.

VINIUS.

L'estime de mon sang ne m'est pas interdite;
Je lui vois des attraits, je lui vois du mérite.
Je crois qu'elle en a même assez pour engager,
Si quelqu'un nous perdoit, quelque autre à nous venger.
Par-là nos ennemis la tiendront redoutable;
Et sa perte par-là devient inévitable.
Je vois de plus, Seigneur, que je n'obtiendrai rien,
Tant que votre œil blessé rencontrera le sien,
Que le temps se va perdre en répliques frivoles;
Et pour les éviter, j'achève en trois paroles.
Si vous manquez le trône, il faut périr tous trois.
Prévenez, attendez cet ordre à votre choix.
Je me remets à vous de ce qui vous regarde:
Mais en ma fille et moi ma gloire se hasarde.
De ses jours et des miens je suis maître absolu;
Et j'en disposerai comme j'ai résolu.
Je ne crains point la mort, mais je hais l'infamie
D'en recevoir la loi d'une main ennemie;
Et je saurai verser tout mon sang en Romain,
Si le choix que j'attends ne me retient la main.
C'est dans une heure ou deux que Galba se déclare.
Vous savez l'un et l'autre à quoi je me prépare;
Résolvez-en ensemble.

SCÈNE V.

OTHON, PLAUTINE.

OTHON.

Arrêtez donc, Seigneur ;
Et s'il faut prévenir un mortel déshonneur
Recevez-en l'exemple, et jugez si sa honte...

PLAUTINE.

Quoi, Seigneur, à mes yeux une fureur si prompte !
Ce noble désespoir si digne des Romains,
Tant qu'ils ont du courage, est toujours en leurs mains ;
Et pour vous et pour moi fût-il digne d'un temple,
Il n'est pas encor temps de m'en donner l'exemple.
Il faut vivre, et l'amour nous y doit obliger,
Pour me sauver un père, et pour me protéger.
Quand vous voyez ma vie à la vôtre attachée,
Faut-il que malgré moi votre ame effarouchée,
Pour m'ouvrir le tombeau hâte votre trépas,
Et m'avance un destin où je ne consens pas ?

OTHON.

Quand il faut m'arracher tout cet amour de l'ame,
Puis-je que dans mon sang en éteindre la flamme ?
Puis-je sans le trépas...

PLAUTINE.

Et vous ai-je ordonné
D'éteindre tout l'amour que je vous ai donné ?
Si l'injuste rigueur de notre destinée
Ne permet plus l'espoir d'un heureux hyménée,
Il est un autre amour dont les vœux innocents

S'élèvent au-dessus du commerce des sens.
Plus la flamme en est puré, et plus elle est durable.
Il rend de son objet le cœur inséparable;
Il a de vrais plaisirs dont ce cœur est charmé,
Et n'aspire qu'au bien d'aimer et d'être aimé.

OTHON.

Qu'un tel épurement demande un grand courage!
Qu'il est même aux plus grands d'un difficile usage!
Madame, permettez que je dise à mon tour,
Que tout ce que l'honneur peut souffrir à l'amour,
Un amant le souhaite, il en veut l'espérance,
Et se croit mal aimé s'il n'en a l'assurance.

PLAUTINE.

Aimez-moi toutefois sans l'attendre de moi,
Et ne m'enviez point l'honneur que j'en reçoi.
Quelle gloire à Plautine, ô ciel, de pouvoir dire,
Que le choix de son cœur fut digne de l'Empire;
Qu'un héros destiné pour maître à l'univers,
Voulut borner ses vœux à vivre dans ses fers,
Et qu'à moins que d'un ordre absolu d'elle-même,
Il auroit renoncé pour elle au diadême!

OTHON.

Ah! qu'il faut aimer peu pour faire son bonheur,
Pour tirer vanité d'un si fatal honneur!
Si vous m'aimiez, Madame, il vous seroit sensible,
De voir qu'à d'autres vœux mon cœur fût accessible;
Et la nécessité de le porter ailleurs
Vous auroit fait déjà partager mes douleurs.
Mais tout mon désespoir n'a rien qui vous alarme.
Vous pouvez perdre Othon sans verser une larme.

Vous en témoignez joie, et vous-même aspirez
A tout l'excès des maux qui me sont préparés.

PLAUTINE.

Que votre aveuglement a pour moi d'injustice!
Pour épargner vos maux, j'augmente mon supplice.
Je souffre; et c'est pour vous que j'ose m'imposer
La gêne de souffrir, et de le déguiser.
Tout ce que vous sentez, je le sens dans mon ame,
J'ai mêmes déplaisirs, comme j'ai même flamme,
J'ai même désespoir; mais je sais les cacher,
Et paroître insensible afin de moins toucher.
Faites à vos desirs pareille violence;
Retenez-en l'éclat, sauvez-en l'apparence.
Au péril qui nous presse immolez le dehors,
Et pour vous faire aimer, montrez d'autres transports.
Je ne vous défends point une douleur muette,
Pourvu que votre front n'en soit point l'interprète,
Et que de votre cœur vos yeux indépendants
Triomphent comme moi des troubles du dedans.
Suivez, passez l'exemple, et portez à Camille
Un visage content, un visage tranquille,
Qui lui laisse accepter ce que vous offrirez,
Et ne démente rien de ce que vous direz.

OTHON.

Hélas! Madame, hélas! que pourrai-je lui dire?

PLAUTINE.

Il y va de ma vie, il y va de l'Empire;
Réglez-vous là-dessus. Le temps se perd, Seigneur.
Adieu, donnez la main, mais gardez-moi le cœur;
Ou si c'est trop pour moi, donnez et l'un et l'autre.

Emportez mon amour, et retirez le vôtre :
Mais dans ce triste état, si je vous fais pitié,
Conservez-moi toujours l'estime et l'amitié;
Et n'oubliez jamais, quand vous serez le maître,
Que c'est moi qui vous force, et qui vous aide à l'être.

OTHON *seul.*

Que ne m'est-il permis d'éviter par ma mort
Les barbares rigueurs d'un si cruel effort !

FIN DU PREMIER ACTE.

ACTE SECOND.

SCÈNE I.

PLAUTINE, FLAVIE.

PLAUTINE.

Dis-moi donc, lorsqu'Othon s'est offert à Camille,
A-t-il paru contraint? a-t-elle été facile?
Son hommage auprès d'elle a-t-il eu plein effet?
Comment l'a-t-elle pris, et comment l'a-t-il fait?

FLAVIE.

J'ai tout vu; mais enfin votre humeur curieuse
A vous faire un supplice est trop ingénieuse.
Quelque reste d'amour qui vous parle d'Othon,
Madame, oubliez-en, s'il se peut, jusqu'au nom.
Vous vous êtes vaincue en faveur de sa gloire;
Goûtez un plein triomphe après votre victoire.
Le dangereux récit que vous me commandez
Est un nouveau combat où vous vous hasardez.
Votre ame n'en est pas encor si détachée,
Qu'il puisse aimer ailleurs sans qu'elle en soit touchée;
Prenez moins d'intérêt à l'y voir réussir;
Et fuyez le chagrin de vous en éclaircir.

PLAUTINE.

Je le force moi-même à se montrer volage;
Et, regardant son change ainsi que mon ouvrage,

J'y prends un intérêt qui n'a rien de jaloux.
Qu'on l'accepte, qu'il règne, et tout m'en sera doux.

FLAVIE.

J'en doute ; et rarement une flamme si forte
Souffre qu'à notre gré ses ardeurs...

PLAUTINE.

Que t'importe ?

Laisse-m'en le hasard ; et sans dissimuler
Dis de quelle manière il a su lui parler.

FLAVIE.

N'imputez donc qu'à vous si votre ame inquiète
En ressent malgré moi quelque gêne secrète.
 Othon à la princesse a fait un compliment,
Plus en homme de cour, qu'en véritable amant.
Son éloquence accorte, enchaînant avec grâce,
L'excuse du silence à celle de l'audace,
En termes trop choisis accusoit le respect
D'avoir tant retardé cet hommage suspect.
Ses gestes concertés, ses regards de mesure,
N'y laissoient aucun mot aller à l'aventure.
On ne voyoit que pompe en tout ce qu'il peignoit.
Jusque dans ses soupirs la justesse régnoit,
Et suivoit pas à pas un effort de mémoire,
Qu'il étoit plus aisé d'admirer que de croire.
 Camille sembloit même assez de cet avis.
Elle auroit mieux goûté des discours moins suivis.
Je l'ai vu dans ses yeux ; mais cette défiance
Avoit avec son cœur trop peu d'intelligence.
De ces justes soupçons ses souhaits indignés
Les ont tout aussitôt détruits, ou dédaignés.

Elle a voulu tout croire; et quelque retenue
Qu'ait su garder l'amour dont elle est prévenue,
On a vu par ce peu qu'il laissoit échapper,
Qu'elle prenoit plaisir à se laisser tromper,
Et que si quelquefois l'horreur de la contrainte
Forçoit le triste Othon à soupirer sans feinte,
Soudain l'avidité de régner sur son cœur
Imputoit à l'amour ces soupirs de douleur.

PLAUTINE.

Et sa réponse enfin?

FLAVIE.

Elle a paru civile;
Mais la civilité n'est qu'amour en Camille,
Comme en Othon l'amour n'est que civilité.

PLAUTINE.

Et n'a-t-elle rien dit de sa légèreté?
Rien de la foi qu'il semble avoir si mal gardée?

FLAVIE.

Elle a su rejeter cette fâcheuse idée,
Et n'a pas témoigné qu'elle sût seulement
Qu'on l'eût vu pour vos yeux soupirer un moment.

PLAUTINE.

Mais qu'a-t-elle promis?

FLAVIE.

Que son devoir fidèle
Suivroit ce que Galba voudroit ordonner d'elle;
Et de peur d'en trop dire, et d'ouvrir trop son cœur,
Elle l'a renvoyé soudain vers l'empereur.
Il lui parle à présent. Qu'en dites-vous, Madame,

Et de cet entretien que souhaite votre ame?
Voulez-vous qu'on l'accepte, ou qu'il n'obtienne rien?

PLAUTINE.

Moi-même, à dire vrai, je ne le sais pas bien.
Comme des deux côtés le coup me sera rude,
J'aimerois à jouir de cette incertitude,
Et tiendrois à bonheur le reste de mes jours,
De n'en sortir jamais, et de douter toujours.

FLAVIE.

Mais il faut se résoudre, et vouloir quelque chose.

PLAUTINE.

Souffre sans m'alarmer que le ciel en dispose.
Quand son ordre une fois en aura résolu,
Il nous faudra vouloir ce qu'il aura voulu.
Ma raison cependant cède Othon à l'Empire.
Il est de mon bonheur de ne m'en pas dédire;
Et soit ce grand souhait volontaire ou forcé,
Il est beau d'achever comme on a commencé.
Mais je vois Martian.

SCÈNE II.

MARTIAN, PLAUTINE, FLAVIE.

PLAUTINE.

Que venez-vous m'apprendre?

MARTIAN.

Que de votre seul choix l'Empire va dépendre,
Madame.

PLAUTINE.

Quoi! Galba voudroit suivre mon choix?

MARTIAN.

Non, mais de son conseil nous ne sommes que trois;
Et si pour votre Othon vous voulez mon suffrage,
Je vous le viens offrir avec un humble hommage.

PLAUTINE.

Avec..?

MARTIAN.

Avec des vœux sincères et soumis,
Qui feront encor plus si l'espoir m'est permis.

PLAUTINE.

Quels vœux et quel espoir?

MARTIAN.

Cet important service,
Qu'un si profond respect vous offre en sacrifice...

PLAUTINE.

Eh bien, il remplira mes desirs les plus doux;
Mais pour reconnoissance enfin, que voulez-vous?

MARTIAN.

La gloire d'être aimé.

PLAUTINE.

De qui?

MARTIAN.

De vous, Madame.

PLAUTINE.

De moi-même?

MARTIAN.

De vous, j'ai des yeux; et mon ame...

PLAUTINE.

Votre ame, en me faisant cette civilité,
Devroit l'accompagner de plus de vérité.

On n'a pas grande foi pour tant de déférence,
Lorsqu'on voit que la suite a si peu d'apparence.
L'offre sans doute est belle, et bien digne d'un prix;
Mais en le choisissant vous vous êtes mépris.
Si vous me connoissiez, vous feriez mieux paroître...

MARTIAN.

Hélas! mon mal ne vient que de vous trop connoître;
Mais vous-même, après tout, ne vous connoissez pas,
Quand vous croyez si peu l'effet de vos appas,
Si vous daigniez savoir quel est votre mérite,
Vous ne douteriez point de l'amour qu'il excite.
Othon m'en sert de preuve; il n'avoit rien aimé
Depuis que de Poppée il s'étoit vu charmé.
Bien que d'entre ses bras Néron l'eût enlevée,
L'image dans son cœur s'en étoit conservée.
La mort même, la mort n'avoit pu l'en chasser :
A vous seule étoit dû l'honneur de l'effacer.
Vous seule d'un coup-d'œil emportâtes la gloire
D'en faire évanouir la plus douce mémoire,
Et d'avoir su réduire à de nouveaux souhaits
Ce cœur impénétrable aux plus charmants objets.
Et vous vous étonnez que pour vous je soupire!

PLAUTINE.

Je m'étonne bien plus que vous me l'osiez dire.
Je m'étonne de voir qu'il ne vous souvient plus
Que l'heureux Martian fut l'esclave Icélus,
Qu'il a changé de nom sans changer de visage.

MARTIAN.

C'est ce crime du sort qui m'enfle le courage.
Lorsqu'en dépit de lui je suis ce que je suis,

On voit ce que je vaux voyant ce que je puis.
Un pur hasard sans nous règle notre naissance;
Mais comme le mérite est en notre puissance,
La honte d'un destin qu'on vit mal assorti,
Fait d'autant plus d'honneur quand on en est sorti.
Quelque tache en mon sang que laissent mes ancêtres,
Depuis que nos Romains ont accepté des maîtres,
Ces maîtres ont toujours fait choix de mes pareils
Pour les premiers emplois et les secrets conseils;
Ils ont mis en nos mains la fortune publique;
Ils ont soumis la terre à notre politique.
Patrobe, Policlète, et Narcisse, et Pallas,
Ont déposé des rois, et donné des Etats.
On nous élève au trône au sortir de nos chaînes;
Sous Claude on vit Félix le mari de trois reines;
Et quand l'amour en moi vous présente un époux,
Vous me traitez d'esclave, et d'indigne de vous!
Madame, en quelque rang que vous ayez pu naître,
C'est beaucoup que d'avoir l'oreille du grand maître.
Vinius est consul, et Lacus est préfet.
Je ne suis l'un ni l'autre, et suis plus en effet;
Et de ces consulats, et de ces préfectures
Je puis quand il me plaît faire des créatures.
Galba m'écoute enfin; et c'est être aujourd'hui,
Quoique sans ces grands noms, le premier d'après lui.

PLAUTINE.

Pardonnez donc, Seigneur, si je me suis méprise.
Mon orgueil dans vos fers n'a rien qui l'autorise;
Je viens de me connoître, et me vois à mon tour
Indigne des honneurs qui suivent votre amour.

Avoir brisé ces fers, fait un degré de gloire
Au-dessus des consuls, des préfets du Prétoire;
Et si de cet amour je n'ose être le prix,
Le respect m'en empêche, et non plus le mépris.
On m'avoit dit pourtant que souvent la nature
Gardoit en vos pareils sa première teinture,
Que ceux de nos Césars qui les ont écoutés,
Ont tous souillé leurs noms par quelques lâchetés,
Et que pour dérober l'Empire à cette honte,
L'univers a besoin qu'un vrai héros y monte.
C'est ce qui me faisoit y souhaiter Othon;
Mais, à ce que j'apprends, ce souhait n'est pas bon.
Laissons-en faire aux Dieux, et faites-vous justice.
D'un cœur vraiment Romain dédaignez le caprice.
Cent reines à l'envi vous prendront pour époux;
Félix en eut bien trois, et valoit moins que vous.

MARTIAN.

Madame, encor un coup, souffrez que je vous aime.
Songez que dans ma main j'ai le pouvoir suprême;
Qu'entre Othon et Pison mon suffrage incertain,
Suivant qu'il penchera, va faire un souverain.
Je n'ai fait jusqu'ici qu'empêcher l'hyménée,
Qui d'Othon avec vous eût joint la destinée.
J'aurois pu hasarder quelque chose de plus;
Ne m'y contraignez point à force de refus.
Quand vous cédez Othon, me souffrir en sa place,
Peut-être ce sera faire plus d'une grâce;
Car de vous voir à lui ne l'espérez jamais.

SCÈNE III.

PLAUTINE, LACUS, MARTIAN, FLAVIE.

LACUS.

Madame, enfin Galba s'accorde à vos souhaits ;
Et j'ai tant fait sur lui que dès cette journée
De vous avec Othon il consent l'hyménée.

PLAUTINE, *à Martian.*

Qu'en dites-vous, Seigneur ; pourrez-vous bien souffrir
Cet hymen que Lacus de sa part vient m'offrir ?
Le grand maître a parlé, voudrez-vous l'en dédire,
Vous qu'on voit après lui le premier de l'Empire ?
Dois-je me ravaler jusques à cet époux ?
Ou dois-je par votre ordre aspirer jusqu'à vous ?

LACUS.

Quelle énigme est ceci, Madame ?

PLAUTINE.

Sa grande ame
Me faisoit tout-à-l'heure un présent de sa flamme.
Il m'assuroit qu'Othon jamais ne m'obtiendroit,
Et disoit à demi qu'un refus nous perdroit.
Vous m'osez cependant assurer du contraire,
Et je ne sais pas bien quelle réponse y faire.
Comme en de certains temps il fait bon s'expliquer,
En d'autres il vaut mieux ne s'y point embarquer.
Grands ministres d'Etat, accordez-vous ensemble,
Et je pourrai vous dire après ce qui m'en semble.

SCÈNE IV.

LACUS, MARTIAN.

LACUS.

Vous aimez donc Plautine; et c'est-là cette foi
Qui contre Vinius vous attachoit à moi?

MARTIAN.

Si les yeux de Plautine ont pour moi quelque charme,
Y trouvez-vous, Seigneur, quelque sujet d'alarme?
Le moment bienheureux qui m'en feroit l'époux
Réuniroit par moi Vinius avec vous.
Par-là de nos trois cœurs l'amitié ressaisie
En déracineroit et haine et jalousie.
Le pouvoir de tous trois par tous trois affermi,
Auroit pour nœud commun son gendre en votre ami,
Et quoi que contre vous il osât entreprendre...

LACUS.

Vous seriez mon ami, mais vous seriez son gendre;
Et c'est un foible appui des intérêts de cour
Qu'une vieille amitié contre un nouvel amour.
Quoi que veuille exiger une femme adorée,
La résistance est vaine, ou de peu de durée.
Elle choisit ses temps, et les choisit si bien,
Qu'on se voit hors d'état de lui refuser rien.
Vous-même êtes-vous sûr que ce nœud la retienne
D'ajouter, s'il le faut, votre perte à la mienne?
Apprenez que des cœurs séparés à regret,
Trouvent de se rejoindre aisément le secret.
Othon n'a pas pour elle éteint toutes ses flammes.
Il sait comme aux maris on arrache les femmes.

Cet art sur son exemple est commun aujourd'hui;
Et son maître Néron l'avoit appris de lui.
Après tout je me trompe, ou près de cette belle...

MARTIAN.

J'espère en Vinius, si je n'espère en elle;
Et l'offre pour Othon de lui donner ma voix,
Soudain en ma faveur emportera son choix.

LACUS.

Quoi! vous nous donneriez vous-même Othon pour maître!

MARTIAN.

Et quel autre dans Rome est plus digne de l'être?

LACUS.

Ah! pour en être digne, il l'est, et plus que tous.
Mais aussi pour tout dire il en sait trop pour nous.
Il sait trop ménager ses vertus et ses vices.
Il étoit sous Néron de toutes ses délices;
Et la Lusitanie a vu ce même Othon
Gouverner en César, et juger en Caton.
Tout favori dans Rome, et tout maître en province,
De lâche courtisan il s'y montra grand prince;
Et son ame ployante, attendant l'avenir,
Sait faire également sa cour, et la tenir.
Sous un tel souverain nous sommes peu de chose.
Son soin jamais sur nous tout-à-fait ne repose.
Sa main seule départ ses libéralités.
Son choix seul distribue Etats et dignités.
Du timon qu'il embrasse il se fait le seul guide,
Consulte, résout seul, écoute et seul décide;
Et quoi que nos emplois puissent faire de bruit,
Sitôt qu'il nous veut perdre, un coup-d'œil nous détruit.

Vcyez d'ailleurs Galba, quel pouvoir il nous laisse,
En quel poste sous lui nous a mis sa foiblesse.
Nos ordres règlent tout, nous donnons, retranchons;
Rien n'est exécuté dès que nous l'empêchons.
Comme par un de nous il faut que tout s'obtienne,
Nous voyons notre cour plus grosse que la sienne;
Et notre indépendance iroit au dernier point,
Si l'heureux Vinius ne la partageoit point.
Notre unique chagrin est qu'il nous la dispute.
L'âge met cependant Galba près de sa chute.
De peur qu'il nous entraîne, il faut un autre appui;
Mais il le faut pour nous aussi foible que lui.
Il nous en faut prendre un qui, satisfait des titres,
Nous laisse du pouvoir les suprêmes arbitres.
Pison a l'ame simple et l'esprit abattu.
S'il a grande naissance, il a peu de vertu;
Non de cette vertu qui déteste le crime :
Sa probité sévère est digne qu'on l'estime;
Elle a tout ce qui fait un grand homme de bien :
Mais en un souverain c'est peu de chose, ou rien.
Il faut de la prudence, il faut de la lumière,
Il faut de la vigueur adroite autant que fière,
Qui pénètre, éblouisse, et sème des appas...
Il faut mille vertus enfin qu'il n'aura pas.
Lui-même il nous prîra d'avoir soin de l'Empire,
En saura seulement ce qu'il nous plaira dire.
Plus nous l'y tiendrons bas, plus il nous mettra haut,
Et c'est-là justement le maître qu'il nous faut.

MARTIAN.

Mais, Seigneur, sur le trône élever un tel homme,
C'est mal servir l'Etat, et faire opprobre à Rome.

LACUS.

Et qu'importe à tous deux de Rome ou de l'Etat?
Qu'importe qu'on leur voie ou plus ou moins d'éclat?
Faisons nos sûretés, et moquons-nous du reste.
Point, point de bien public s'il nous devient funeste.
De notre grandeur seule ayons des cœurs jaloux.
Ne vivons que pour nous, et ne pensons qu'à nous.
Je vous le dis encor, mettre Othon sur nos têtes,
C'est nous livrer tous deux à d'horribles tempêtes.
Si nous l'en voulons croire, il nous devra le tout;
Mais de ce grand projet s'il vient par nous à bout,
Vinius en aura lui seul tout l'avantage.
Comme il l'a proposé, ce sera son ouvrage;
Et la mort, ou l'exil, ou les abaissements,
Seront pour vous et moi ses vrais remercîments.

MARTIAN.

Oui, notre sûreté veut que Pison domine.
Obtenez-en pour moi qu'il m'assure Plautine.
Je vous promets pour lui mon suffrage à ce prix.
La violence est juste après de tels mépris.
Commençons à jouir par-là de son empire,
Et voyons s'il est homme à nous oser dédire.

LACUS.

Quoi! votre amour toujours fera son capital
Des attraits de Plautine et du nœud conjugal?
Eh bien! il faudra voir qui sera plus utile
D'en croire... Mais voici la princesse Camille.

SCÈNE V.

CAMILLE, LACUS, MARTIAN, ALBIANE.

CAMILLE.

Je vous rencontre ensemble ici fort à propos,
Et voulois à tous deux vous dire quatre mots.
Si j'en crois certain bruit que je ne puis vous taire,
Vous poussez un peu loin l'orgueil du ministère.
On dit que sur mon rang vous étendez sa loi,
Et que vous vous mêlez de disposer de moi.

MARTIAN.

Nous, Madame?

CAMILLE.

Faut-il que je vous obéisse,
Moi, dont Galba prétend faire une impératrice?

LACUS.

L'un et l'autre sait trop quel respect vous est dû.

CAMILLE.

Le crime en est plus grand, si vous l'avez perdu.
Parlez, qu'avez-vous dit à Galba l'un et l'autre?

MARTIAN.

Sa pensée a voulu s'assurer sur la nôtre;
Et s'étant proposé le choix d'un successeur
Pour laisser à l'Empire un digne possesseur,
Sur ce don imprévu qu'il fait du diadême,
Vinius a parlé, Lacus a fait de même.

CAMILLE.

Et ne savez-vous point, et Vinius, et vous,
Que ce grand successeur doit être mon époux?

Que le don de ma main suit ce don de l'Empire?
Galba par vos conseils voudroit-il s'en dédire?

LACUS.

Il est toujours le même, et nous avons parlé
Suivant ce qu'à tous deux le ciel a révélé.
En ces occasions, lui qui tient les couronnes,
Inspire les avis sur le choix des personnes.
Nous avons cru d'ailleurs pouvoir sans attentat
Faire vos intérêts de ceux de tout l'Etat.
Vous ne voudriez pas en avoir de contraires.

CAMILLE.

Vous n'avez, vous ni lui, pensé qu'à vos affaires;
Et nous offrir Pison, c'est assez témoigner...

LACUS.

Le trouvez-vous, Madame, indigne de régner?
Il a de la vertu, de l'esprit, du courage;
Il a de plus...

CAMILLE.

De plus, il a votre suffrage,
Et c'est assez de quoi mériter mes refus.
Par respect de son sang, je ne dis rien de plus.

MARTIAN.

Aimeriez-vous Othon que Vinius propose?
Othon dont vous savez que Plautine dispose,
Et qui n'aspire ici qu'à lui donner sa foi?

CAMILLE.

Qu'il brûle encor pour elle, ou la quitte pour moi,
Ce n'est pas votre affaire; et votre exactitude
Se charge en ma faveur de trop d'inquiétude.

LACUS.

Mais l'empereur consent qu'il l'épouse aujourd'hui;
Et moi-même je viens de l'obtenir pour lui.

CAMILLE.

Vous en a-t-il prié? dites, ou si l'envie...

LACUS.

Un véritable ami n'attend point qu'on le prie.

CAMILLE.

Cette amitié me charme, et je dois avouer
Qu'Othon a jusqu'ici tout lieu de s'en louer;
Que l'heureux contre-temps d'un si rare service...

LACUS.

Madame...

CAMILLE.

Croyez-moi, mettez bas l'artifice.
Ne vous hasardez point à faire un empereur.
Galba connoît l'empire, et je connois mon cœur.
Je sais ce qui m'est propre; il voit ce qu'il doit faire,
Et quel prince à l'Etat est le plus salutaire.
Si le ciel vous inspire, il aura soin de nous,
Et saura sur ce point nous accorder sans vous.

LACUS.

Si Pison vous déplaît, il en est quelques autres...

CAMILLE.

N'attachez point ici mes intérêts aux vôtres.
Vous avez de l'esprit, mais j'ai des yeux perçants;
Je vois qu'il vous est doux d'être les tout-puissants,
Et je n'empêche point qu'on ne vous continue
Votre toute-puissance au point qu'elle est venue;
Mais quant à cet époux, vous me ferez plaisir

De trouver bon qu'enfin je puisse le choisir.
Je m'aime un peu moi-même, et n'ai pas grande envie
De vous sacrifier le repos de ma vie.

MARTIAN.

Puisqu'il doit avec vous régir tout l'univers...

CAMILLE.

Faut-il vous dire encor que j'ai des yeux ouverts?
Je vois jusqu'en vos cœurs, et m'obstine à me taire;
Mais je pourrois enfin dévoiler le mystère.

MARTIAN.

Si l'empereur nous croit...

CAMILLE.

                    Sans doute il vous croira,
Sans doute je prendrai l'époux qu'il m'offrira.
Soit qu'il plaise à mes yeux, soit qu'il me choque en l'ame,
Il sera votre maître, et je serai sa femme.
Le temps me donnera sur lui quelque pouvoir,
Et vous pourrez alors vous en apercevoir.
Voilà les quatre mots que j'avois à vous dire.
Pensez-y.

SCÈNE VI.

LACUS, MARTIAN.

MARTIAN.

Ce courroux que Pison nous attire...

LACUS.

Vous vous en alarmez! laissons-la discourir,
Et ne nous perdons pas de crainte de périr...

MARTIAN.

Vous voyez quel orgueil contre nous l'intéresse.

LACUS.

Plus elle m'en fait voir, plus je vois sa foiblesse.
Faisons régner Pison; et malgré ce courroux,
Vous verrez qu'elle-même aura besoin de nous.

FIN DU SECOND ACTE.

ACTE TROISIÈME.

———

SCÈNE I.

CAMILLE, ALBIANE.

CAMILLE.

Ton frère te l'a dit, Albiane?

ALBIANE.

      Oui, Madame;
Galba choisit Pison, et vous êtes sa femme,
Ou pour en mieux parler, l'esclave de Lacus,
A moins d'un éclatant et généréux refus.

CAMILLE.

Et que devient Othon?

ALBIANE.

     Vous allez voir sa tête
De vos trois ennemis affermir la conquête,
Je veux dire assurer votre main à Pison,
Et l'Empire aux tyrans qui font régner son nom.
Car comme il n'a pour lui qu'une suite d'ancêtres,
Lacus et Martian vont être nos vrais maîtres;
Et Pison ne sera qu'un idole sacré,
Qu'ils tiendront sur l'autel pour répondre à leur gré.
Sa probité stupide autant comme farouche,
A prononcer leurs lois asservira sa bouche;
Et le premier arrêt qu'ils lui feront donner,
Les défera d'Othon qui les peut détrôner.

CAMILLE.

O Dieux, que je le plains!

ALBIANE.

      Il est sans doute à plaindre,
Si vous l'abandonnez à tout ce qu'il doit craindre;
Mais comme enfin la mort finira son ennui,
Je crains fort de vous voir plus à plaindre que lui.

CAMILLE.

L'hymen sur un époux donne quelque puissance.

ALBIANE.

Octavie a péri sur cette confiance.
Son sang, qui fume encor, vous montre à quel destin
Peut exposer vos jours un nouveau Tigellin.
Ce grand choix vous en donne à craindre deux ensemble;
Et pour moi, plus j'y songe, et plus pour vous je tremble.

CAMILLE.

Quel remède, Albiane?

ALBIANE.

    Aimer, et faire voir...

CAMILLE.

Que l'amour est sur moi plus fort que le devoir?

ALBIANE.

Songez moins à Galba qu'à Lacus qui vous brave,
Et qui vous fait encor braver par un esclave.
Songez à vos périls, et peut-être à son tour
Ce devoir passera du côté de l'amour.
Bien que nous devions tout aux puissances suprêmes,
Madame, nous devons quelque chose à nous-mêmes;
Surtout quand nous voyons des ordres dangereux
Sous ces grands souverains partir d'autres que d'eux.

CAMILLE.

Mais Othon m'aime-t-il?

ALBIANE.

S'il vous aime? ah, Madame!

CAMILLE.

On a cru que Plautine avoit toute son ame.

ALBIANE.

On l'a dû croire aussi; mais on s'est abusé.
Vainement Vinius l'auroit-il proposé?
Auroit-il pu trahir l'espoir d'en faire un gendre?

CAMILLE.

En feignant de l'aimer que pouvoit-il prétendre?

ALBIANE.

De s'approcher de vous, et se faire en la cour
Un accès libre et sûr pour un plus digne amour.
De Vinius par-là gagnant la bienveillance,
Il a su le jeter dans une autre espérance,
Et le flatter d'un rang plus haut et plus certain,
S'il devenoit par vous empereur de sa main.
Vous voyez à ces soins que Vinius s'applique,
En même temps qu'Othon auprès de vous s'explique.

CAMILLE.

Mais à se déclarer il a bien attendu.

ALBIANE.

Mon frère jusque-là vous en a répondu.

CAMILLE.

Tandis, tu m'as réduite à faire un peu d'avance,
A consentir qu'Albin combattît son silence;
Et même Vinius, dès qu'il me l'a nommé,
A pu voir aisément qu'il pourroit être aimé.

ALBIANE.

C'est la gêne où réduit celles de votre sorte
La scrupuleuse loi du respect qu'on leur porte :
Il arrête les vœux, captive les desirs,
Abaisse les regards, étouffe les soupirs,
Dans le milieu du cœur enchaîne la tendresse ;
Et tel est en aimant le sort d'une princesse,
Que quelque amour qu'elle ait et qu'elle ait pu donner,
Il faut qu'elle devine, et force à deviner.
Quelque peu qu'on lui dise, on craint de lui trop dire,
A peine on se hasarde à jurer qu'on l'admire,
Et pour apprivoiser ce respect ennemi,
Il faut qu'en dépit d'elle elle s'offre à demi.
Voyez-vous comme Othon sauroit encor se taire,
Si je ne l'avois fait enhardir par mon frère ?

CAMILLE.

Tu le crois donc, qu'il m'aime ?

ALBIANE.

     Et qu'il lui seroit doux
Que vous eussiez pour lui l'amour qu'il a pour vous.

CAMILLE.

Hélas, que cet amour croit tôt ce qu'il souhaite !
En vain la raison parle, en vain elle inquiète,
En vain la défiance ose ce qu'elle peut ;
Il veut croire, et ne croit que parce qu'il le veut.
Pour Plautine ou pour moi je vois du stratagème,
Et m'obstine avec joie à m'aveugler moi-même.
Je plains cette abusée ; et c'est moi qui la suis
Peut-être, et qui me livre à d'éternels ennuis.
Peut-être en ce moment qu'il m'est doux de te croire,

De ses vœux à Plautine il assure la gloire.
Peut-être...

SCÈNE II.

CAMILLE, ALBIN, ALBIANE.

ALBIN.
L'empereur vient ici vous trouver,
Pour vous dire son choix et le faire approuver.
S'il vous déplaît, Madame, il faut de la constance:
Il faut une fidèle et noble résistance;
Il faut...

CAMILLE.
De mon devoir je saurai prendre soin.
Allez chercher Othon pour en être témoin.

SCÈNE III.

GALBA, CAMILLE, ALBIANE.

GALBA.
Quand la mort de mes fils désola ma famille,
Ma nièce, mon amour vous prit dès-lors pour fille,
Et regardant en vous les restes de mon sang,
Je flattai ma douleur en vous donnant leur rang.
Rome qui m'a depuis chargé de son empire,
Quand sous le poids de l'âge à peine je respire,
A vu ce même amour me le faire accepter,
Moins pour me seoir si haut, que pour vous y porter.
Non que si juque-là Rome pouvoit renaître,
Qu'elle fût en état de se passer de maître,

Je ne me crusse digne, en cet heureux moment,
De commencer par moi son rétablissement;
Mais cet Empire immense est trop vaste pour elle.
A moins que d'une tête un si grand corps chancelle,
Et pour le nom des rois son invincible horreur,
S'est d'ailleurs si bien faite aux lois d'un empereur,
Qu'elle ne peut souffrir, après cette habitude,
Ni pleine liberté, ni pleine servitude.
Elle veut donc un maître; et Néron condamné
Fait voir ce qu'elle veut en un front couronné.
Vindex, Rufus, ni moi, n'avons causé sa perte.
Ses crimes seuls l'ont faite; et le ciel l'a soufferte,
Pour marque aux souverains qu'ils doivent, par l'effet,
Répondre dignement au grand choix qu'il en fait.
Jusques à ce grand coup, un honteux esclavage
D'une seule maison nous faisoit l'héritage.
Rome n'en a repris, au lieu de liberté,
Qu'un droit de mettre ailleurs la souveraineté;
Et laisser après moi dans le trône un grand homme,
C'est tout ce qu'aujourd'hui je puis faire pour Rome.
Prendre un si noble soin, c'est en prendre de vous.
Ce maître qu'il lui faut, vous est dû pour époux;
Et mon zèle s'unit à l'amour paternelle,
Pour vous en donner un digne de vous et d'elle.
Jule et le grand Auguste ont choisi dans leur sang,
Ou dans leur alliance, à qui laisser ce rang.
Moi, sans considérer aucun nœud domestique,
J'ai fait ce choix comme eux, mais dans la république.
Je l'ai fait de Pison, c'est le sang de Crassus;
C'est celui de Pompée, il en a les vertus;

Et ces fameux héros dont il suivra la trace,
Joindront de si grands noms aux grands noms de ma race,
Qu'il n'est point d'hyménée, en qui l'égalité
Puisse élever l'Empire à plus de dignité.

CAMILLE.

J'ai tâché de répondre à cet amour de père
Par un tendre respect qui chérit et révère,
Seigneur, et je vois mieux encor par ce grand choix,
Et combien vous m'aimez, et combien je vous dois.
Je sais ce qu'est Pison, et quelle est sa noblesse.
Mais si j'ose à vos yeux montrer quelque foiblesse,
Quelque digne qu'il soit et de Rome, et de moi,
Je tremble à lui promettre et mon cœur et ma foi;
Et j'avoûrai, Seigneur, que pour mon hyménée,
Je crois tenir un peu de Rome où je suis née.
Je ne demande point la pleine liberté,
Puisqu'elle en a mis bas l'intrépide fierté;
Mais si vous m'imposez la pleine servitude,
J'y trouverai, comme elle, un joug un peu bien rude.
Je suis trop ignorante en matière d'Etat,
Pour savoir quel doit être un si grand potentat;
Mais Rome dans ses murs n'a-t-elle qu'un seul homme?
N'a-t-elle que Pison qui soit digne de Rome?
Et dans tous ses Etats n'en sauroit-on voir deux
Que puissent vos bontés hasarder à mes vœux?
      Néron fit aux vertus une cruelle guerre:
S'il en a dépeuplé les trois parts de la terre,
Et si pour nous donner de dignes empereurs,
Pison seul avec vous échappe à ses fureurs,
Il est d'autres héros dans un si vaste Empire.

Il en est qu'après vous on se plairoit d'élire,
Et qui sauroient mêler, sans vous faire rougir,
L'art de gagner les cœurs au grand art de régir.
D'une vertu sauvage on craint un dur empire.
Souvent on s'en dégoûte au moment qu'on l'admire :
Et puisque ce grand choix me doit faire un époux,
Il seroit bon qu'il eût quelque chose de doux ;
Qu'on vît en sa personne également paroître
Les grâces d'un amant, et les hauteurs d'un maître,
Et qu'il fût aussi propre à donner de l'amour,
Qu'à faire ici trembler sous lui toute sa cour.
Souvent un peu d'amour dans les cœurs des monarques
Accompagne assez bien leurs plus illustres marques.
Ce n'est pas qu'après tout je pense à résister ;
J'aime à vous obéir, Seigneur, sans contester.
Pour prix d'un sacrifice où mon cœur se dispose,
Permettez qu'un époux me doive quelque chose.
Dans cette servitude où se plaît mon desir,
C'est quelque liberté qu'un ou deux à choisir.
Votre Pison peut-être aura de quoi me plaire,
Quand il ne sera plus un mari nécessaire ;
Et son amour pour moi sera plus assuré,
S'il voit à quels rivaux je l'aurai préféré.

GALBA.

Ce long raisonnement dans sa délicatesse
A vos tendres respects mêle beaucoup d'adresse.
Si le refus n'est juste, il est doux et civil.
Parlez donc, et sans feinte, Othon vous plaîroit-il ?
On me l'a proposé, qu'y trouvez-vous à dire ?

CAMILLE.

L'avez-vous cru d'abord indigne de l'Empire,
Seigneur?

GALBA.

Non, mais depuis consultant ma raison
J'ai trouvé qu'il falloit lui préférer Pison.
Sa vertu plus solide et toute inébranlable
Nous fera, comme Auguste, un siècle incomparable,
Où l'autre par Néron dans le vice abîmé,
Ramènera le luxe où sa main l'a formé,
Et tous les attentats de l'infâme licence,
Dont il osa souiller la suprême puissance.

CAMILLE.

Othon près d'un tel maître a su se ménager,
Jusqu'à ce que le temps ait pu l'en dégager.
Qui sait faire sa cour, se fait aux mœurs du prince;
Mais il fut tout à soi quand il fut en province,
Et sa haute vertu, par d'illustres effets,
Y dissipa soudain ces vices contrefaits.
Chaque jour a sous vous grossi sa renommée.
Mais Pison n'eut jamais de charge, ni d'armée;
Et comme il a vécu jusqu'ici sans emploi,
On ne sait ce qu'il vaut que sur sa bonne-foi.
Je veux croire, en faveur des héros de sa race,
Qu'il en a les vertus, qu'il en suivra la trace,
Qu'il en égalera les plus illustres noms;
Mais j'en croirois bien mieux de grandes actions.
Si dans un long exil il a paru sans vice,
La vertu des bannis souvent n'est qu'artifice.

Sans vous avoir servi, vous l'avez ramené;
Mais l'autre est le premier qui vous ait couronné.
Dès qu'il vit deux partis, il se rangea du vôtre;
Ainsi l'un vous doit tout, et vous devez à l'autre.

GALBA.

Vous prendrez donc le soin de m'acquitter vers lui;
Et comme pour l'Empire il faut un autre appui,
Vous croirez que Pison est plus digne de Rome:
Pour ne plus en douter, suffit que je le nomme.

CAMILLE.

Pour Rome et son Empire, après vous je le croi;
Mais je doute si l'autre est moins digne de moi.

GALBA.

Doutez-en; un tel doute est bien digne d'une ame
Qui voudroit de Néron revoir le siècle infâme,
Et qui voyant qu'Othon lui ressemble le mieux...

CAMILLE.

Choisissez de vous-même, et je ferme les yeux.
Que vos seules bontés de tout mon sort ordonnent,
Je me donne en aveugle à qui qu'elles me donnent.
Mais quand vous consultez Lacus et Martian,
Un époux de leur main me paroît un tyran;
Et si j'ose tout dire en cette conjoncture
Je regarde Pison comme leur créature,
Qui, régnant par leur ordre, et leur prêtant sa voix,
Me forcera moi-même à recevoir leurs lois.
Je ne veux point d'un trône où je suis leur captive,
Où leur pouvoir m'enchaîne; et, quoi qu'il en arrive,
J'aime mieux un mari qui sache être empereur,
Qu'un mari qui le soit, et souffre un gouverneur.

GALBA.

Ce n'est pas mon dessein de contraindre les ames.
N'en parlons plus ; dans Rome il sera d'autres femmes
A qui Pison en vain n'offrira pas sa foi.
Votre main est à vous ; mais l'Empire est à moi.

SCÈNE IV.

GALBA, OTHON, CAMILLE, ALBIN, ALBIANE.

GALBA.

Othon, est-il bien vrai que vous aimiez Camille ?

OTHON.

Cette témérité m'est sans doute inutile ;
Mais si j'osois, Seigneur, dans mon sort adouci...

GALBA.

Non, non, si vous l'aimez, elle vous aime aussi.
Son amour près de moi vous rend de tels offices,
Que je vous en fais don pour prix de vos services.
Ainsi, bien qu'à Lacus j'aie accordé pour vous
Qu'aujourd'hui de Plautine on vous verroit l'époux,
L'illustre et digne ardeur d'une flamme si belle
M'en fait révoquer l'ordre, et vous obtient pour elle.

OTHON.

Vous m'en voyez de joie interdit et confus.
Quand je me prononçois moi-même un prompt refus,
Que j'attendois l'effet d'une juste colère,
Je suis assez heureux pour ne vous pas déplaire !
Et loin de condamner des vœux trop élevés...

GALBA.

Vous savez mal encor combien vous lui devez.

Son cœur de telle force à votre hymen aspire,
Que pour mieux être à vous il renonce à l'Empire.
Choisissez donc ensemble à communs sentiments,
Des charges de ma cour, ou des gouvernements.
Vous n'avez qu'à parler.

OTHON.

Seigneur, si la princesse...

GALBA.

Pison n'en voudra pas dédire ma promesse.
Je l'ai nommé César pour le faire empereur.
Vous savez ses vertus, je réponds de son cœur.
Adieu; pour observer la forme accoutumée,
Je le vais de ma main présenter à l'armée.
Pour Camille, en faveur de cet heureux lien,
Tenez-vous assuré qu'elle aura tout mon bien.
Je la fais dès ce jour mon unique héritière.

SCÈNE V.

OTHON, CAMILLE, ALBIN, ALBIANE.

CAMILLE.

Vous pouvez voir par-là mon ame toute entière,
Seigneur; et je voudrois en vain la déguiser,
Après ce que pour vous l'amour me fait oser.
Ce que Galba pour moi prend le soin de vous dire...

OTHON.

Quoi donc, Madame! Othon vous coûteroit l'Empire?
Il sait mieux ce qu'il vaut, et n'est pas d'un tel prix,
Qu'il le faille acheter par ce noble mépris;
Il se doit opposer à cet effort d'estime,

Où s'abaisse pour lui ce cœur trop magnanime,
Et par un même effort de magnanimité,
Rendre une ame si haute au trône mérité.
D'un si parfait amour quelles que soient les causes...

CAMILLE.

Je ne sais point, Seigneur, faire valoir les choses,
Et dans ce prompt succès dont nos cœurs sont charmés,
Vous me devez bien moins que vous ne présumez.
Il semble que pour vous je renonce à l'Empire,
Et qu'un amour aveugle ait su me le prescrire;
Je vous aime, il est vrai: mais si l'Empire est doux,
Je crois m'en assurer quand je me donne à vous.
Tant que vivra Galba, le respect de son âge,
Du moins apparemment, soutiendra son suffrage.
Pison croira régner; mais peut-être qu'un jour
Rome se permettra de choisir à son tour.
A faire un empereur, alors quoi qui l'excite,
Qu'elle veuille la race, ou cherche le mérite,
Notre union aura des voix de tous côtés,
Puisque j'en ai le sang, et vous les qualités.
Sous un nom si fameux qui vous rend préférable,
L'héritier de Galba sera considérable.
On aimera ce titre en un si digne époux;
Et l'Empire est à moi si l'on me voit à vous.

OTHON.

Ah! Madame, quittez cette vaine espérance,
De nous voir quelque jour remettre en la balance.
S'il faut que de Pison on accepte la loi,
Rome, tant qu'il vivra, n'aura plus d'yeux pour moi.
Elle a beau murmurer contre un indigne maître,

Elle en souffre, pour lâche ou méchant qu'il puisse être.
Tibère étoit cruel, Caligule brutal,
Claude foible, Néron en forfaits sans égal;
Il se perdit lui-même à force de grands crimes :
Mais le reste a passé pour princes légitimes.
Claude même, ce Claude, et sans cœur et sans yeux,
A peine les ouvrit qu'il devint furieux;
Et Narcisse et Pallas, l'ayant mis en furie,
Firent sous son aveu régner la barbarie.
Il régna toutefois, bien qu'il se fît haïr,
Jusqu'à ce que Néron se fâcha d'obéir;
Et ce monstre, ennemi de la vertu romaine,
N'a succombé que tard sous la commune haine.
Par ce qu'ils ont osé, jugez sur vos refus
Ce qu'osera Pison gouverné par Lacus.
Il aura peine à voir, lui qui pour vous soupire,
Que votre hymen chez moi laisse un droit à l'Empire.
Chacun sur ce penchant voudra faire sa cour;
Et le pouvoir suprême enhardit bien l'amour.
Si Néron qui m'aimoit osa m'ôter Poppée,
Jugez, pour ressaisir votre main usurpée,
Quel scrupule on aura du plus noir attentat,
Contre un rival ensemble et d'amour et d'Etat.
Il n'est point ni d'exil, ni de Lusitanie,
Qui dérobe à Pison le reste de ma vie;
Et je sais trop la cour pour douter un moment,
Ou des soins de sa haine, ou de l'événement.

CAMILLE.

Et c'est-là ce grand cœur qu'on créyoit intrépide!
Le péril, comme un autre, à mes yeux l'intimide;

Et pour monter au trône, et pour me posséder,
Son espoir le plus beau n'ose rien hasarder !
Il redoute Pison ! dites-moi donc, de grâce,
Si d'aimer en lieu même on vous a vu l'audace,
Si pour vous et pour lui le trône eut même appas,
Etes-vous moins rivaux pour ne m'épouser pas ?
A quel droit voulez-vous que cette haine cesse
Pour qui lui disputa ce trône et sa maîtresse,
Et qu'il veuille oublier, se voyant souverain,
Que vous pouvez dans l'ame en garder le dessein ?
Ne vous y trompez plus ; il a vu dans cette ame
Et votre ambition, et toute votre flamme,
Et peut tout contre vous, à moins que contre lui.
Mon hymen chez Galba vous assure un appui.

OTHON.

Eh bien, il me perdra pour vous avoir aimée.
Sa haine sera douce à mon ame enflammée,
Et tout mon sang n'a rien que je veuille épargner,
Si ce n'est que par-là que vous pouvez régner.
Permettez cependant à cet amour sincère
De vous redire encor ce qu'il n'ose vous taire.
En l'état qu'est Pison, il vous faut aujourd'hui
Renoncer à l'Empire, ou le prendre avec lui.
Avant qu'en décider, pensez-y bien, Madame.
C'est votre intérêt seul qui fait parler ma flamme.
Il est mille douceurs dans un grade si haut,
Ou peut-être avez-vous moins pensé qu'il ne faut.
Peut-être en un moment serez-vous détrompée ;
Et si j'osois encor vous parler de Poppée,
Je dirois que sans honte elle m'aimoit un peu,

Et qu'un trône alluma bientôt un autre feu.
Le ciel vous à fait l'ame et plus grande et plus belle,
Mais vous êtes princesse, et femme enfin comme elle.
L'horreur de voir un autre au rang qui vous est dû,
Et le juste chagrin d'avoir trop descendu,
Presseront en secret cette ame de se rendre,
Même au plus foible espoir de le pouvoir reprendre.
Les yeux ne veulent pas en tout temps se fermer :
Mais l'Empire en tout temps a de quoi les charmer.
L'amour passe ou languit; et pour fort qu'il puisse être,
De la soif de régner il n'est pas toujours maître.

CAMILLE.

Je ne sais quel amour je vous ai pu donner,
Seigneur, mais sur l'Empire il aime à raisonner.
Je l'y trouve assez fort, et même d'une force
A montrer qu'il connoît tout ce qu'il a d'amorce,
Et qu'à ce qu'il me dit touchant un si grand choix,
Il a daigné penser un peu plus d'une fois.
Je veux croire avec vous qu'il est ferme et sincère,
Qu'il me dit seulement ce qu'il n'ose me taire;
Mais à parler sans feinte...

OTHON.

Ah! Madame, croyez...

CAMILLE.

Oui, j'en croirai Pison à qui vous m'envoyez.
Et vous, pour vous donner quelque peu de joie,
Vous en croirez Plautine, à qui je vous renvoie.
Je n'en suis point jalouse, et le dis sans courroux;
Vous n'aimez que l'empire, et je n'aimois que vous.
N'en appréhendez rien, je suis femme et princesse,

Sans en avoir pourtant l'orgueil ni la foiblesse;
Et votre aveuglement me fait trop de pitié
Pour l'accabler encor de mon inimitié.

(*Elle sort.*)

SCÈNE VI.

OTHON, ALBIN.

OTHON.

Que je vois d'appareils, Albin, pour ma ruine?

ALBIN.

Seigneur, tout est perdu, si vous voyez Plautine.

OTHON.

Allons-y toutefois; le trouble où je me voi
Ne peut souffrir d'avis que d'un cœur tout à moi.

FIN DU TROISIÈME ACTE.

ACTE QUATRIÈME.

SCÈNE I.

OTHON, PLAUTINE.

PLAUTINE.

Que voulez-vous, Seigneur, qu'enfin je vous conseille ?
Je sens un trouble égal d'une douleur pareille ;
Et mon cœur tout à vous n'est pas assez à soi
Pour trouver un remède aux maux que je prévoi.
Je ne sais que pleurer, je ne sais que vous plaindre.
Le seul choix de Pison nous donne tout à craindre.
Mon père vous a dit qu'il ne laisse à tous trois
Que l'espoir de mourir ensemble à notre choix ;
Et nous craignons de plus une amante irritée
D'une offre en moins d'un jour, reçue et rétractée,
D'un hommage où la suite a si peu répondu,
Et d'un trône qu'en vain pour vous elle a perdu.
Pour vous avec ce trône elle étoit adorable ;
Pour vous elle y renonce, et n'a plus rien d'aimable.
Où ne portera point un si juste courroux,
La honte de se voir sans l'Empire et sans vous !
Honte d'autant plus grande et d'autant plus sensible,
Qu'elle s'y promettoit un retour infaillible,
Et que sa main par vous croyoit trop regagner
Ce que son cœur pour vous paroissoit dédaigner.

OTHON.

Je n'ai donc qu'à mourir; je l'ai voulu, Madame,
Quand je l'ai pu sans crime en faveur de ma flamme,
Et je le dois vouloir quand votre arrêt cruel
Pour mourir justement m'a rendu criminel.
Vous m'avez commandé de m'offrir à Camille.
Grâces à nos malheurs ce crime est inutile.
Je mourrai tout à vous; et si pour obéir
J'ai paru mal aimer, j'ai semblé vous trahir,
Ma main par ce même ordre à vos yeux enhardie
Lavera dans mon sang ma fausse perfidie.
N'enviez pas, Madame, à mon sort inhumain
La gloire de finir du moins en vrai Romain,
Après qu'il vous a pu de me rendre incapable
Des douceurs de mourir en amant véritable.

PLAUTINE.

Bien loin d'en condamner la noble passion,
J'y veux borner ma joie et mon ambition.
Pour de moindres malheurs on renonce à la vie.
Soyez sûr de ma part de l'exemple d'Arrie.
J'ai la main aussi ferme, et le cœur aussi grand,
Et quand il le faudra je sais comme on s'y prend.
Si vous daignez, Seigneur, jusque-là vous contraindre,
Peut-être espérerois-je en voyant tout à craindre.
Camille est irritée, et se peut apaiser.

OTHON.

Me condamneriez-vous, Madame, à l'épouser?

PLAUTINE.

Que n'y puis-je moi-même opposer ma défense!

Mais si vos jours enfin n'ont point d'autre assurance,
S'il n'est point d'autre asyle...

OTHON.

Ah! courons à la mort,
Ou si pour l'éviter il faut nous faire effort,
Subissons de Lacus toute la tyrannie,
Avant que me soumettre à cette ignominie.
J'en saurai préférer les plus barbares coups
A l'affront de me voir sans l'Empire et sans vous,
Aux hontes d'un hymen qui me rendroit infame,
Puisqu'on fait pour Camille un crime de sa flamme,
Et qu'on lui vole un trône en haine d'une foi
Qu'a voulu son amour ne promettre qu'à moi.
Non que pour moi sans vous ce trône eût aucuns charmes.
Pour vous je le cherchois, mais non pas sans alarmes;
Et si tantôt Galba ne m'eût point dédaigné,
J'aurois porté le sceptre, et vous auriez régné.
Vos seules volontés, mes dignes souveraines,
D'un Empire si vaste auroient tenu les rênes,
Vos lois...

PLAUTINE.

C'est donc à moi de vous faire empereur.
Je l'ai pu, les moyens d'abord m'ont fait horreur;
Mais je saurai la vaincre, et me donnant moi-même,
Vous assurer ensemble et vie et diadême;
Et réparer par-là le crime d'un orgueil
Qui vous dérobe un trône, et vous ouvre un cercueil!
De Martian pour vous j'aurois eu le suffrage,
Si j'avois pu souffrir son insolent hommage.
Son amour...

OTHON.

Martian! se connoître si peu,
Que d'oser...

PLAUTINE.

Il n'a pas encor éteint son feu;
Et du choix de Pison quelles que soient les causes,
Je n'ai qu'à dire un mot pour brouiller bien des choses.

OTHON.

Vous vous ravaleriez jusques à l'écouter!

PLAUTINE.

Pour vous j'irai, Seigneur, jusques à l'accepter.

OTHON.

Consultez votre gloire, elle saura vous dire...

PLAUTINE.

Qu'il est de mon devoir de vous rendre l'Empire.

OTHON.

Qu'un front encor marqué des fers qu'il a portés...

PLAUTINE.

A droit de me charmer s'il fait vos sûretés.

OTHON.

En concevez-vous bien toute l'ignominie?

PLAUTINE.

Je n'en puis voir, Seigneur, à vous sauver la vie.

OTHON.

L'épouser à ma vue, et pour comble d'ennui...

PLAUTINE.

Donnez-vous à Camille, ou je me donne à lui.

OTHON.

Périssons, périssons, Madame, l'un pour l'autre,
Avec toute ma gloire, avec toute la vôtre.

Pour nous faire un trépas dont les Dieux soient jaloux,
Rendez-vous toute à moi, comme moi tout à vous;
Ou si pour conserver en vous tout ce que j'aime,
Mon malheur vous obstine à vous donner vous-même,
Du moins de votre gloire ayez un soin égal,
Et ne me préférez qu'un illustre rival.
J'en mourrai de douleur, mais j'en mourrois de rage,
Si vous me préfériez un reste d'esclavage.

SCÈNE II.

VINIUS, OTHON, PLAUTINE.

OTHON.

Ah! Seigneur, empêchez que Plautine...

VINIUS.

Seigneur,
Vous empêcherez tout si vous avez du cœur.
Malgré de nos destins la rigueur importune,
Le ciel met en vos mains toute notre fortune.

PLAUTINE.

Seigneur, que dites-vous?

VINIUS.

Ce que je viens de voir,
Que pour être empereur il n'a qu'à le vouloir.

OTHON.

Ah! Seigneur, plus d'Empire, à moins qu'avec Plautine...

VINIUS.

Saisissez-vous d'un trône où le ciel vous destine;
Et pour choisir vous-même avec qui le remplir,
A vos heureux destins aidez à s'accomplir.
L'armée a vu Pison, mais avec un murmure

Qui sembloit mal goûter ce qu'on vous fait d'injure.
Galba ne l'a produit qu'avec sévérité,
Sans faire aucun espoir de libéralité.
Il pouvoit, sous l'appas d'une feinte promesse,
Jeter dans les soldats un moment d'allégresse;
Mais il a mieux aimé hautement protester
Qu'il savoit les choisir, et non les acheter.
Ces hautes duretés, à contre-temps poussées,
Ont rappelé l'horreur des cruautés passées,
Lorsque d'Espagne à Rome il sema son chemin
Des Romains immolés à son nouveau destin,
Et qu'ayant de leur sang souillé chaque contrée,
Par un nouveau carnage il y fit son entrée.
Aussi durant le temps qu'a harangué Pison,
Ils ont de rang en rang fait courir votre nom.
Quatre des plus zélés sont venus me le dire,
Et m'ont promis pour vous les troupes et l'Empire.
Courez donc à la place où vous les trouverez.
Suivez-les dans leur camp, et vous en assurez.
Un temps bien pris peut tout.

OTHON.

Si cet astre contraire

Qui m'a...

VINIUS.

Sans discourir faites ce qu'il faut faire.
Un moment de séjour peut tout déconcerter;
Et le moindre soupçon vous va faire arrêter.

OTHON.

Avant que de partir, souffrez que je proteste...

VINIUS.

Partez, en empereur vous nous direz le reste.

SCÈNE III.

VINIUS, PLAUTINE.

VINIUS.

Ce n'est pas tout, ma fille, un bonheur plus certain
Quoi qu'il puisse arriver, met l'Empire en ta main.

PLAUTINE.

Flatteriez-vous Othon d'une vaine chimère?

VINIUS.

Non, tout ce que j'ai dit n'est qu'un rapport sincère.
Je crois te voir régner avec ce cher Othon;
Mais n'espère pas moins du côté de Pison.
Galba te donne à lui. Piqué contre Camille,
Dont l'amour a rendu son projet inutile,
Il veut que cet hymen, punissant ses refus,
Réunisse avec moi Martian et Lacus,
Et trompe heureusement les présages sinistres
De la division qu'il voit en ces ministres.
Ainsi des deux côtés on combattra pour toi.
Le plus heureux des chefs t'apportera sa foi.
Sans part à ses périls tu l'auras à sa gloire,
Et verras à tes pieds l'une ou l'autre victoire.

PLAUTINE.

Quoi! mon cœur par vous-même à ce héros donné
Pourroit ne l'aimer plus s'il n'est point couronné?
Et s'il faut qu'à Pison son mauvais sort nous livre,
Pour ce même Pison je pourrois vouloir vivre?

VINIUS.

Si nos communs souhaits ont un contraire effet,

Tu te peux faire encor l'effort que tu t'es fait;
Et qui vient de donner Othon au diadême,
Pour régner à son tour peut se donner soi-même.

PLAUTINE.

Si pour le couronner j'ai fait un noble effort,
Dois-je en faire un honteux pour jouir de sa mort?
Je me privois de lui sans me vendre à personne :
Et vous voulez, Seigneur, que son trépas me donne!
Que mon cœur entraîné par la splendeur du rang,
Vole après une main fumante de son sang,
Et que de ses malheurs, triomphante et ravie,
Je sois l'infâme prix d'avoir tranché sa vie!
Non, Seigneur, nous aurons même sort aujourd'hui;
Vous me verrez régner ou périr avec lui :
Ce n'est qu'à l'un des deux que tout ce cœur aspire.

VINIUS.

Que tu vois mal encor ce que c'est que l'Empire!
Si deux jours seulement tu pouvois l'essayer,
Tu ne croirois jamais le pouvoir trop payer,
Et tu verrois périr mille amants avec joie,
S'il falloit tout leur sang pour t'y faire une voie.
Aime Othon, si tu peux t'en faire un sûr appui,
Mais s'il en est besoin, aime-toi plus que lui.
Et sans t'inquiéter où fondra la tempête,
Laisse aux Dieux à leur choix écraser une tête.
Prends le sceptre aux dépens de qui succombera,
Et règne sans scrupule avec qui régnera.

PLAUTINE.

Que votre politique a d'étranges maximes!
Mon amour, s'il osoit, y trouveroit des crimes.

Je sais aimer, Seigneur, je sais garder ma foi;
Je sais pour un amant faire ce que je doi.
Je sais à mon bonheur m'offrir en sacrifice,
Et je saurai mourir si je vois qu'il périsse :
Mais je ne sais point l'art de forcer ma douleur
A pouvoir recueillir les fruits de son malheur.

VINIUS.

Tiens pourtant l'ame prête à le mettre en usage.
Change de sentiments, ou du moins de langage;
Et pour mettre d'accord ta fortune et ton cœur,
Souhaite pour l'amant, et te garde au vainqueur.
Adieu, je vois entrer la princesse Camille.
Quelque trouble où tu sois montre une ame tranquille.
Profite de sa faute, et tiens l'œil mieux ouvert
Au vif et doux éclat du trône qu'elle perd.

SCÈNE IV.

CAMILLE, PLAUTINE, ALBIANE.

CAMILLE.

Agréez-vous, Madame, un fidèle service,
Dont je viens faire hommage à mon impératrice?

PLAUTINE.

Je crois n'avoir pas droit de vous en empêcher;
Mais ce n'est pas ici qu'il vous la faut chercher.

CAMILLE.

Lorsque Galba vous donne à Pison pour épouse...

PLAUTINE.

Il n'est pas encor temps de vous en voir jalouse.

CAMILLE.

Si j'aimois toutefois, ou l'Empire, ou Pison,
Je pourrois déjà l'être avec quelque raison.

PLAUTINE.

Et si j'aimois, Madame, ou Pison, ou l'Empire,
J'aurois quelque raison de ne m'en pas dédire.
Mais votre exemple apprend aux cœurs comme le mien
Qu'un généreux mépris quelquefois leur sied bien.

CAMILLE.

Quoi! l'Empire et Pison n'ont rien pour vous d'aimable?

PLAUTINE.

Ce que vous dédaignez je le tiens méprisable;
Ce qui plaît à vos yeux aux miens semble aussi doux,
Tant je trouve de gloire à me régler sur vous.

CAMILLE.

Donc si j'aimois Othon...

PLAUTINE.

                    Je l'aimerois de même,
Si ma main avec moi donnoit le diadême.

CAMILLE.

Ne peut-on sans un trône être digne de lui?

PLAUTINE.

Je m'en rapporte à vous qu'il aime d'aujourd'hui.

CAMILLE.

Vous pouvez mieux qu'une autre en dire des nouvelles;
Et comme vos ardeurs ont été mutuelles,
Votre exemple ne laisse à personne à douter,
Qu'à moins de la couronne on peut le mériter.

PLAUTINE.

Mon exemple ne laisse à douter à personne,
Qu'il pourra vous quitter à moins de la couronne.

CAMILLE.

Il a trouvé sans elle en vos yeux tant d'appas...

PLAUTINE.

Toutes les passions ne se ressemblent pas.

CAMILLE.

En effet, vous avez un mérite si rare...

PLAUTINE.

Mérite à part, l'amour est quelquefois bizarre.
Selon l'objet divers le goût est différent.
Aux unes on se donne, aux autres on se vend.

CAMILLE.

Qui connoissoit Othon, pouvoit à la pareille
M'en donner en amie un avis à l'oreille.

PLAUTINE.

Et qui l'estime assez pour l'élever si haut,
Peut, quand il lui plaira, m'apprendre ce qu'il vaut.
Afin que si mes feux ont ordre de renaître...

CAMILLE.

J'en ai fait quelque estime avant que le connoître,
Et vous l'ai renvoyé dès que je l'ai connu.

PLAUTINE.

Qui vient de votre part est toujours bien venu.
J'accepte le présent, et crois pouvoir sans honte,
L'ayant de votre main, en tenir quelque compte.

CAMILLE.

Pour vous rendre son ame, il vous est venu voir?

PLAUTINE.

Pour négliger votre ordre il sait trop son devoir.

CAMILLE.

Il vous a tôt quittée ; et son ingratitude...

PLAUTINE.

Vous met-elle, Madame, en quelque inquiétude ?

CAMILLE.

Non, mais j'aime à savoir comment on m'obéit.

PLAUTINE.

La curiosité quelquefois nous trahit ;
Et par un demi-mot que du cœur elle tire,
Souvent elle dit plus qu'elle ne pense dire.

CAMILLE.

La mienne ne dit pas tout ce que vous pensez.

PLAUTINE.

Sur tout ce que je pense elle s'explique assez.

CAMILLE.

Souvent trop d'intérêt que l'amour force à prendre,
Entend plus qu'on ne dit, et qu'on ne doit entendre.
Si vous saviez quel est mon plus ardent desir...

PLAUTINE.

D'Othon et de Pison je vous donne à choisir.
Mon peu d'ambition vous rend l'un avec joie :
Et pour l'autre, s'il faut que je vous le renvoie,
Mon amour, je l'avoue, en pourra murmurer,
Mais vous savez qu'au vôtre il aime à déférer.

CAMILLE.

Je pourrai me passer de cette déférence.

PLAUTINE.

Sans doute, et toutefois si j'en crois l'apparence...

CAMILLE.

Brisons-là, ce discours deviendroit ennuyeux.

PLAUTINE.

Martian que je vois, vous entretiendra mieux.
Agréez ma retraite; et souffrez que j'évite
Un esclave insolent de qui l'amour m'irrite.

SCÈNE V.

CAMILLE, MARTIAN, ALBIANE.

CAMILLE.

A ce qu'elle me dit, Martian, vous l'aimez?

MARTIAN.

Malgré ses fiers mépris, mes yeux en sont charmés.
Cependant pour l'Empire, il est à vous encore;
Galba s'est laissé vaincre, et Pison vous adore.

CAMILLE.

De votre haut crédit c'est donc un pur effet?

MARTIAN.

Ne désavouez point ce que mon zèle a fait.
Mes soins de l'empereur ont fléchi la colère,
Et renvoyé Plautine obéir chez son père.
Notre nouveau César la vouloit épouser;
Mais j'ai su le résoudre à s'en désabuser;
Et Galba, que le sang presse pour sa famille,
Permet à Vinius de mettre ailleurs sa fille.
L'un vous rend la couronne, et l'autre tout son cœur.
Voyez mieux quelle en est la gloire et la douceur,
Quelle félicité vous vous étiez ôtée
Par une aversion un peu précipitée!
Et pour vos intérêts daignez considérer...

CAMILLE.

Je vois quelle est ma faute, et puis la réparer;
Mais je veux (car jamais on ne m'a vue ingrate)
Que ma reconnoissance auparavant éclate,
Et n'accorderai rien qu'on ne vous fasse heureux.
Vous aimez, dites-vous, cet objet rigoureux;
Et Pison dans sa main ne verra point la mienne,
Qu'il n'ait réduit Plautine à vous donner la sienne,
Si pourtant le mépris qu'elle fait de vos feux
Ne vous a pu contraindre à former d'autres vœux.

MARTIAN.

Ah! Madame, l'hymen a de si douces chaînes,
Qu'il lui faut peu de temps pour calmer bien des haines;
Et du moins mon bonheur sauroit avec éclat
Vous venger de Plautine, et punir un ingrat.

CAMILLE.

Je l'avois préféré, cet ingrat, à l'Empire.
Je l'ai dit, et trop haut, pour m'en pouvoir dédire;
Et l'amour qui m'apprend le foible des amants,
Unit vos plus doux vœux à mes ressentiments,
Pour me faire ébaucher ma vengeance en Plautine,
Et l'achever bientôt par sa propre ruine.

MARTIAN.

Ah! si vous la voulez, je sais des bras tout prêts,
Et j'ai tant de chaleur pour tous vos intérêts...

CAMILLE.

Ah! que c'est me donner une sensible joie!
Ces bras que vous m'offrez, faites que je les voie,
Que je leur donne l'ordre, et prescrive le temps.
Je veux qu'aux yeux d'Othon vos desirs soient contents,

Que lui-même il ait vu l'hymen de sa maîtresse
Livrer entre vos bras l'objet de sa tendresse,
Qu'il ait ce désespoir avant que de mourir;
Après, à son trépas vous me verrez courir.
Jusque-là gardez-vous de rien faire entreprendre.
Du pouvoir qu'on me rend vous devez tout attendre.
Allez vous préparer à ces heureux moments;
Mais n'exécutez rien sans mes commandements.

SCÈNE VI.

CAMILLE, ALBIANE.

ALBIANE.

Vous voulez perdre Othon! vous le pouvez, Madame!

CAMILLE.

Que tu pénètres mal dans le fond de mon ame!
De son lâche rival voyant le noir projet,
J'ai su par cette adresse en arrêter l'effet,
M'en rendre la maîtresse; et je serai ravie
S'il peut savoir les soins que je prends de sa vie.
Va me chercher ton frère; et fais que de ma part
Il apprenne par lui ce qu'il court de hasard,
A quoi va l'exposer son aveugle conduite,
Et qu'il n'est plus pour lui de salut qu'en la fuite.
C'est tout ce qu'à l'amour peut souffrir mon courroux.

ALBIANE.

Du courroux à l'amour le retour seroit doux.

SCÈNE VII.

CAMILLE, RUTILE, ALBIANE.

RUTILE.

Ah! Madame, apprenez quel malheur nous menace.
Quinze ou vingt révoltés au milieu de la place
Viennent de proclamer Othon pour empereur.

CAMILLE.

Et de leur insolence Othon n'a point d'horreur,
Lui qui sait qu'aussitôt ces tumultes avortent?

RUTILE.

Ils le mènent au camp, ou plutôt ils l'y portent;
Et ce qu'on voit de peuple, autour d'eux s'amasser,
Frémit de leur audace, et les laisse passer.

CAMILLE.

L'empereur le sait-il?

RUTILE.

　　　　Oui, Madame, il vous mande;
Et pour un prompt remède à ce qu'on appréhende,
Pison de ces mutins va courir sur les pas,
Avec ce qu'on pourra lui trouver de soldats.

CAMILLE.

Puisqu'Othon veut périr, consentons qu'il périsse.
Allons presser Galba pour son juste supplice.
Du courroux à l'amour si le retour est doux,
On repasse aisément de l'amour au courroux.

FIN DU QUATRIÈME ACTE.

ACTE CINQUIÈME.

SCÈNE I.

GALBA, CAMILLE, RUTILE, ALBIANE.

GALBA.

Je vous le dis encor, redoutez ma vengeance,
Pour peu que vous soyez de son intelligence.
On ne pardonne point en matière d'Etat.
Plus on chérit la main, plus on hait l'attentat;
Et lorsque la fureur va jusqu'au sacrilége,
Le sexe ni le sang n'ont point de privilége.

CAMILLE.

Cet indigne soupçon seroit bientôt détruit,
Si vous voyiez du crime où doit aller le fruit.
Othon qui pour Plautine au fond du cœur soupire,
Othon qui me dédaigne à moins que de l'Empire,
S'il en fait sa conquête, et vous peut détrôner,
Laquelle de nous deux voudra-t-il couronner?
Pourrois-je de Pison conspirer la ruine,
Qui m'arrachant du trône y porteroit Plautine?
Croyez mes intérêts si vous doutez de moi;
Et sur de tels garants assuré de ma foi,
Tournez sur Vinius toute la défiance
Dont veut ternir ma gloire une injuste croyance.

GALBA.

Vinius par son zèle est trop justifié.
Voyez ce qu'en un jour il m'a sacrifié.
Il m'offre Othon pour vous, qu'il souhaitoit pour gendre.
Je le rends à sa fille, il aime à le reprendre.
Je la veux pour Pison, mon vouloir est suivi.
Je vous mets en sa place, et l'en trouve ravi.
Son ami se révolte ; il presse ma colère.
Il donne à Martian Plautine à ma prière :
Et je soupçonnerois un crime dans les vœux
D'un homme qui s'attache à tout ce que je veux ?

CAMILLE.

Qui veut également tout ce qu'on lui propose,
Dans le secret du cœur souvent veut autre chose ;
Et, maître de son ame, il n'a point d'autre foi
Que celle qu'en soi-même il ne donne qu'à soi.

GALBA.

Cet hymen toutefois est l'épreuve dernière
D'une foi toujours pure, inviolable, entière.

CAMILLE.

Vous verrez à l'effet comment elle agira,
Seigneur, et comme enfin Plautine obéira.
Sûr de sa résistance, et se flattant peut-être
De voir bientôt ici son cher Othon le maître,
Dans l'état où pour vous il a mis l'avenir,
Il promet aisément plus qu'il ne veut tenir.

GALBA.

Le devoir désunit l'amitié la plus forte :
Mais l'amour aisément sur ce devoir l'emporte ;
Et son feu qui jamais ne s'éteint qu'à demi,

Intéresse un amant autrement qu'un ami.
J'aperçois Vinius. Qu'on m'amène sa fille.
J'en punirai le crime en toute la famille,
Si jamais je puis voir par où n'en point douter;
Mais aussi jusque-là j'aurois tort d'éclater.
Je vois d'ailleurs Lacus.

SCÈNE II.

GALBA, CAMILLE, VINIUS, LACUS, ALBIANE.

GALBA.

　　　　Eh bien, quelles nouvelles?
Qu'apprenez-vous tous deux du camp de nos rebelles?

VINIUS.

Que ceux de la marine et les Illyriens
Se sont avec chaleur joints aux Prétoriens,
Et que des bords du Nil les troupes rappelées
Seules par leurs fureurs ne sont point ébranlées.

LACUS.

Tous ces mutins ne sont que de simples soldats.
Aucun des chefs ne trempe en leurs vains attentats.
Ainsi ne craignez rien d'une masse d'armée,
Où déjà la discorde est peut-être allumée.
Sitôt qu'on y saura que le peuple à grands cris
Veut que de ses complots les auteurs soient proscrits,
Que du perfide Othon il demande la tête,
La consternation calmera la tempête;
Et vous, n'avez, Seigneur, qu'à vous y faire voir
Pour rendre d'un coup-d'œil chacun à son devoir.

GALBA.

Irons-nous, Vinius, hâter par ma présence
L'effet d'une si douce et si juste espérance !

VINIUS.

Ne hasardez, Seigneur, que dans l'extrémité,
Le redoutable effet de votre autorité.
Alors qu'il réussit, tout fait jour, tout lui cède ;
Mais aussi quand il manque, il n'est plus de remède.
Il faut, pour déployer le souverain pouvoir,
Sûreté toute entière, ou profond désespoir ;
Et nous ne sommes pas, Seigneur, à ne rien feindre,
En état d'oser tout, non plus que de tout craindre.
Si l'on court au grand crime avec avidité,
Laissez-en ralentir l'impétuosité.
D'elle-même elle avorte ; et la peur des supplices
Arme contre le chef ses plus zélés complices.
Un salutaire avis agit avec lenteur.

LACUS.

Un véritable prince agit avec hauteur ;
Et je ne conçois point cet avis salutaire,
Quand on couronne Othon, de le regarder faire.
Si l'on court au grand crime avec avidité,
Il en faut réprimer l'impétuosité,
Avant que les esprits, qu'un juste effroi balance,
S'y puissent enhardir sur notre nonchalance,
Et prennent le dessus de ces conseils prudents,
Dont on cherche l'effet quand il n'en est plus temps.

VINIUS.

Vous détruirez toujours mes conseils par les vôtres.
Le seul ton de ma voix vous en inspire d'autres ;

Et tant que vous aurez ce rare et haut crédit,
Je n'aurai qu'à parler pour être contredit.
Pison, dont l'heureux choix est votre digne ouvrage,
Ne seroit que Pison s'il eût eu mon suffrage.
Vous n'avez soulevé Martian contre Othon,
Que parce que ma bouche a proféré son nom,
Et verriez comme un autre une preuve assez claire
De combien votre avis est le plus salutaire,
Si vous n'aviez fait vœu d'être jusqu'au trépas
L'ennemi des conseils que vous ne donnez pas.

LACUS.

Et vous l'ami d'Othon, c'est tout dire, et peut-être
Qui le vouloit pour gendre, et l'a choisi pour maître,
Ne fait encor de vœux qu'en faveur de ce choix,
Pour l'avoir et pour maître, et pour gendre à-la-fois.

VINIUS.

J'étois l'ami d'Othon, et le tenois à gloire
Jusqu'à l'indignité d'une action si noire,
Que d'autres nommeront l'effet du désespoir,
Où l'a malgré mes soins plongé votre pouvoir.
Je l'ai voulu pour gendre, et choisi pour l'Empire :
A l'un ni l'autre choix vous n'avez pu souscrire ;
Par-là de tout l'Etat le bonheur s'agrandit,
Et vous voyez aussi comme il vous applaudit.

GALBA.

Qu'un prince est malheureux quand de ceux qu'il écoute
Le zèle cherche à prendre une diverse route,
Et que l'attachement qu'ils ont au propre sens
Pousse jusqu'à l'aigreur des conseils différents !
Ne me trompé-je point, et puis-je nommer zèle

Cette haine à tous deux obstinément fidèle.
Qui peut-être, en dépit des maux qu'elle prévoit,
Seule en mes intérêts se consulte et se croit?
Faites mieux, et croyez en ce péril extrême,
Vous, que Lacus me sert; vous, que Vinius m'aime.
Ne haïssez qu'Othon, et songez qu'aujourd'hui
Vous n'avez à parler tous deux que contre lui.

VINIUS.

J'ose donc vous redire, en serviteur sincère,
Qu'il fait mauvais pousser tant de gens en colère;
Qu'il faut donner aux bons pour s'entre-soutenir
Le temps de se remettre, et de se réunir,
Et laisser aux méchants celui de reconnoître
Quelle est l'impiété de se prendre à son maître.
Pison peut cependant amuser leur fureur,
De vos ressentiments leur donner la terreur,
Y joindre avec adresse un espoir de clémence
Au moindre repentir d'une telle insolence;
Et s'il vous faut enfin aller à son secours,
Ce qu'on veut à présent, on le pourra toujours.

LACUS.

J'en doute, et crois parler en serviteur sincère,
Moi qui n'ai point d'ami dans le parti contraire.
Attendrons-nous, Seigneur, que Pison repoussé
Nous vienne ensevelir sous l'Etat renversé,
Qu'on descende en la place en bataille rangée,
Qu'on tienne en ce palais votre cour assiégée,
Que jusqu'au Capitole Othon aille à vos yeux
De l'Empire usurpé rendre grâces aux Dieux,
Et que le front paré de votre diadême

Ce traître trop heureux ordonne de vous-même?
Allons, allons, Seigneur, les armes à la main,
Soutenir le sénat et le peuple Romain.
Cherchons aux yeux d'Othon un trépas à leur tête,
Pour lui plus odieux, et pour nous plus honnête;
Et par un noble effort allons lui témoigner...

GALBA.

Eh bien, ma nièce, eh bien, est-il doux de régner?
Est-il doux de tenir le timon d'un Empire,
Pour en voir les soutiens toujours se contredire?

CAMILLE.

Plus on voit aux avis de contrariétés,
Plus à faire un bon choix on reçoit de clartés.
C'est ce que je dirois si je n'étois suspecte;
Mais je suis à Pison, Seigneur, et vous respecte,
Et ne puis toutefois retenir ces deux mots,
Que si l'on m'avoit crue, on seroit en repos.
Plautine qu'on amène, aura même pensée.
D'une vive douleur elle paroît blessée...

SCÈNE III.

GALBA, CAMILLE, VINIUS, LACUS, PLAUTINE,
RUTILE, ALBIANE.

PLAUTINE.

Je ne m'en défends point, Madame, Othon est mort.
De quiconque entre ici c'est le commun rapport;
Et son trépas pour vous n'aura pas tant de charmes
Qu'à vos yeux comme aux miens il n'en coûte des larmes

GALBA.

Dit-elle vrai, Rutile, ou m'en flatté-je en vain?

RUTILE.

Seigneur, le bruit est grand, et l'auteur incertain.
Tous veulent qu'il soit mort, et c'est la voix publique;
Mais comment et par qui, c'est ce qu'aucun n'explique.

GALBA.

Allez, allez, Lacus, vous-même prendre soin
De nous en faire voir un assuré témoin,
Et si de ce grand coup l'auteur se peut connoître.

SCÈNE IV.

GALBA, VINIUS, LACUS, CAMILLE, PLAUTINE,
MARTIAN, ATTICUS, RUTILE, ALBIANE.

MARTIAN.

Qu'on ne le cherche plus, vous le voyez paroître.
Seigneur, c'est par sa main qu'un rebelle puni...

GALBA.

Par celle d'Atticus ce grand trouble a fini!

ATTICUS.

Mon zèle l'a poussée, et les Dieux l'ont conduite;
Et c'est à vous, Seigneur, d'en arrêter la suite,
D'empêcher le désordre, et borner les rigueurs
Où contre des vaincus s'emportent des vainqueurs.

GALBA.

Courons-y. Cependant, consolez-vous, Plautine.
Ne pensez qu'à l'époux que mon choix vous destine.
Vinius vous le donne; et vous l'accepterez,
Quand vos premiers soupirs seront évaporés.

C'est à vous, Martian, que je la laisse en garde;
Comme c'est votre main que son hymen regarde,
Ménagez son esprit, et ne l'aigrissez pas.

Vous pouvez, Vinius, ne suivre point mes pas,
Et la vieille amitié, pour peu qu'il vous en reste...

VINIUS.

Ah! c'est une amitié, Seigneur, que je déteste.
Mon cœur est tout à vous, et n'a point eu d'amis,
Qu'autant qu'on les a vus à vos ordres soumis.

GALBA.

Suivez, mais gardez-vous de trop de complaisance.

CAMILLE.

L'entretien des amants hait toute autre présence,
Madame; et je retourne en mon appartement,
Rendre grâces aux Dieux d'un tel événement.

SCÈNE V.

MARTIAN, PLAUTINE, ATTICUS, SOLDATS.

PLAUTINE.

Allez-y renfermer les pleurs qui vous échappent.
Les désastres d'Othon ainsi que moi vous frappent.
Et si l'on avoit cru vos souhaits les plus doux,
Ce grand jour le verroit couronner avec vous.
Voilà, voilà le fruit de m'avoir trop aimée;
Voilà quel est l'effet...

MARTIAN.

Si votre ame enflammée...

PLAUTINE.

Vil esclave, est-ce à toi de troubler ma douleur?

Est-ce à toi de vouloir adoucir mon malheur?
A toi, de qui l'amour m'ose en offrir un pire!

MARTIAN.

Il est juste d'abord qu'un si grand cœur soupire;
Mais il est juste aussi de ne pas trop pleurer
Une perte facile, et prête à réparer.
Il est temps qu'un sujet à son prince fidèle
Remplisse heureusement la place d'un rebelle;
Un monarque le veut, un père en est d'accord.
Vous devez pour tous deux vous faire un peu d'effort,
Et bannir de ce cœur la honteuse mémoire
D'un amour criminel qui souille votre gloire.

PLAUTINE.

Lâche, tu ne vaux pas que pour te démentir
Je daigne m'abaisser jusqu'à te répartir.
Tais-toi, laisse en repos une ame possédée
D'une plus agréable encor que triste idée.
N'interromps plus mes pleurs.

MARTIAN.

Tournez vers moi les yeux.
Après la mort d'Othon, que pouvez-vous de mieux?

SCÈNE VI.

PLAUTINE, MARTIAN, ATTICUS, DEUX SOLDATS.

PLAUTINE, *pendant que deux soldats entrent
et parlent bas à Atticus.*
Quelque insolent espoir qu'ait ta folle arrogance,
Apprends que j'en saurai punir l'extravagance,

Et percer de ma main, ou ton cœur, ou le mien,
Plutôt que de souffrir cet infâme lien.
Connois-toi, si tu peux, ou connois-moi.

ATTICUS.

De grâce,

Souffrez...

PLAUTINE.

De me parler tu prends aussi l'audace,
Assassin d'un héros, que je verrois sans toi
Donner des lois au monde, et les prendre de moi?
Toi dont la main sanglante au désespoir me livre?

ATTICUS.

Si vous aimez Othon, Madame, il va revivre;
Et vous verrez long-temps sa vie en sûreté,
S'il ne meurt que des coups dont je me suis vanté.

PLAUTINE.

Othon vivroit encor!

ATTICUS.

Il triomphe, Madame;
Et maître de l'Etat comme vous de son ame,
Vous l'allez bientôt voir lui-même à vos genoux
Vous faire offre d'un sort qu'il n'aime que pour vous,
Et dont sa passion dédaigneroit la gloire,
Si vous ne vous faisiez le prix de sa victoire.
L'armée à son mérite enfin a fait raison.
On porte devant lui la tête de Pison;
Et Camille tient mal ce qu'elle vient de dire.
On rend grâces pour vous aux Dieux d'un autre empire,
Et fatigue le ciel par des vœux superflus,
En faveur d'un parti qu'il ne regarde plus.

MARTIAN.

Exécrable! ainsi donc ta promesse frivole...

ATTICUS.

Qui promet de trahir, peut manquer de parole.
Si je n'eusse promis ce lâche assassinat,
Un autre par ton ordre eût commis l'attentat;
Et tout ce que j'ai dit n'étoit qu'un stratagême
Pour livrer en ses mains Lacus et Galba même.
Galba n'a rien à craindre; on respecte son nom,
Et ce n'est que sous lui que veut régner Othon.
Quant à Lacus et toi, je vois peu d'apparence
Que vos jours à tous deux soient en même assurance,
Si ce n'est que Madame ait assez de bonté
Pour fléchir un vainqueur justement irrité.
    Autour de ce palais nous avions deux cohortes,
Qui déjà pour Othon en ont saisi les portes.
J'y commande, Madame, et mon ordre aujourd'hui
Est de vous obéir, et m'assurer de lui.
Qu'on l'emmène, soldats, il blesse ici la vue.

MARTIAN.

Fut-il jamais disgrace, ô Dieux, plus imprévue!

SCÈNE VII.

PLAUTINE.

Je me trouble, et ne sais par quel pressentiment
Mon cœur n'ose goûter ce bonheur pleinement.
Il semble avec chagrin se livrer à la joie;
Et bien qu'en ses douceurs mon déplaisir se noie,

Je ne passe de l'une à l'autre extrémité
Qu'avec un reste obscur d'esprit inquiété.
Je suis... Mais que me veut Flavie épouvantée.

SCÈNE VIII.

PLAUTINE, FLAVIE.

FLAVIE.

Vous dire que du ciel la colère irritée,
Ou plutôt du destin la jalouse fureur...

PLAUTINE.

Auroient-ils mis Othon aux fers de l'empereur,
Et dans ce grand succès la fortune inconstante
Auroit-elle trompé notre plus douce attente?

FLAVIE.

Othon est libre, il règne, et toutefois, hélas!

PLAUTINE.

Seroit-il si blessé qu'on craignît son trépas?

FLAVIE.

Non, partout à sa vue on a mis bas les armes;
Mais enfin son bonheur vous va coûter des larmes.

PLAUTINE.

Explique, explique donc ce que je dois pleurer.

FLAVIE.

Vous voyez que je tremble à vous le déclarer.

PLAUTINE.

Le mal est-il si grand?

FLAVIE.

        D'un balcon chez mon frère
J'ai vu... Que ne peut-on, Madame, vous le taire?

Ou qu'à voir ma douleur n'avez-vous deviné
Que Vinius...

PLAUTINE.

Eh bien?

FLAVIE.

Vient d'être assassiné?

PLAUTINE.

Juste ciel!

FLAVIE.

De Lacus l'inimitié cruelle...

PLAUTINE.

O d'un trouble inconnu présage trop fidèle!
Lacus...

FLAVIE.

C'est de sa main que part ce coup fatal.
Tous deux près de Galba marchoient d'un pas égal,
Lorsque tournant ensemble à la première rue,
Ils découvrent Othon maître de l'avenue.
Cet effroi ne les fait reculer quelques pas
Que pour voir ce palais saisi par vos soldats;
Et Lacus aussitôt étincelant de rage
De voir qu'Othon partout leur ferme le passage,
Lance sur Vinius un furieux regard,
L'approche sans parler, et tirant un poignard...

PLAUTINE.

Le traître, hélas! Flavie, où me vois-je réduite?

FLAVIE.

Vous m'entendez, Madame, et je passe à la suite.
Ce lâche sur Galba portant même fureur,
« Mourez, Seigneur, dit-il, mais mourez empereur,

« Et recevez ce coup comme un dernier hommage
« Que doit à votre gloire un généreux courage. »
Galba tombe ; et ce monstre enfin s'ouvrant le flanc,
Mêle un sang détestable à cet illustre sang.
En vain le triste Othon, à cet affreux spectacle,
Précipite ses pas pour y mettre un obstacle.
Tout ce que peut l'effort de ce cher conquérant,
C'est de verser des pleurs sur Vinius mourant,
De l'embrasser tout mort. Mais le voilà, Madame,
Qui vous fera mieux voir les troubles de son ame.

SCÈNE IX.

OTHON, PLAUTINE, FLAVIE.

OTHON.

Madame, savez-vous les crimes de Lacus ?

PLAUTINE.

J'apprends en ce moment que mon père n'est plus.
Fuyez, Seigneur, fuyez un objet de tristesse ;
D'un jour si beau pour vous goûtez mieux l'allégresse.
Vous êtes empereur ; épargnez-vous l'ennui
De voir qu'un père...

OTHON.

Hélas ! je suis plus mort que lui ;
Et si votre bonté ne me rend une vie
Qu'en lui perçant le cœur un traître m'a ravie,
Je ne reviens ici qu'en malheureux amant
Faire hommage à vos yeux de mon dernier moment.
Mon amour pour vous seule a cherché la victoire.
Ce même amour sans vous n'en peut souffrir la gloire,

Et n'accepte le nom de maître des Romains
Que pour mettre avec moi l'univers en vos mains.
C'est à vous d'ordonner ce qui lui reste à faire.

PLAUTINE.

C'est à moi de gémir, et de pleurer mon père.
Non que je vous impute, en ma vive douleur,
Les crimes de Lacus, et de notre malheur;
Mais enfin...

OTHON.

Achevez, s'il se peut, en amante,
Nos feux...

PLAUTINE.

Ne pressez pas un trouble qui s'augmente,
Vous voyez mon devoir, et connoissez ma foi.
En ce funeste état répondez-vous pour moi.
Adieu, Seigneur.

OTHON.

De grâce, encore une parole.
Madame.

SCÈNE X.

OTHON, ALBIN.

ALBIN.

On vous attend, Seigneur, au Capitole;
Et le sénat en corps vient exprès d'y monter,
Pour jurer sur vos lois aux yeux de Jupiter.

OTHON.

J'y cours; mais quelque honneur, Albin, qu'on m'y destine,
Comme il n'auroit pour moi rien de doux sans Plautine,

Souffre du moins que j'aille, en faveur de mon feu,
Prendre pour y courir son ordre ou son aveu;
Afin qu'à mon retour, l'ame un peu plus tranquille,
Je puisse faire effort à consoler Camille,
Et lui jurer moi-même en ce malheureux jour
Une amitié fidèle au défaut de l'amour.

FIN D'OTHON.

NOTES GRAMMATICALES.

SOPHONISBE.

Acte I, scène I, page 3.

... L'ORGUEIL des Romains se promettoit l'éclat
D'asservir par leur prise et vous et tout l'État.

Se promettoit l'*éclat d'asservir,* pour, *se promettoit d'asservir avec éclat*, etc., est une figure de diction aussi incorrecte que hasardée.

Ibid. même page.

Il les range en bataille au milieu de la plaine.
L'ennemi fait de même ; et l'on voit des deux parts, etc.

Voltaire critique *fait le même,* qui est une faute de quelques éditions, où l'on trouve aussi *des remparts,* au lieu de *des deux parts.*

Ibid. page 4.

Voilà ce que le roi m'a chargé de vous dire,
Et que de tout son cœur à la paix il aspire.

Là force du sens rend la phrase claire, malgré l'ellipse du verbe qui devroit régir le *que* du second vers. La multiplicité des ellipses et des autres figures est ce qui caractérise Corneille, et ce qui se fait sentir de plus en plus dans ses pièces.

Acte I, scène II, page 4.

... Vos vœux pour la paix n'ont pas votre ame entière.

Cette locution, forte et concise, n'est pas française sans explication : cela veut dire, *les vœux de votre ame ne sont pas tout entiers pour la paix.*

Acte I, scène II, page 5.

Peut-être aura-t-il peine à suivre sa vengeance,
Et que ce même amour, etc.

Peut-être est sous-entendu avant le *que*.

Ibid. page 6.

Lui-même il s'en console, et trompe sa douleur,
A croire que la main n'a pas donné le cœur.

Encore une ellipse : car Corneille eût pu mettre, *en croyant;* mais il paraît avoir voulu dire, *en cherchant à croire,* etc.

Ibid. même page.

Ce reste (d'amour) ne va point à regretter sa perte.

Pour, *ne va point jusqu'à.* Il y a beaucoup de ces ellipses, comme on l'a dit, dans Corneille. Ce sont plutôt des hardiesses que des négligences.

Acte I, scène III, page 10.

Avez-vous en ces lieux quelque *commerce?* — Aucun.
— D'où le savez-vous donc? — D'un peu *de sens commun.*

Malgré la trivialité où ces expressions sont tombées, on juge que le mot *commerce* est ici mis pour *relation;* et *d'un peu de sens commun,* pour, *le sens commun suffit pour me l'apprendre.*

Ibid. même page.

.... Les dieux vous l'ont-ils révélé?
A moins que de leur voix, l'ame la plus crédule
D'un miracle pareil feroit quelque scrupule.

L'ellipse hasardée du verbe peut jeter quelque obscurité dans la phrase; mais en rétablissant le verbe sous-entendu (à moins que *ce ne soit* de leur voix, l'ame la plus crédule, *de croire* un miracle, etc.) la phrase alors est très-claire.

Acte I, scène IV, page 14.

En l'état où je suis, deux batailles perdues,
Mes villes, la plupart surprises ou rendues,
Mon royaume, d'argent et d'hommes affoibli,
C'est beaucoup de me voir tout d'un coup rétabli.

Ces phrases incidentes, répondant à ce qu'on a appelé *ablatifs absolus*, sous-entendent le participe *étant*, et abondent dans Corneille. C'est un latinisme qu'a imité Racine.

Plus loin, dans la même scène, on trouve encore, avec l'ellipse du verbe *étant*,

Mais, Carthage détruite, avec quelle apparence
Oserez-vous garder cette fausse espérance?

Corneille, familiarisé avec le langage elliptique, s'y livre de plus en plus, en avançant dans sa carrière; et ses hardiesses ne sont pas toujours aussi heureuses que dans les vers qui précèdent.

Ibid. page 18.

Le plus grand des malheurs seroit de vous déplaire,
Et tous mes sentiments veulent bien *se trahir*
A la douceur de vaincre, ou de vous obéir.

Se trahir à, quoiqu'insolite, est énergique, pour *s'abandonner, se livrer à*.

Acte II, scène I, page 20.

Et ses yeux égarés marquoient un embarras,
A faire assez juger qu'elle ne me cherchoit pas.

A faire est pour *en faisant*. Cet infinitif avec la préposition, pour le gérondif, avoit alors plus d'extension qu'aujourd'hui; et il étoit plus commode et plus bref en poésie.

Ibid. page 24.

Pour juste aux yeux de tous qu'en puisse être la cause.

Ce *pour*, qui a été remplacé par *quelque*, avant l'adjectif, étoit alors souvent employé; il évitoit la dureté de ce dernier mot.

Acte II, scène II, page 26.

Ce qu'avec leurs héros vous avez de *pratique*;
Vous a dû mieux qu'à moi montrer leur politique.

Le mot *pratique*, comme ailleurs le mot *commerce*, devenu trivial dans le sens technique, est employé pour *relation*.

Ibid. même page.

Mais quoi que ma promesse ait de difficultés,

Pour, *quelques difficultés que*, etc. Ce *quoi que* est aujourd'hui restreint dans l'usage à un petit nombre de locutions, (*quoi qu'on* dise, *quoi qu'on* fasse, *quoi qu'il* en soit, etc.)

Acte II, scène III, page 27.

Non tant d'avoir parlé, d'avoir prié pour vous,
Comme de vous céder un entretien si doux.

L'usage n'admet plus *comme* au lieu de *que*; il est employé ainsi ailleurs par Corneille, et même par Racine dans la Thébaïde. Ce seroit aujourd'hui un germanisme.

Acte II, scène IV, page 32.

Et ne quitterois point l'époux que j'avois pris,
Si Rome se pouvoit éviter qu'à ce prix.

Pour, *autrement qu'à ce prix*. L'ellipse peut paroître forcée, mais l'expression a de l'énergie.

Acte III, scène I, page 35.

...... Son visage étonné
Aux troubles du dedans sans doute a trop donné.

A trop donné seroit trivial aujourd'hui, pour *a donné trop de cours*, etc.

Acte III, scène VI, page 48.

Votre exemple est ma loi; vous vivez et je vi,
Et si vous fussiez mort, je vous aurois suivi.

Voltaire approuve que dans la poésie on puisse supprimer

des lettres (surtout l's finale) selon le besoin. Cela avoit lieu pour je *sais*, je *crois*, je *dois*, etc., qu'on écrivoit d'ailleurs anciennement sans s. Malherbe ôte même l's au parfait dans ces vers d'une stance sur Henri-le-Grand :

> Un aussi grand desir de gloire
> Que j'avois lorsque je *couvri*
> D'exploits d'éternelle mémoire
> Les plaines d'Arques et d'Ivri.

Acte IV, scène II, page 53.

> Et me faire avouer que le sort qui m'opprime,
> 'Pour cruel qu'il me soit, *rend justice* à mon crime.

Non-seulement *pour* est ici au lieu de *quelque* ou de *tout*, qui le remplace; mais, *rend justice à,* ne se diroit plus aujourd'hui pour *fait justice de.*

Acte V, scène VIII, page 80.

> ...... Mais elle meurt sans trouble ;
> Et soutient en mourant la pompe d'un courroux
> Qui semble moins mourir que triompher de nous.

Voltaire dit qu'on voit assez que c'est-là de l'enflure, dépourvue du mot propre, et qu'un courroux n'est pas pompeux. Il est juste néanmoins de ne point séparer ces mots de l'expression *triompher,* en songeant que c'est une reine indignée qui meurt pour ne pas être attachée au char triomphal de Scipion.

OTHON.

Acte I, scène I, page 111.

Daigne d'un Vinius se réduire à la fille.

L'inversion peut paraître un peu forcée; mais le sens est clair. Au reste, les inversions, les ellipses et les autres figures dont le père du théâtre a véritablement fécondé la poésie française, ont pu, parce que la langue n'était pas fixée, être employées d'une manière hasardée avec trop peu de mesures; surtout dans les pièces dont la composition étoit devenue pour lui habituelle et facile. Mais avec de l'attention, l'on voit qu'en rétablissant l'expression ou la construction, la clarté et la force se retrouvent; et que, sauf quelques tours vieillis ou quelques dictions ou termes surannés, Corneille est le plus grand maître non-seulement de notre théâtre, mais du langage poétique figuré.

Ibid. même page.

Mais dont tout le pouvoir ne sert qu'à faire horreur,
Et détruit d'autant plus, *que* plus on le voit *croître,*
Ce *que* l'on doit d'amour aux vertus de son maître.

Les deux *que,* les pronoms *le* et *ce,* en outre le second *plus* transposé, qui semble commencer une phrase incidente, rendent, sous ces divers rapports, la construction un peu confuse : mais en rétablissant ou tournant ainsi le second hémistiche *qu'il paroit croître davantage,* le sens total n'a plus rien de louche. Quant au mot *croître,* il se prononçait alors comme s'il y eût eu *craître.*

Acte I, scène I, page 112.

A moins que notre adroite et prompte servitude
Nous dérobe aux fureurs de leur inquiétude.

On peut bien laisser à Corneille, qui s'est permis de plus grandes licences, la liberté prise par plusieurs de nos poètes de supprimer la négation. Mais en prose, il faudroit, *ne nous dérobe*.

Ibid. même page.

Ainsi je me comptois de mes premiers suivants.

L'ellipse *au nombre de*, etc., est ici aisée à remplir.

Acte I, scène III, page 117.

Quelle est pour vous et moi leur envie et leur haine.

Non-seulement l'adjectif singulier est mis par Corneille avec deux substantifs du même genre, comme dans cet exemple, mais aussi avec des noms de divers genres, en le rapportant grammaticalement au premier, comme dans ce vers du Menteur (acte V, scène I) :

Quelle est et la fortune et le bien de Pyrandre.

Ibid. page 121.

Il n'est point de milieu qu'en saine politique. —
Et l'amour est la seule où tont mon cœur s'applique.

Quoique souvent Corneille, pour plus de force, ait ajouté *point* dans ce cas, il est de règle que la restriction *ne... que* exclut le *point*. — On ne pourrait aussi mettre, *la seule*, rapporté à *politique*, qu'autant que ce nom serait déterminé par un article, d'autant plus que le rapport deviendrait louche, si l'*amour* au singulier étoit encore du genre féminin.

Acte I, scène V, page 123.

Quand il faut m'arracher tout cet amour de l'ame,
Puis-je que dans mon sang en éteindre la flamme?

L'ellipse d'*autrement* ou *ailleurs* avant le *que*, a quelque chose de forcé, mais est énergique. Corneille auroit pu mettre, *puis-je ailleurs qu'en mon sang*, etc.; mais cela eût été moins vif après le premier vers.

Ibid. page 124.

Plus la flamme en est pure, et plus elle est durable.

Et ailleurs, entre autres dans le IIIe acte, scène I :

... Plus j'y songe, et plus pour vous je tremble.

Si, à cause du corrélatif *plus*, on devoit nécessairement exclure la conjonction *et*, le poète seroit souvent embarrassé pour la mesure, après un mot finissant par une voyelle, surtout quand la phrase tombe ou commence avec l'hémistiche, comme dans ces deux exemples, où d'ailleurs la conjonction contribue beaucoup à l'euphonie.

Ibid. même page.

Vous pouvez perdre Othon sans verser une larme ;
Vous en témoignez joïe, etc.

La suppression de l'article, avant le mot *joie*, rend l'expression plus vive; mais ce n'est guère que dans le style marotique qu'on peut se permettre cette ellipse.

Acte II, scène IV, page 137.

Il sait trop ménager ses vertus et ses vices.

Le mot familier *ménager* est ici heureusement relevé par le sens figuré que lui donne le poète; il en est de même de beaucoup d'autres métaphores dont l'expression commune ou triviale s'ennoblit ou devient neuve ; telles entr'autres que le mot *tâter* dans Sertorius :

> Aux périls de Sylla vous tâtez leur courage.

Acte II, scène IV, page 137.

> Et son ame *ployante*, attendant l'avenir,
> Sait faire également sa cour, et la tenir.

On a osé retoucher cette expression métaphorique de *ployante*, à laquelle un éditeur a cru devoir substituer *flexible*.

Acte II, scène IV, page 138.

> Lui-même il nous prîra d'avoir soin de l'Empire.

Contraction du verbe *priera*, imitée par Racine dans ce vers :

> Nous le *prîrons* tous deux de nous servir de père.
>
> PHÈDRE, acte V, scène VI.

Corneille a plusieurs fois contracté ainsi les verbes. Il avoit déjà dit dans le Cid, (acte III, scène III) :

> Son sang crîra vengeance ; et je ne l'aurai pas !

Acte III, scène I, page 148.

> Je plains cette *abusée* ; et c'est moi qui la suis.

Soit qu'il y ait ellipse du nom, soit que le participe soit pris substantivement, l'expression est un peu forcée : dans tous les cas, le pronom *cette* motive le féminin, *qui la suis*.

Acte III, scène III, page 154.

> Que vos seules bontés de tout mon sort ordonnent :
> Je me donne en aveugle à qui qu'elles me donnent.

A qui est pour *à quel que ce soit :* mais *à qui qu'elles* est une cacophonie à éviter.

Acte III, scène V, page 159.

> Si d'aimer en lieu même on vous a vu l'audace.

Même pour *égal* ou *pareil* ne se met plus qu'avant le substantif.

Acte III, scène v, page 160.

L'amour passe, ou languit; et *pour* fort qu'il puisse être.

Pour a cessé de s'employer dans le sens de *quelque*.

Acte IV, scène I, page 164.

.... Les moyens d'abord m'ont fait horreur;
Mais je saurai *la* vaincre........

Horreur ayant nécessairement un sens indéfini dans le verbe *faire horreur,* on ne peut dire, *la vaincre,* qui suppose un nom déterminé par l'article.

Ibid. page 166.

Pour nous faire un trépas dont les Dieux soient jaloux,
Rendez-vous toute à moi, comme moi tout à vous.

L'ellipse du verbe, dans ce second hémistiche, quoiqu'elle sous-entend un autre temps, est une licence, mais rend la phrase plus vive et plus poétique.

Acte IV, scène II, page 167.

Il pouvoit, sous l'appas d'une feinte promesse,
Jeter dans les soldats un moment d'allégresse.

Appas se mettoit alors pour *appât.*

Acte IV, scène III, page 170.

Et pour mettre d'accord ta fortune et ton cœur,
Souhaite pour l'amant, et te garde au vainqueur.

S'il n'y a point ellipse du nom, tel que *la couronne* ou *le triomphe,* le verbe *souhaite* est pris d'une manière absolue, mais un peu forcée, pour *fais des souhaits.*

Acte V, scène II, page 183.

J'ose donc vous redire, en serviteur sincère,
Qu'il fait *mauvais* pousser tant de gens en colère.

Fait mauvais, comme on dit *fait bon*, est une locution qui n'a pas été admise dans ce sens moral.

FIN DES NOTES GRAMMATICALES DU TOME QUATRIÈME.

DISCOURS

DE PIERRE CORNEILLE,

SUR

L'ART DRAMATIQUE.

PREMIER DISCOURS.

DE L'UTILITÉ ET DES PARTIES

DU

POÈME DRAMATIQUE.

Bien que, selon Aristote, le seul but de la poésie dramatique soit de plaire aux spectateurs, et que la plupart de ces poèmes leur aient plu, je veux bien avouer toutefois que beaucoup d'entre eux n'ont pas atteint le but de l'art. *Il ne faut pas prétendre,* dit ce philosophe (1), *que ce genre de poésie nous donne toute sorte de plaisir, mais seulement celui qui lui est propre;* et pour trouver ce plaisir qui lui est propre, et le donner aux spectateurs, il faut suivre les préceptes de l'art, et leur plaire selon ses règles. Il est constant qu'il y a des préceptes, puisqu'il y a un art; mais il n'est pas constant quels ils sont. On convient du nom sans convenir de la chose, et on s'accorde sur les paroles, pour contester sur leur signification. Il faut observer l'unité d'action, de lieu et de jour, personne n'en doute; mais ce n'est pas

(1) Aristoteles *de Poetica.*

une petite difficulté de savoir ce que c'est que cette
unité d'action, et jusqu'où peut s'étendre cette unité
de jour et de lieu. Il faut que le poète traite son
sujet selon le vraisemblable et le nécessaire. Aristote
le dit ; et tous ses interprètes répètent les mêmes
mots, qui leur semblent si clairs et si intelligibles,
qu'aucun d'eux n'a daigné nous dire, non plus que
lui, ce que c'est que ce vraisemblable et ce nécessaire. Beaucoup même ont si peu considéré ce dernier, qui accompagne toujours l'autre chez ce philosophe, hormis une seule fois, où il parle de la
comédie, qu'on en est venu jusqu'à établir une
maxime très-fausse, *qu'il faut que le sujet d'une tragédie soit vraisemblable*, appliquant aussi aux conditions du sujet la moitié de ce qu'il a dit de la manière de le traiter. Ce n'est pas qu'on ne puisse faire
une tragédie d'un sujet purement vraisemblable : il
en donne pour exemple la Fleur d'Agathon, où les
noms et les choses étoient de pure invention, aussi-
bien qu'en la comédie : mais les grands sujets qui
remuent fortement les passions, et en opposent l'impétuosité aux lois du devoir, ou aux tendresses du
sang, doivent toujours aller au-delà du vraisemblable, et ils ne trouveroient aucune croyance parmi
les auditeurs, s'ils n'étoient soutenus ou par l'autorité de l'histoire, qui persuade avec empire, ou par
la préoccupation de l'opinion commune, qui nous
donne ces mêmes auditeurs déjà tout persuadés. Il
n'est pas vraisemblable que Médée tue ses enfants,
que Clytemnestre assassine son mari, qu'Oreste poi-

gnarde sa mère ; mais l'histoire le dit, et la représentation de ces grands crimes ne trouve point d'in-
crédules. Il n'est ni vrai, ni vraisemblable, qu'Andromède, exposée à un monstre marin, ait été garantie
de ce péril par un cavalier volant, qui avoit des ailes
aux pieds : mais c'est une fiction que l'antiquité a
reçue ; et, comme elle l'a transmise jusqu'à nous,
personne ne s'en offense, quand on la voit sur le
théâtre : il ne seroit pas permis toutefois d'inventer
sur ces exemples. Ce que la vérité ou l'opinion fait
accepter seroit rejeté, s'il n'avoit point d'autre fondement qu'une ressemblance à cette vérité ou à cette
opinion. C'est pourquoi notre docteur dit que *les sujets viennent de la Fortune,* qui fait arriver les choses,
et non de l'Art qui les imagine. Elle est maîtresse des
événements ; et le choix qu'elle nous donne de ceux
qu'elle nous présente, enveloppe une secrète défense
d'entreprendre sur elle, et d'en produire sur la scène
qui ne soient pas de sa façon. Aussi *les anciennes
tragédies se sont arrêtées autour de peu de familles,
parce qu'il étoit arrivé à peu de familles des choses
dignes de la tragédie.* Les siècles suivants nous en
ont assez fourni, pour franchir ces bornes, et ne
marcher plus sur les pas des Grecs ; mais je ne pense
pas qu'ils nous aient donné la liberté de nous écarter
de leurs règles. Il faut, s'il se peut, nous accommoder
avec elles, et les amener jusqu'à nous. Le retranchement que nous avons fait des chœurs nous oblige à
remplir nos poèmes de plus d'épisodes qu'ils ne faisoient ; c'est quelque chose de plus, mais qui ne doit

pas aller au-delà de leurs maximes, bien qu'il aille au-delà de leur pratique.

Il faut donc savoir quelles sont ces règles; mais notre malheur est qu'Aristote, et Horace après lui, en ont écrit assez obscurément pour avoir besoin d'interprètes, et que ceux qui leur en ont voulu servir jusqu'ici, ne les ont souvent expliqués qu'en grammairiens ou en philosophes. Comme ils avoient plus d'étude et de spéculation que d'expérience du théâtre, leur lecture nous peut rendre plus doctes, mais non pas nous donner beaucoup de lumières fort sûres pour y réussir.

Je hasarderai quelque chose sur cinquante ans de travail pour la scène, et en dirai mes pensées tout simplement, sans esprit de contestation qui m'engage à les soutenir, et sans prétendre que personne renonce en ma faveur à celles qu'il en aura conçues.

Ainsi ce que j'ai avancé dès l'entrée de ce Discours, que *la poésie dramatique a pour but le seul plaisir des spectateurs,* n'est pas pour l'emporter opiniâtrément sur ceux qui pensent ennoblir l'art, en lui donnant pour objet de profiter aussi-bien que de plaire. Cette dispute même seroit très-inutile, puisqu'il est impossible de plaire selon les règles, qu'il ne s'y rencontre beaucoup d'utilité. Il est vrai qu'Aristote, dans tout son Traité de la Poétique, n'a jamais employé ce mot une seule fois; qu'il attribue l'origine de la poésie au plaisir que nous prenons à voir imiter les actions des hommes; qu'il préfère la partie du poème qui regarde le sujet, à celle qui regarde les mœurs, parce que cette première contient ce qui a agréé le plus, comme les agni-tions (1) et les péripéties (2), qu'il fait entrer, dans la définition de la tragédie, l'agrément du discours dont elle est composée, et qu'il l'estime enfin plus que le poème épique, en ce qu'elle a de plus la déco-ration extérieure et la musique, qui délectent puis-samment, et qu'étant plus courte et moins diffuse, le plaisir qu'on y prend est plus parfait : mais il n'est pas moins vrai qu'Horace nous apprend que nous ne saurions plaire à tout le monde, si nous n'y mêlons l'utile, et que les gens graves et sérieux, les vieillards, et les amateurs de la vertu s'y ennuieront, s'ils n'y trouvent rien à profiter.

Centuriæ seniorum agitant expertia frugis (3).

Ainsi, quoique l'utile n'y entre que sous la forme du délectable, il ne laisse pas d'y être nécessaire; et il vaut mieux examiner de quelle façon il y peut trou-ver sa place, que d'agiter, comme je l'ai déjà dit, une question inutile touchant l'utilité de cette sorte de poèmes. J'estime donc qu'il s'y en peut rencontrer de quatre sortes.

La première consiste aux sentences et instructions morales qu'on y peut semer presque partout : mais il en faut user sobrement, les mettre rarement en dis-cours généraux, ou ne les pousser guère loin, surtout

---

(1) Ce qu'on appelle aujourd'hui les reconnoissances.
(2) Changements subits et inopinés de fortune.
(3) Ars poet. v. 341.

quand on fait parler un homme passionné, ou qu'on lui fait répondre par un autre; car il ne doit avoir non plus de patience pour les entendre, que de quiétude d'esprit pour les concevoir et les dire. Dans les délibérations d'Etat, où un homme d'importance, consulté par un roi, s'explique de sens rassis, ces sortes de discours trouvent lieu de plus d'étendue; mais enfin il est toujours bon de les réduire souvent de la thèse à l'hypothèse; et j'aime mieux faire dire à un acteur (1), *l'Amour vous donne beaucoup d'inquiétude*, que *l'Amour donne beaucoup d'inquiétude aux esprits qu'il possède*.

Ce n'est pas que je voulusse entièrement bannir cette dernière façon de s'énoncer sur les maximes de la morale et de la politique. Tous mes poëmes demeureroient bien estropiés, si on en retranchoit ce que j'y en ai mêlé : mais, encore un coup, il ne les faut pas pousser loin sans les appliquer au particulier, autrement c'est un lieu commun, qui ne manque jamais d'ennuyer l'auditeur, parce qu'il fait languir l'action; et, quelque heureusement que réussisse cet étalage de moralités, il faut toujours craindre que ce ne soit un de ces ornements ambitieux qu'Horace nous ordonne de retrancher.

J'avouerai toutefois que les discours généraux ont souvent grâce, quand celui qui les prononce et celui qui les écoute ont tous deux l'esprit assez tranquille pour se donner raisonnablement cette patience.....

_____

(1) Le mot *acteur* étoit alors employé pour *personnage*, et il revient souvent dans la suite sous cette désignation.

Quelquefois même ces discours sont nécessaires, pour appuyer des sentiments dont le raisonnement ne se peut fonder sur aucune des actions particulières de ceux dont on parle. Rodogune, au premier acte, ne sauroit justifier la défiance qu'elle a de Cléopâtre, que par le peu de sincérité qu'il y a d'ordinaire dans la réconciliation des grands après une offense signalée, parce que, depuis le traité de paix, cette reine n'a rien fait qui la doive rendre suspecte de cette haine qu'elle lui conserve dans le cœur... La seule règle qu'on peut établir dans ces discours généraux, c'est qu'il les faut placer judicieusement, et surtout les mettre en la bouche de gens qui aient l'esprit sans embarras, et qui ne soient point emportés par la chaleur de l'action.

La seconde utilité du poème dramatique se rencontre en la naïve peinture des vices et des vertus, qui ne manque jamais à faire son effet quand elle est bien achevée, et que les traits en sont si reconnoissables, qu'on ne les peut confondre l'un dans l'autre, ni prendre le vice pour vertu : celle-ci se fait alors toujours aimer, quoique malheureuse, et celui-là se fait toujours haïr, bien que triomphant. Les anciens se sont fort souvent contentés de cette peinture, sans se mettre en peine de faire récompenser les bonnes actions, et punir les mauvaises. Clytemnestre et son adultère tuent Agamemnon impunément. Médée en fait autant de ses enfants, et Atrée de ceux de son frère Thyeste, qu'il lui fait manger. Il est vrai qu'à bien considérer ces actions qu'ils choisissoient pour la catastrophe de leurs tragédies, c'étoient des criminels qu'ils faisoient punir, mais par des crimes plus grands que les leurs. Thyeste avoit abusé de la femme de son frère; mais la vengeance qu'il en prend a quelque chose de plus affreux que ce premier crime. Jason étoit un perfide d'abandonner Médée à qui il devoit tout; mais massacrer ses enfants à ses yeux, est quelque chose de plus. Clytemnestre se plaignoit des concubines qu'Agamemnon ramenoit de Troie; mais il n'avoit point attenté sur sa vie comme elle fait sur la sienne : et ces maîtres de l'art ont trouvé le crime de son fils Oreste, qui la tue pour venger son père, encore plus grand que le sien, puisqu'ils lui ont donné des Furies vengeresses pour le tourmenter, et n'en ont point donné à sa mère, qu'ils font jouir paisiblement avec son Ægiste du royaume d'un mari qu'elle avoit assassiné.

Notre théâtre souffre difficilement de pareils sujets. Le Thyeste de Sénèque n'y a pas été fort heureux : sa Médée y a trouvé plus de faveur; mais aussi, à le bien prendre, la perfidie de Jason et la violence du roi de Corinthe la font paroître si injustement opprimée, que l'auditeur entre aisément dans ses intérêts, et regarde sa vengeance comme une justice qu'elle se fait elle-même de ceux qui l'oppriment.

C'est cet intérêt qu'on aime à prendre pour les vertueux qui a obligé d'en venir à cette autre manière de finir le poème dramatique par la punition des mauvaises actions et par la récompense des bonnes, qui

n'est pas un précepte de l'art, mais un usage que
nous avons embrassé, dont chacun peut se départir
à ses périls. Il étoit dès le temps d'Aristote ; et peut-
être qu'il ne plaisoit pas trop à ce philosophe, puisqu'il dit, *qu'il n'a eu vogue que par l'imbécillité du*
jugement des spectateurs, et que ceux qui le pratiquent
s'occommodent au goût du peuple, et écrivent selon les
souhaits de leur auditoire. En effet, il est certain que
nous ne saurions voir un honnête homme sur notre
théâtre, sans lui souhaiter de la prospérité, et nous
fâcher de ses infortunes. Cela fait que quand il en
demeure accablé, nous sortons avec chagrin, et remportons une espèce d'indignation contre l'auteur et
les acteurs : mais quand l'événement remplit nos souhaits, et que la vertu y est couronnée, nous sortons
avec pleine joie, et remportons une entière satisfaction, et de l'ouvrage, et de ceux qui l'ont représenté.
Le succès heureux de la vertu, en dépit des traverses
et des périls, nous excite à l'embrasser ; et le succès
funeste du crime ou de l'injustice est capable de nous
en augmenter l'horreur naturelle, par l'appréhension
d'un pareil malheur.

C'est en cela que consiste la troisième utilité du
théâtre, comme la quatrième en la purgation des passions par le moyen de la pitié et de la crainte. Mais
comme cette utilité est particulière à la tragédie, je
m'expliquerai sur cet article au second Discours, où
je traiterai de la tragédie en particulier, et je passe à
l'examen des parties qu'Aristote attribue au poème
dramatique. Je dis au poème dramatique en général,

bien qu'en traitant cette matière il ne parle que de la tragédie, parce que tout ce qu'il en dit convient aussi à la comédie, et que la différence de ces deux espèces de poèmes ne consiste qu'en la dignité des personnages, et des actions qu'ils imitent, et non pas en la façon de les imiter, ni aux choses qui servent à cette imitation.

Le poème est composé de deux sortes de parties. Les unes sont appelées parties de quantité ou d'extension ; et Aristote en nomme quatre, le prologue, l'épisode, l'exode, et le chœur. Les autres se peuvent nommer des parties intégrantes, qui se rencontrent dans chacune de ces premières pour former tout le corps avec elles. Ce philosophe y en trouve six, le sujet, les mœurs, les sentiments, la diction, la musique, et la décoration du théâtre. De ces six il n'y a que le sujet dont la bonne constitution dépende proprement de l'art poétique ; les autres ont besoin d'autres arts subsidiaires : les mœurs, de la morale ; les sentiments, de la rhétorique ; la diction, de la grammaire ; et les deux autres parties ont chacune leur art, dont il n'est pas besoin que le poète soit instruit, parce qu'il y peut faire suppléer par d'autres que lui, ce qui fait qu'Aristote ne les traite pas. Mais comme il faut qu'il exécute lui-même ce qui concerne les quatre premières, la connoissance des arts dont elles dépendent lui est absolument nécessaire, à moins qu'il ait reçu de la nature un sens commun assez fort et assez profond pour suppléer à ce défaut.

Les conditions du sujet sont diverses pour la tra-

gédie et pour la comédie. Je ne toucherai à présent
qu'à ce qui regarde cette dernière, qu'Aristote défi-
nit simplement, *une imitation de personnes basses et
fourbes.* Je ne puis m'empêcher de dire que cette définition ne me satisfait point ; et puisque beaucoup
de savants tiennent que son traité de la poétique
n'est pas venu tout entier jusqu'à nous, je veux
croire que dans ce que le temps nous en a dérobé,
il s'en rencontroit une plus achevée.

La poésie dramatique, selon lui, est une imitation
des actions, et il s'arrête à la condition des personnes,
sans dire quelles doivent être ces actions. Quoi qu'il
en soit, cette définition avoit du rapport à l'usage de
son temps, où l'on ne faisoit parler dans la comédie
que des personnes d'une condition très-médiocre ;
mais elle n'a pas une entière justesse pour le nôtre,
où les rois même y peuvent entrer, quand leurs actions ne sont point au-dessus d'elle. Lorsqu'on met sur
la scène une simple intrigue d'amour entre des rois,
et qu'ils ne courent aucun péril, ni de leur vie, ni de
leur Etat, je ne crois pas que, bien que les personnes
soient illustres, l'action le soit assez pour s'élever jusqu'à la tragédie. Sa dignité demande quelque grand
intérêt d'Etat, ou quelque passion plus noble et plus
mâle que l'amour, telles que sont l'ambition ou la
vengeance, et veut donner à craindre des malheurs
plus grands que la perte d'une maîtresse. Il est à propos d'y mêler l'amour ; parce qu'il a toujours beaucoup d'agrément, et peut servir de fondement à ces
intérêts et à ces autres passions dont je parle ; mais il

faut qu'il se contente du second rang dans le poème, et leur laisse le premier.

Cette maxime semblera nouvelle d'abord ; elle est toutefois de la pratique des anciens, chez qui nous ne voyons aucune tragédie, où il n'y ait qu'un intérêt d'amour à démêler : au contraire ils l'en bannissoient souvent ; et ceux qui voudront considérer les miennes, reconnoîtront qu'à leur exemple je ne lui ai jamais laissé prendre le pas devant, et que dans le Cid même qui est sans contredit la pièce la plus remplie d'amour que j'aye faite, le devoir de la naissance et le soin de l'honneur l'emportent sur toutes les tendresses qu'ils inspirent aux amants que j'y fais parler.

Je dirai plus. Bien qu'il y ait de grands intérêts d'Etat dans un poème, et que le soin qu'une personne royale doit avoir de sa gloire fasse taire sa passion, comme en D. Sanche, s'il ne s'y rencontre point de péril de vie, de perte d'Etats, ou de bannissement, je ne pense pas qu'il ait droit de prendre un nom plus relevé que celui de comédie : mais pour répondre aucunement à la dignité des personnes dont celui-là représente les actions, je me suis hasardé d'y ajouter l'épithète d'héroïque pour la distinguer d'avec les comédies ordinaires. Cela est sans exemple parmi les anciens; mais aussi il est sans exemple parmi eux de mettre des rois sur le théâtre sans quelqu'un de ces grands périls. Nous ne devons pas nous attacher si servilement à leur imitation, que nous n'osions essayer quelque chose de nous-mêmes, quand cela ne

renverse point les règles de l'art, ne fût-ce que pour
mériter cette louange que donnoit Horace aux poètes
de son temps :

> Nec minimum meruere decus, vestigia Græca
> Ausi descrere (1),

et n'avoir point de part en ce honteux éloge,

> O imitatores., servum pecus (2).

« Ce qui nous sert maintenant d'exemple, dit Tacite,
« a été autrefois sans exemple, et ce que nous faisons
« sans exemple en pourra servir un jour. »

La comédie diffère donc en cela de la tragédie,
que celle-ci veut pour son sujet une action illustre,
extraordinaire, sérieuse; celle-là s'arrête à une action
commune et enjouée : celle-ci demande de grands
périls pour ses héros; celle-là se contente de l'inquiétude et des déplaisirs de ceux à qui elle donne le
premier rang parmi ses acteurs. Toutes les deux ont
cela de commun, que cette action doit être complète
et achevée, c'est-à-dire, que dans l'événement qui la
termine, le spectateur doit être si bien instruit des
sentiments de tous ceux qui y ont eu quelque part,
qu'il sorte l'esprit en repos, et ne soit plus en doute
de rien. Cinna conspire contre Auguste, sa conspiration est découverte, Auguste le fait arrêter. Si le
poème en demeuroit là, l'action ne seroit pas complète, parce que l'auditeur sortiroit dans l'incertitude
de ce que cet empereur auroit ordonné de cet ingrat

(1) *Ars poet.* v. 286-287.
(2) *Epist.* XIX, lib. 1, v. 19.

favori. Ptolomée craint que César, qui vient en Egypte, ne favorise sa sœur dont il est amoureux, et ne le force à lui rendre sa part du royaume, que son père lui a laissée par testament. Pour attirer la faveur de son côté par un grand service, il lui immole Pompée; ce n'est pas assez, il faut voir comment César recevra ce grand sacrifice : il arrive, il s'en fâche, il menace Ptolomée, il le veut obliger d'immoler les conseillers de cet attentat à cet illustre mort. Ce roi surpris de cette réception si peu attendue, se résout à prévenir César, et conspire contre lui, pour éviter par sa perte le malheur dont il se voit menacé; ce n'est pas encore assez, il faut savoir ce qui réussira de cette conspiration. César en a l'avis, et Ptolomée périssant dans un combat avec ses ministres, laisse Cléopâtre en paisible possession du royaume dont elle demandoit la moitié, et César hors de péril. L'auditeur n'a plus rien à demander, et sort satisfait, parce que l'action est complète.

Je connois des gens d'esprit, et des plus savants en l'art poétique, qui m'imputent d'avoir négligé d'achever le Cid et quelques autres de mes poèmes, parce que je n'y conclus pas précisément le mariage des premiers acteurs, et que je ne les envoie point marier au sortir du théâtre; à quoi il est aisé de répondre, que le mariage n'est point un achèvement nécessaire pour la tragédie heureuse, ni même pour la comédie. Quant à la première, c'est le péril d'un héros qui la constitue; et lorsqu'il en est sorti, l'action est terminée. Bien qu'il ait de l'amour, il n'est point besoin qu'il parle d'épouser sa maîtresse, quand la bien-séance ne le permet pas ; et il suffit d'en donner l'i-dée après en avoir levé tous les empêchements, sans lui en faire déterminer le jour. Ce seroit une chose insupportable que Chimène en convînt avec Rodrigue dès le lendemain qu'il a tué son père ; et Rodrigue seroit ridicule s'il faisoit la moindre démonstration de le désirer. Je dis la même chose d'Antiochus. Il ne pourroit dire de douceurs à Rodogune qui ne fussent de mauvaise grâce, dans l'instant que sa mère se vient d'empoisonner à leurs yeux, et meurt dans la rage de n'avoir pu les faire périr avec elle. Pour la comédie, Aristote ne lui impose point d'autre devoir pour con-clusion, *que de rendre amis ceux qui étoient ennemis :* ce qu'il faut entendre un peu plus généralement que les termes ne semblent porter, et l'étendre à la ré-conciliation de toute sorte de mauvaise intelligence ; comme quand un fils rentre aux bonnes grâces d'un père, qu'on a vu en colère contre lui pour ses débau-ches, ce qui est une fin assez ordinaire aux anciennes comédies ; ou que deux amants séparés par quelque fourbe qu'on leur a faite, ou par quelque pouvoir do-minant, se réunissent par l'éclaircissement de cette fourbe, ou par le consentement de ceux qui y met-toient obstacle ; ce qui arrive presque toujours dans les nôtres, qui n'ont que très-rarement une autre fin que des mariages. Nous devons toutefois prendre garde que ce consentement ne vienne pas par un simple changement de volonté, mais par un événe-ment qui en fournisse l'occasion. Autrement, il n'y auroit pas grand artifice au dénouement d'une pièce, si après l'avoir soutenue durant quatre actes sur l'autorité d'un père qui n'approuve point les inclinations amoureuses de son fils ou de sa fille, il y consentoit tout d'un coup au cinquième, par cette seule raison que c'est le cinquième, et que l'auteur n'oseroit en faire six. Il faut un effet considérable qui l'y oblige, comme si l'amant de sa fille lui sauvoit la vie en quelque rencontre, où il fût près d'être assassiné par ses ennemis, ou par quelque accident inespéré il fût reconnu pour être de plus grande condition, et mieux dans la fortune, qu'il ne paroissoit.

Comme il est nécessaire que l'action soit complète, il faut aussi n'ajouter rien au-delà; parce que quand l'effet est arrivé, l'auditeur ne souhaite plus rien, et s'ennuie de tout le reste. Ainsi les sentiments de joie qu'ont deux amants qui se voient réunis après de longues traverses, doivent être bien courts : et je ne sais pas quelle grâce a eu chez les Athéniens la contestation de Ménélas et de Teucer pour la sépulture d'Ajax, que Sophocle fait mourir au quatrième acte; mais je sais bien que de notre temps la dispute du même Ajax et d'Ulisse pour les armes d'Achille après sa mort, lassa fort les oreilles, bien qu'elle partît d'une bonne main...

La comédie et la tragédie se ressemblent encore en ce que l'action qu'elles choisissent pour imiter *doit avoir une juste grandeur*, c'est-à-dire, *qu'elle ne doit être ni si petite qu'elle échappe à la vue comme un atome, ni si vaste, qu'elle confonde la mémoire de l'audi-*

teur, et égare son imagination. C'est ainsi qu'Aristote explique cette condition du poème; et il ajoute que *pour être d'une juste grandeur, elle doit avoir un commencement, un milieu et une fin.* Ces termes sont si généraux, qu'ils semblent ne signifier rien; mais, à les bien entendre, ils excluent les actions momentanées qui n'ont point ces trois parties. Telle est peut-être la mort de la sœur d'Horace, qui se fait tout d'un coup sans aucune préparation dans les trois actes qui la précèdent; et je m'assure que si Cinna attendoit au cinquième à conspirer contre Auguste, et qu'il consumât les quatre autres en protestations d'amour à Emilie, ou en jalousies contre Maxime, cette conspiration surprenante feroit bien des révoltes dans les esprits, à qui ces quatre premiers auroient fait attendre toute autre chose.

Il faut donc qu'une action, pour être d'une juste grandeur, ait un commencement, un milieu, et une fin. Cinna conspire contre Auguste, et rend compte de sa conspiration à Emilie, voilà le commencement : Maxime en fait avertir Auguste, voilà le milieu : Auguste lui pardonne, voilà la fin. Ainsi dans les comédies j'ai presque toujours établi deux amants en bonne intelligence; je les ai brouillés ensemble par quelque fourbe, et les ai réunis par l'éclaircissement de cette même fourbe qui les séparoit.

A ce que je viens de dire de la juste grandeur de l'action, j'ajoute un mot touchant celle de sa représentation, que nous bornons d'ordinaire à un peu moins de deux heures. Quelques-uns réduisent le

nombre des vers qu'on y récite à quinze cents, et
veulent que les pièces de théâtre ne puissent aller jusqu'à dix-huit, sans laisser un chagrin capable de faire
oublier les plus belles choses. J'ai été plus heureux
que leur règle ne me le permet, en ayant donné un
peu plus de dix-huit cents aux tragédies, sans avoir
sujet de me plaindre que mon auditoire ait montré
trop de chagrin pour cette longueur.

C'est assez parlé du sujet de la comédie, et des conditions qui lui sont nécessaires. La vraisemblance en
est une dont je parlerai en un autre lieu : il y a de
plus, que les événements en doivent toujours être
heureux ; ce qui n'est pas une obligation de la tragédie, où nous avons le choix de faire un changement
de bonheur en malheur, ou de malheur en bonheur.
Cela n'a pas besoin de commentaire. Je viens à la seconde partie du poème, qui sont les mœurs.

Aristote leur prescrit quatre conditions, *qu'elles
soient bonnes, convenables, semblables et égales.* Ce
sont des termes qu'il a si peu expliqués, qu'il nous
laisse grand lieu de douter de ce qu'il veut dire.

Je ne puis comprendre comment on a voulu entendre par ce mot de bonnes, qu'il faut qu'elles soient
vertueuses. La plupart des poèmes, tant anciens que
modernes, demeureroient dans un pitoyable état, si
l'on en retranchoit tout ce qui s'y rencontre de personnages méchants, ou vicieux, ou tachés de quelque foiblesse qui s'accorde mal avec la vertu. Horace
a pris soin de décrire en général les mœurs de chaque
âge, et leur attribue plus de défauts que de perfections ;

et quand il nous prescrit de peindre Médée fière et indomptable, Ixion perfide, Achille emporté de colère jusqu'à maintenir que les lois ne sont pas faites pour lui, et ne voulant prendre droit que par les armes, il ne nous donne pas de grandes vertus à exprimer. Il faut donc trouver une bonté compatible avec ces sortes de mœurs ; et s'il m'est permis de dire mes conjectures sur ce qu'Aristote nous demande par-là, je crois que c'est le caractère brillant et élevé d'une habitude vertueuse, ou criminelle, selon qu'elle est propre et convenable à la personne qu'on introduit. Cléopâtre dans Rodogune est très-méchante ; il n'y a point de parricide qui lui fasse horreur, pourvu qu'il la puisse conserver sur un trône qu'elle préfère à toutes choses, tant son attachement à la domination est violent : mais tous ses crimes sont accompagnés d'une grandeur d'ame qui a quelque chose de si haut, qu'en même temps qu'on déteste ses actions, on admire la source dont elles partent. J'ose dire la même chose du Menteur. Il est hors de doute que c'est une habitude vicieuse que de mentir ; mais Dorante débite ses menteries avec une telle présence d'esprit et tant de vivacité, que cette imperfection a bonne grâce en sa personne, et fait confesser aux spectateurs que le talent de mentir ainsi est un vice dont les sots ne sont point capables. Pour troisième exemple, ceux qui voudront examiner la manière dont Horace décrit la colère d'Achille, ne s'éloigneront pas de ma pensée. Elle a pour fondement un passage d'Aristote, qui suit d'assez près celui que je tâche d'expliquer. « La

« poésie, dit-il, est une imitation de gens meilleurs
« qu'ils n'ont été; et comme les peintres font souvent
« des portraits flattés, qui sont plus beaux que l'ori-
« ginal, et conservent toutefois la ressemblance; ainsi
« les poètes représentant des hommes colères ou fai-
« néants, doivent tirer une haute idée de ces qualités
« qu'ils leur attribuent, en sorte qu'il s'y trouve un
« bel exemple d'équité ou de dureté, et c'est ainsi
« qu'Homère a fait Achille bon. » Ce dernier mot est
à remarquer, pour faire voir qu'Homère a donné aux
emportements de la colère d'Achille, cette bonté nécessaire aux mœurs, que je fais consister en cette élévation de leur caractère, et dont Robortel (1) parle
ainsi : *Unum quodque genus per se supremos quosdam
habet decoris gradus, et absolutissimam recipit formam,
non tamen degenerans à sua natura et effigie pristina.*

Le texte d'Aristote que je viens de citer peut faire
de la peine, en ce qu'il porte *que les mœurs des hommes
colères ou fainéants doivent être peintes dans un tel degré d'excellence, qu'il s'y rencontre un haut exemple
d'équité ou de dureté.* Il y a du rapport de la dureté à
la colère, et c'est ce qu'attribue Horace à celle d'A-
chille en ces vers,

Iracundus, inexorabilis, acer (2).

Mais il n'y en a point de l'équité à la fainéantise, et
je ne puis voir quelle part elle peut avoir en son ca-

_____

(1) Robortello (François) d'Udine, auteur de Commentaires sur les
poètes grecs (en latin).

(2) *Ars poet.* v. 121.

ractère. C'est ce qui me fait douter si le mot grec a été rendu dans le sens d'Aristote par les interprètes latins que j'ai suivis. Pacius (1) le tourne *desides*; Victorius (2), *inertes*; Heinsius (3), *segnes*, et le mot de *fainéants*, dont je me suis servi pour le mettre en notre langue, répond assez à ces trois versions; mais Castelvetro (4) le rend en la sienne par celui de *mansueti, débonnaires, ou pleins de mansuétudes*; et non-seulement ce mot a une opposition plus juste à celui de *colères*, mais aussi il s'accorderoit mieux avec le mot d'*équité* ou de *probité*, qui répondroit davantage au *mansueti* de l'italien, pourvu qu'on n'entendît par-là qu'une bonté naturelle, qui ne se fâche que mal-aisément; mais j'aimerois mieux encore celui de *piacevolezza*, dont il se sert pour l'exprimer en sa langue; et je crois que pour lui laisser sa force en la nôtre, on le pourroit tourner par celui de *condescendance*, ou *facilité équitable d'approuver, excuser et supporter tout ce qui arrive.* Ce n'est pas que je me veuille faire juge entre de si grands hommes; mais je ne puis dissimuler que la version italienne de ce passage me semble avoir quelque chose de plus juste que ces trois latines. Dans cette diversité d'interprétations, chacun est en

(1) Pacio (Jules) de Vicence, auteur de versions latines de quelques Traités d'Aristote.

(2) Pierre Vettori, de Florence, autre commentateur d'Aristote.

(3) Daniel Heinsius, de Gand, éditeur grec et latin de la Poétique d'Aristote.

(4) Louis Castelvetro, de Modène, traducteur italien de cette même Poétique.

liberté de choisir; puisque même on a droit de les rejeter toutes, quand il s'en présente une nouvelle qui
plaît mieux, et que les opinions des plus savants ne
sont pas des lois pour nous.

Il me vient encore une autre conjecture touchant
ce qu'entend Aristote par cette bonté de mœurs qu'il
leur impose pour première condition. C'est qu'elles
doivent être vertueuses tant qu'il se peut; en sorte
que nous n'exposions point de vicieux ou de criminels
sur le théâtre, si le sujet que nous traitons n'en a besoin. Il donne lieu lui-même à cette pensée, lorsque
voulant marquer un exemple d'une faute contre cette
règle, il se sert de celui de Ménélas dans l'Oreste
d'Euripide, dont le défaut ne consiste pas en ce qu'il
est injuste, mais en ce qu'il l'est sans nécessité.

Je trouve dans Castelvetro une troisième explication qui pourroit ne déplaire pas; qui est que cette
bonté de mœurs ne regarde que le premier personnage qui doit toujours se faire aimer, et par conséquent être vertueux, et non pas ceux qui le persécu-
tent ou le font périr; mais comme c'est restreindre à
un seul ce qu'Aristote dit en général, j'aimerois
mieux m'arrêter, pour l'intelligence de cette première
condition, à cette élévation ou perfection de caractère
dont j'ai parlé, qui peut convenir à tous ceux qui paroissent sur la scène; et je ne pourrois suivre cette
dernière interprétation, sans condamner le Menteur,
dont l'habitude est vicieuse, bien qu'il tienne le premier rang dans la comédie qui porte ce titre.

En second lieu, les mœurs doivent être convenables. Cette condition est plus aisée à entendre que la première. Le poëte doit considérer l'âge, la dignité, la naissance, l'emploi et le pays de ceux qu'il introduit : il faut qu'il sache ce qu'on doit à sa patrie, à ses parents, à ses amis, à son roi; quel est l'office d'un magistrat ou d'un général d'armée, afin qu'il puisse y conformer ceux qu'il veut faire aimer aux spectateurs, et en éloigner ceux qu'il leur veut faire haïr : car c'est une maxime infaillible, que pour bien réussir, il faut intéresser l'auditoire pour les premiers acteurs. Il est bon de remarquer encore que ce qu'Horace dit des mœurs de chaque âge, n'est pas une règle dont on ne puisse se dispenser sans scrupule. Il fait les jeunes gens prodigues, et les vieillards avares; le contraire arrive tous les jours sans merveille, mais il ne faut pas que l'un agisse à la manière de l'autre, bien qu'il ait quelquefois des habitudes et des passions qui conviendroient mieux à l'autre. C'est le propre d'un jeune homme d'être amoureux, et non pas d'un vieillard, cela n'empêche pas qu'un vieillard ne le devienne; les exemples en sont assez souvent devant nos yeux : mais il passeroit pour fou, s'il vouloit faire l'amour en jeune homme, et s'il prétendoit se faire aimer par les bonnes qualités de sa personne. Il peut espérer qu'on l'écoutera, mais cette espérance doit être fondée sur son bien, ou sur sa qualité, et non pas sur ses mérites; et ses prétentions ne peuvent être raisonnables, s'il ne croit avoir affaire à une ame assez intéressée pour déférer tout à l'éclat des richesses ou à l'ambition du rang.

La qualité de semblables, qu'Aristote demande aux mœurs, regarde particulièrement les personnes que l'histoire ou la fable nous fait connoître, et qu'il faut toujours peindre telles que nous les y trouvons. C'est ce que veut dire Horace par ce vers,

Sit Medea ferox invictaque (1).

Qui peindroit Ulysse en grand guerrier, ou Achille en grand discoureur, ou Médée en femme fort soumise, s'exposeroit à la risée publique. Ainsi ces deux qualités dont quelques interprètes ont beaucoup de peine à trouver la différence qu'Aristote veut qui soit entre elles sans la désigner, s'accorderont aisément, pourvu qu'on les sépare, et qu'on donne celle de *convenables* aux personnes imaginées, qui n'ont jamais eu d'être que dans l'esprit du poète, en réservant l'autre pour celles qui sont connues par l'histoire ou par la fable, comme je viens de le dire.

Il reste à parler de l'*égalité*, qui nous oblige à conserver jusqu'à la fin à nos personnages les mœurs que nous leur avons données au commencement.

Servetur ad imum
Qualis ab incepto processerit, et sibi constet (2).

L'inégalité y peut toutefois entrer sans défaut, non-seulement quand nous introduisons des personnes d'un esprit léger et inégal, mais encore lorsqu'en conservant l'égalité au-dedans, nous donnons l'iné-

_____

(1) *Ars poét.* v. 123. — (2) Ibid. v. 126-127.

galité au-dehors, selon l'occasion. Telle est celle de
Chimène du côté de l'amour : elle aime toujours
fortement Rodrigue dans son cœur; mais cet amour
agit autrement en la présence du roi, autrement en
celle de l'infante, et autrement en celle de Rodrigue;
et c'est ce qu'Aristote appelle des mœurs inégalement
égales.

Il se présente une difficulté à éclaircir sur cette
matière, touchant ce qu'entend Aristote lorsqu'il dit,
que la tragédie se peut faire sans mœurs, et que la
plupart de celles des modernes de son temps n'en ont
point. Le sens de ce passage est assez mal aisé à
concevoir, vu que, selon lui-même, c'est par les
mœurs qu'un homme est méchant ou homme de
bien, spirituel ou stupide, timide ou hardi, constant ou irrésolu, bon ou mauvais politique, et qu'il
est impossible qu'on en mette aucun sur le théâtre
qui ne soit bon ou méchant, et qu'il n'ait quelqu'une de ces autres qualités. Pour accorder ces deux
sentiments qui semblent opposés l'un à l'autre, j'ai
remarqué que ce philosophe dit ensuite que *si un*
poète a fait de belles narrations morales et des discours
bien sententieux, il n'a fait encore rien par-là qui con-
cerne la tragédie. Cela m'a fait considérer que les
mœurs ne sont pas seulement le principe des actions,
mais aussi du raisonnement. Un homme de bien agit
et raisonne en homme de bien, un méchant agit et
raisonne en méchant, et l'un et l'autre étale diverses
maximes de morale suivant cette diverse habitude.
C'est donc de ces maximes que cette habitude pro-

duit, que la tragédie peut se passer, et non pas de
l'habitude même, puisqu'elle est le principe des actions, et que les actions sont l'ame de la tragédie,
où l'on ne doit parler qu'en agissant et pour agir.
Ainsi, pour expliquer ce passage d'Aristote par l'autre, nous pouvons dire que quand il parle d'une tragédie sans mœurs, il entend une tragédie où les acteurs énoncent simplement leurs sentiments, ou ne
les appuient que sur des raisonnements tirés du fait,
comme Cléopâtre dans le second acte de Rodogune,
et non pas sur des maximes de morale ou de politique, comme Rodogune dans son premier acte. Car,
je le répète encore, faire un poème de théâtre, où
aucun des acteurs ne soit bon ni méchant, prudent
ni imprudent, cela est absolument impossible.

· Après les mœurs viennent les sentiments, par
où l'acteur fait connoître ce qu'il veut ou ne veut
pas, en quoi il peut se contenter d'un simple témoi-
gnage de ce qu'il se propose de faire, sans le fortifier
de raisonnements moraux, comme je viens de le
dire. Cette partie a besoin de la rhétorique pour
peindre les passions et les troubles de l'esprit, pour
consulter, délibérer, exagérer ou exténuer; mais il
y a cette différence pour ce regard entre le poète
dramatique et l'orateur, que celui-ci peut étaler son
art, et le rendre remarquable avec pleine liberté,
et que l'autre doit le cacher avec soin, parce que
ce n'est jamais lui qui parle, et que ceux qu'il fait
parler ne sont pas des orateurs.

La diction dépend de la grammaire. Aristote lui

attribue les figures, que nous ne laissons pas d'appeler communément figures de rhétorique. Je n'ai rien à dire là-dessus, sinon que le langage doit être net, les figures placées à propos et diversifiées, et la versification aisée et élevée au-dessus de la prose, mais non pas jusqu'à l'enflure du poème épique, puisque ceux que le poète fait parler ne sont pas des poètes.

Le retranchement que nous avons fait des chœurs, a retranché la musique de nos poèmes. Une chanson y a quelquefois bonne grâce; et dans les pièces de machines, cet ornement est redevenu nécessaire pour remplir les oreilles de l'auditeur, pendant que les machines descendent.

La décoration du théâtre a besoin de trois arts pour la rendre belle, de la peinture, de l'architecture, et de la perspective. Aristote prétend que cette partie, non plus que la précédente, ne regarde pas le poète; et comme il ne la traite point, je me dispenserai d'en dire plus qu'il ne m'en a appris.

Pour achever ce discours, je n'ai plus qu'à parler des parties de quantité, qui sont le prologue, l'épisode, l'exode, et le chœur. Le prologue est *ce qui se récite avant le premier chant du chœur;* l'épisode, *ce qui se récite entre les chants du chœur;* et l'exode, *ce qui se récite après le dernier chant du chœur.* Voilà tout ce que nous en dit Aristote, qui nous marque plutôt la situation de ces parties, et l'ordre qu'elles ont entre elles dans la représentation, que la part de l'action qu'elles doivent contenir. Ainsi, pour les appliquer à notre usage, le prologue est notre premier acte, l'épisode fait les trois suivants, et l'exode le dernier.

Je dis que le prologue est ce qui se récite devant le premier chant du chœur, bien que la version ordinaire porte, *devant la première entrée du chœur;* ce qui nous embarrasseroit fort, vu que dans beaucoup de tragédies grecques le chœur parle le premier, et ainsi elles manqueroient de cette partie, ce qu'Aristote n'eût pas manqué de remarquer. Pour m'enhardir à changer ce terme, afin de lever la difficulté, j'ai considéré qu'encore que le mot grec dont se sert ici ce philosophe, signifie communément l'entrée en un chemin ou place publique, qui étoit le lieu ordinaire où nos anciens faisoient parler leurs acteurs; en cet endroit toutefois il ne peut signifier que le premier chant du chœur. Aristote m'apprend lui-même un peu après que c'est la première chose que dit tout le chœur ensemble. Or quand le chœur entier disoit quelque chose, il chantoit; et quand il parloit sans chanter, il n'y avoit qu'un de ceux dont il étoit composé qui parlât au nom de tous. La raison en est que le chœur tenoit alors lieu d'acteur, et ce qu'il disoit servoit à l'action, et devoit par conséquent être entendu; ce qui n'eût pas été possible, si tous ceux qui le composoient, et qui étoient quelquefois jusqu'au nombre de cinquante, eussent parlé ou chanté tous à-la-fois. Il faut donc rejeter d'abord cette *entrée du chœur* à la première fois qu'il demeuroit seul sur le théâtre, et chantoit. Jusque-là il n'y

étoit introduit que parlant avec un acteur par une
seule bouche ; ou s'il y demeuroit seul sans chanter,
il se séparoit en deux demi-chœurs, qui ne parloient
non plus chacun de leur côté que par un seul organe,
afin que l'auditeur pût entendre ce qu'ils disoient, et
s'instruire de ce qu'il falloit qu'il apprît pour l'intelligence de l'action.

Je réduis ce prologue à notre premier acte, suivant l'intention d'Aristote ; et pour suppléer, en quelque façon, à ce qu'il ne nous a pas dit, ou que les
années nous ont dérobé de son livre, je dirai qu'il
doit contenir les semences de tout ce qui doit arriver,
tant pour l'action principale, que pour les épisodi-
ques ; en sorte qu'il n'entre aucun acteur dans les
actes suivants, qui ne soit connu par ce premier, ou
du moins appelé par quelqu'un qui y aura été introduit. Cette maxime est nouvelle et assez sévère, et
je ne l'ai pas toujours gardée ; mais j'estime qu'elle
sert beaucoup à fonder une véritable unité d'action
par la liaison de toutes celles qui concourent dans
le poème. Les anciens s'en sont fort écartés : particulièrement dans les agnitions, pour lesquelles ils se
sont presque toujours servis de gens qui survenoient
par hasard au cinquième acte, et ne seroient arri-
vés qu'au dixième, si la pièce en eût eu dix. Tel
est ce vieillard de Corinthe dans l'Œdipe de Sophocle, et de Sénèque, où il semble tomber des
nues par miracle, en un temps où les acteurs ne
sauroient plus par où en prendre, ni quelle posture
tenir, s'il arrivoit une heure plus tard. Je ne l'ai in-

troduit qu'au cinquième acte, non plus qu'eux ; mais j'ai préparé sa venue dès le premier, en faisant dire à Œdipe qu'il attend dans le jour la nouvelle de la mort de son père.... Il n'en est pas de même des Maures dans le Cid, pour lesquels il n'y a aucune préparation au premier acte. Le plaideur de Poitiers, dans le Menteur, avoit le même défaut ; mais j'ai trouvé le moyen d'y remédier depuis : le dénouement se trouve préparé par Philiste, et non plus par lui.

Je voudrois donc que le premier acte contînt le fondement de toutes les actions et fermât la porte à tout ce qu'on voudroit introduire d'ailleurs dans le reste du poème. Encore que souvent il ne donne pas toutes les lumières nécessaires pour l'entière intelligence du sujet, et que tous les acteurs n'y paroissent pas, il suffit qu'on y parle d'eux, ou que ceux qu'on y fait paroître aient besoin de les aller chercher, pour venir à bout de leurs intentions. Ce que je dis ne se doit entendre que des personnages qui agissent dans la pièce par quelque propre intérêt considérable, ou qui apportent une nouvelle importante qui produit un notable effet. Un domestique qui n'agit que par l'ordre de son maître, un confident qui reçoit le secret de son ami, et le plaint dans son malheur, un père qui ne se montre que pour consentir ou contredire le mariage de ses enfants, une femme qui console et conseille son mari ; en un mot, tous ces gens sans action n'ont pas besoin d'être insinués au premier acte ; et quand je n'y aurois point parlé de Livie dans Cinna, j'aurois pu la faire entrer au quatrième, sans pécher contre cette règle. Mais je souhaiterois qu'on l'observât inviolablement, quand on fait concourir deux actions différentes, bien qu'ensuite elles se mêlent ensemble. La conspiration de Cinna, et la consultation d'Auguste avec lui et Maxime, n'ont aucune liaison entre elles, et ne font que concourir d'abord, bien que le résultat de l'une produise de beaux effets pour l'autre, et soit cause que Maxime en fait découvrir le secret à cet empereur. Il a été besoin d'en donner l'idée dès le premier acte, où Auguste mande Cinna et Maxime : on n'en sait pas la cause ; mais enfin il les mande, et cela suffit pour faire une surprise très-agréable, de le voir délibérer s'il quittera l'Empire, ou non, avec deux hommes qui ont conspiré contre lui. Cette surprise auroit perdu la moitié de ses grâces, s'il ne les eût point mandés dès le premier acte, ou si on n'y eût point connu Maxime pour un des chefs de ce grand dessein. Dans Don Sanche, le choix que la reine de Castille doit faire d'un mari, et le rappel de celle d'Aragon dans ses Etats, sont deux choses tout-à-fait différentes, aussi sont-elles proposées toutes deux au premier acte; et quand on introduit deux sortes d'amour, il ne faut jamais y manquer.

Ce premier acte s'appeloit prologue du temps d'Aristote ; et communément on y faisoit l'ouverture du sujet, pour instruire le spectateur de tout ce qui s'étoit passé avant le commencement de l'action qu'on alloit représenter, et de tout ce qu'il falloit

qu'il sût pour comprendre ce qu'il alloit voir. La manière de donner cette intelligence a changé suivant
les temps. Euripide en a usé assez grossièrement, en
introduisant, tantôt un Dieu dans une machine, par
qui les spectateurs recevoient cet éclaircissement, tantôt un de ses principaux personnages qui les en ins-
truisoit lui-même; comme dans son Iphigénie et dans
son Hélène, où ces deux héroïnes racontent d'abord
toute leur histoire, et l'apprennent à l'auditeur, sans
avoir aucun acteur avec elles à qui adresser leur discours.

Ce n'est pas que je veuille dire que quand un acteur parle seul, il ne puisse instruire l'auditeur de
beaucoup de choses; mais il faut que ce soit par les sentiments d'une passion qui l'agite, et non pas par une
simple narration. Le monologue d'Emilie, qui ouvre
le théâtre dans Cinna, fait assez connoître qu'Auguste
a fait mourir son père, et que pour venger sa mort
elle engage son amant à conspirer contre lui; mais
c'est par le trouble et la crainte que le péril où elle
expose Cinna jette dans son ame, que nous en avons
la connoissance. Surtout le poète se doit souvenir
que quand un acteur est seul sur le théâtre, il est
présumé ne faire que s'entretenir en lui-même, et
ne parle qu'afin que le spectateur sache de quoi il
s'entretient, et à quoi il pense. Ainsi ce seroit une
faute insupportable, si un autre acteur apprenoit
par-là ses secrets. On excuse cela dans une passion
si violente, qu'elle le force d'éclater, bien qu'on n'ait
personne à qui la faire entendre; et je ne le voudrois

pas condamner en un autre, mais j'aurois de la peine
à me le souffrir.

Plaute a cru remédier à ce désordre d'Euripide, en
introduisant un prologue détaché, qui se récitoit par
un personnage qui n'avoit quelquefois autre nom que
celui de Prologue, et n'étoit point du tout du corps
de la pièce. Aussi ne parloit-il qu'aux spectateurs,
pour les instruire de ce qui avoit précédé, et amener
le sujet jusqu'au premier acte, où commençoit l'action.

Térence, qui est venu depuis lui, a gardé ces pro-
logues, et en a changé la matière. Il les a employés à
faire son apologie contre ses envieux; et pour ouvrir
son sujet, il a introduit une nouvelle sorte de personnages, qu'on a appelés Protatiques, parce qu'ils ne
paroissent que dans la protase (1), où se doit faire la
proposition et l'ouverture du sujet. Ils en écoutoient
l'histoire, qui leur étoit racontée par un autre acteur;
et par ce récit qu'on leur en faisoit, l'auditeur demeuroit instruit de ce qu'il devoit savoir touchant les intérêts des premiers acteurs, avant qu'ils parussent sur
le théâtre. Tels sont Sosie dans son Andrienne, et
Davus dans son Phormion, qu'on ne revoit plus après
la narration, et qui ne servent qu'à l'écouter. Cette
méthode est fort artificieuse; mais je voudrois pour sa
perfection que ces mêmes personnages servissent encore à quelqu'autre chose dans la pièce, et qu'ils y
fussent introduits par quelqu'autre occasion que celle

(1) L'exposition.

d'écouter ce récit. Pollux dans Médée est de cette nature. Il passe par Corinthe en allant au mariage de sa
sœur, et s'étonne d'y rencontrer Jason qu'il croyoit en
Thessalie; il apprend de lui sa fortune et son divorce
avec Médée, pour épouser Créuse, qu'il aide ensuite
à sauver des mains d'Egée, qui l'avoit fait enlever, et
raisonne avec le roi sur la défiance qu'il doit avoir des
présents de Médée. Toutes les pièces n'ont pas besoin
de ces éclaircissements; et par conséquent on se peut
passer souvent de ces personnages, dont Térence ne
s'est servi que ces deux fois dans les six comédies
que nous avons de lui.

Notre siècle a inventé une autre espèce de prologue
pour les pièces de machines, qui ne touche point au
sujet, et n'est qu'une louange adroite du prince devant qui ces poèmes devoient être représentés... Cette
sorte de prologue doit avoir beaucoup d'invention; et
je ne pense pas qu'on y puisse raisonnablement introduire que les dieux imaginaires de l'antiquité, qui
ne laissent pas toutefois de parler des choses de notre
temps par une fiction poétique, qui fait un grand accommodement de théâtre.

L'épisode, selon Aristote en cet endroit, sont nos
trois actes du milieu; mais comme il applique ce nom
ailleurs aux actions qui sont hors de la principale, et
qui lui servent d'un ornement dont elle se pourroit
passer, je dirai que, bien que trois actes s'appellent
épisode, ce n'est pas à dire qu'ils ne soient composés
que d'épisodes. La consultation d'Auguste, au second
acte de Cinna, les remords de cet ingrat, ce qu'il en

découvre à Emilie, et l'effort que fait Maxime pour
persuader à cet objet de son amour caché de s'enfuir
avec lui, ne sont que des épisodes; mais l'avis que
fait donner Maxime par Euphorbe à l'empereur, les
irrésolutions de ce prince, et les conseils de Livie,
sont de l'action principale; et dans Héraclius ces trois
actes ont plus d'action principale que d'épisodes. Ces
épisodes sont de deux sortes, et peuvent être composés des actions particulières des principaux acteurs,
dont toutefois l'action principale pourroit se passer,
ou des intérêts des seconds amants qu'on introduit,
et qu'on appelle communément des personnages épi-
sodiques. Les uns et les autres doivent avoir leur fondement dans le premier acte, et être attachés à l'action principale, c'est-à-dire, y servir de quelque
chose, et particulièrement ces personnages épisodi-
ques doivent s'embarrasser si bien avec les premiers,
qu'une seule intrigue brouille les uns et les autres.
Aristote blâme fort ces épisodes détachés, et dit *que
les mauvais poètes en font par ignorance, et les bons en
faveur des comédiens, pour leur donner de l'emploi.*
L'infante du Cid est de ce nombre; et on le pourra
condamner ou lui faire grâce par ce texte d'Aristote,
suivant le rang qu'on voudra me donner parmi nos
modernes.

Je ne dirai rien de l'exode, qui n'est autre chose
que notre cinquième acte. Je pense en avoir expliqué
le principal emploi, quand j'ai dit que l'action du
poème dramatique doit être complète. Je n'y ajouterai que ce mot : qu'il faut, s'il se peut, lui réserver

toute la catastrophe, et même la reculer vers la fin, autant qu'il est possible. Plus on la diffère, plus les esprits demeurent suspendus ; et l'impatience qu'ils ont de savoir de quel côté elle tournera, est cause qu'ils la reçoivent avec plus de plaisir : ce qui n'arrive pas quand elle commence avec cet acte. L'auditeur qui la sait trop tôt, n'a plus de curiosité, et son attention languit durant tout le reste, qui ne lui apprend rien de nouveau. Le contraire s'est vu dans la Mariamne (1), dont la mort, bien qu'arrivée dans l'intervalle qui sépare le quatrième acte du cinquième, n'a pas empêché que les déplaisirs d'Hérode, qui occupent tout ce dernier, n'aient plu extraordinairement, mais je ne conseillerois à personne de s'assurer sur cet exemple. Il ne se fait pas des miracles tous les jours, et quoique son auteur eût bien mérité ce beau succès par le grand effort d'esprit qu'il avoit fait à peindre les désespoirs de ce monarque, peut-être que l'excellence de l'acteur qui en soutenoit le personnage, y contribuoit beaucoup.

Voilà ce qui m'est venu en pensée touchant le but, les utilités et les parties du poème dramatique. Quelques personnes de condition, qui peuvent tout sur moi, ont voulu que je donnasse mes sentiments au public, sur les règles d'un art qu'il y a si long-temps que je pratique assez heureusement. Pour observer quelque ordre, j'ai séparé les principales matières en trois Discours. Dans le premier j'ai traité de l'utilité

(1) De Tristan.

et des parties du poème dramatique; je parle au second des conditions particulières de la tragédie, des qualités des personnes et des événements qui lui peuvent fournir de sujet, et de la manière de le traiter selon le vraisemblable, ou le nécessaire. Je m'explique dans le troisième sur les trois unités, d'action, de jour et de lieu.

Cette entreprise méritoit une longue et très-exacte étude de tous les poèmes qui nous restent de l'antiquité, et de tous ceux qui ont commenté les traités qu'Aristote et Horace ont fait de l'art poétique, ou qui en ont écrit en particulier : mais je n'ai pu me résoudre à en prendre le loisir; et je m'assure que beaucoup de mes lecteurs me pardonneront aisément cette paresse, et ne seront pas fâchés que je donne à des productions nouvelles le temps qu'il m'eût fallu consumer à des remarques sur celles des autres siècles. J'y fais quelques courses, et y prends des exemples quand ma mémoire m'en peut fournir. Je n'en cherche de modernes que chez moi, tant parce que je connois mieux mes ouvrages que ceux des autres, et en suis plus le maître, que parce que je ne veux pas m'exposer au péril de déplaire à ceux que je reprendrois en quelque chose, ou que je ne louerois pas assez en ce qu'ils ont fait d'excellent. J'écris sans ambition, et sans esprit de contestation, je l'ai déjà dit. Je tâche de suivre toujours le sentiment d'Aristote dans les matières qu'il a traitées; et comme peut-être je l'entends à ma mode, je ne suis point jaloux qu'un autre l'entende à la sienne. Le commentaire dont je

m'y sers le plus, est l'expérience du théâtre, et les réflexions sur ce que j'ai vu y plaire ou déplaire. J'ai
pris pour m'expliquer un style simple, et me contente
d'une expression nue de mes opinions, bonnes ou
mauvaises, sans y chercher aucun enrichissement
d'éloquence. Il me suffit de me faire entendre. Je ne
prétends pas qu'on admire ici ma façon d'écrire, et
ne fais point de scrupule de m'y servir souvent des
mêmes termes, ne fût-ce que pour m'épargner le
temps d'en chercher d'autres, dont peut-être la variété ne diroit pas si justement ce que je veux dire.
Outre ces trois Discours généraux, j'ai ajouté l'examen de chacun de mes poèmes en particulier, afin
de faire voir en quoi ils s'écartent ou se conforment
aux règles que j'établis. Je n'en dissimule point les
défauts, et en revanche je me donne la liberté de remarquer ce que j'y trouve de moins imparfait. Balzac
accorde ce privilége à une certaine espèce de gens,
et soutient qu'ils peuvent dire d'eux-mêmes par franchise, ce que d'autres diroient par vanité. Je ne sais
si j'en suis, mais je veux avoir assez bonne opinion
de moi pour n'en désespérer pas.

SECOND DISCOURS.

DE LA TRAGÉDIE,

ET DES MOYENS DE LA TRAITER,

SELON LE VRAISEMBLABLE OU LE NÉCESSAIRE.

~~~~~~~

Outre les trois utilités du poëme dramatique dont j'ai parlé dans le Discours précédent, la tragédie a celle-ci de particulière, que *par la pitié et la crainte elle purge de semblables passions*. Ce sont les termes dont Aristote se sert dans sa définition, et qui nous apprennent deux choses; l'une, qu'elle excite la pitié et la crainte; l'autre, que par leur moyen elle purge de semblables passions. Il explique la première assez au long, mais il ne dit pas un mot de la dernière; et de toutes les conditions qu'il emploie en cette définition, c'est la seule qu'il n'éclaircit point. Il témoigne toutefois dans le dernier chapitre de ses Politiques, un dessein d'en parler fort au long dans ce Traité; et c'est ce qui fait que la plupart de ses interprètes veulent que nous ne l'ayons pas entier, parce que nous n'y voyons rien du tout sur cette matière. Quoi qu'il en puisse être, je crois qu'il est à propos de parler de ce qu'il a dit, avant que de faire effort pour deviner ce qu'il a voulu dire. Les maximes qu'il établit pour l'un, pourront nous conduire à quelques conjectures pour l'autre; et sur la certitude de ce qui nous demeure, nous pourrons fonder une opinion probable de ce qui n'est point venu jusqu'à nous.

« Nous avons pitié, dit-il, de ceux que nous voyons « souffrir un malheur qu'ils ne méritent pas, et nous « craignons qu'il ne nous en arrive un pareil, quand « nous le voyons souffrir à nos semblables. » Ainsi la pitié embrasse l'intérêt de la personne que nous voyons souffrir, la crainte qui la suit regarde le nôtre; et ce passage seul nous donne assez d'ouverture pour trouver la manière dont se fait la purgation des passions dans la tragédie. La pitié d'un malheur où nous voyons tomber nos semblables, nous porte à la crainte d'un pareil pour nous; cette crainte au desir de l'éviter; et ce desir à purger, modérer, rectifier, et même déraciner en nous la passion qui plonge à nos yeux dans ce malheur les personnes que nous plaignons, par cette raison commune, mais naturelle et indubitable, que pour éviter l'effet, il faut retrancher la cause. Cette explication ne plaira pas à ceux qui s'attachent aux commentateurs de ce philosophe. Ils se gênent sur ce passage, et s'accordent si peu l'un avec l'autre, que Paul Beny (1) marque douze ou quinze opinions diverses, qu'il réfute avant que de nous donner la sienne. Elle est conforme à celle-ci pour le raisonnement; mais elle diffère en ce point, qu'elle n'en

(1) De l'île de Candie, auteur de Commentaires latins, sur la Poétique d'Aristote.

applique l'effet qu'aux rois et aux princes; peut-être par cette raison, que la tragédie ne peut nous faire craindre que les maux que nous voyons arriver à nos semblables, et que n'en faisant arriver qu'à des rois et à des princes, cette crainte ne peut faire d'effet que sur des gens de leur condition. Mais sans doute il a entendu trop littéralement ce mot de *nos semblables*, et n'a pas assez considéré qu'il n'y avoit point de rois à Athènes, où se représentoient les poëmes dont Aristote tire ses exemples, et sur lesquels il forme ses règles. Ce philosophe n'avoit garde d'avoir cette pensée qu'il lui attribue, et n'eût pas employé dans la définition de la tragédie une chose dont l'effet pût arriver si rarement, et dont l'utilité se fût restreinte à si peu de personnes. Il est vrai qu'on n'introduit d'ordinaire que des rois pour premiers acteurs dans la tragédie, et que les auditeurs n'ont point de sceptres par où leur ressembler, afin d'avoir lieu de craindre les malheurs qui leur arrivent : mais ces rois sont hommes comme les auditeurs, et tombent dans ces malheurs par l'emportement des passions dont les auditeurs sont capables. Ils prêtent même un raisonnement aisé à faire du plus grand au moindre; et le spectateur peut concevoir avec facilité, que si un roi, pour trop s'abandonner à l'ambition, à l'amour, à la haine, à la vengeance, tombe dans un malheur si grand qu'il lui fait pitié, à plus forte raison lui qui n'est qu'un homme du commun, doit tenir la bride à de telles passions, de peur qu'elles ne l'abîment dans un pareil malheur. Outre que ce n'est pas une nécessité de ne mettre que les infortunes des rois sur le théâtre, celles des autres hommes y trouveroient place, s'il leur en arrivoit d'assez illustres et d'assez extraordinaires pour la mériter, et que l'histoire prît assez de soin d'eux pour nous les apprendre. Scédase n'étoit qu'un simple paysan de Leuctres, et je ne tiendrois pas la sienne indigne d'y paroître, si la pureté de notre scène pouvoit souffrir qu'on y parlât du violement effectif de ses deux filles, après que l'idée de la prostitution n'y a pu être soufferte dans la personne d'une sainte (1) qui en fut garantie.

Pour nous faciliter les moyens de faire naître cette pitié et cette crainte, où Aristote semble nous obliger, il nous aide à choisir les personnes et les événements qui peuvent exciter l'une et l'autre. Sur quoi je suppose, ce qui est très-véritable, que notre auditoire n'est composé ni de méchants, ni de saints, mais de gens d'une probité commune, et qui ne sont pas si sévèrement retranchés dans l'exacte vertu, qu'ils ne soient susceptibles des passions, et capables des périls où elles engagent ceux qui leur défèrent trop. Cela supposé, examinons ceux que ce philosophe exclut de la tragédie, pour en venir avec lui à ceux dans lesquels il fait consister sa perfection.

En premier lieu, il ne veut point *qu'un homme fort vertueux y tombe de la félicité dans le malheur*, et soutient *que cela ne produit ni pitié, ni crainte, parce que c'est un événement tout-à-fait injuste.* Quelques in-

(1) Théodore, vierge et martyre.

terprètes poussent la force du mot grec qu'il fait servir d'épithète à cet événement, jusqu'à le rendre par
celui d'*abominable*. A quoi j'ajoute, qu'un tel succès
excite plus d'indignation et de haine contre celui qui
fait souffrir, que de pitié pour celui qui souffre, et
qu'ainsi ce sentiment qui n'est pas le propre de la tragédie, à moins que d'être bien ménagé, peut étouffer
celui qu'elle doit produire, et laisser l'auditeur mé-
content par la colère qu'il remporte, et qui se mêle à
la compassion qui lui plairoit s'il la remportoit seule.

Il ne veut pas non plus, « qu'un méchant homme
« passe du malheur à la félicité, parce que non-seule-
« ment il ne peut naître d'un tel succès aucune pitié,
« ni crainte; mais il ne peut pas même nous toucher
« par ce sentiment naturel de joie, dont nous remplit
« la prospérité d'un premier acteur à qui notre faveur
« s'attache. » La chute d'un méchant dans le malheur
a de quoi nous plaire par l'aversion que nous prenons
pour lui; mais comme ce n'est qu'une juste punition,
elle ne nous fait point de pitié, et ne nous imprime
aucune crainte, d'autant que nous ne sommes pas si
méchants que lui pour être capables de ses crimes,
et en appréhender une aussi funeste issue.

Il reste donc à trouver un milieu entre ces deux
extrémités, par le choix d'un homme qui ne soit ni
tout-à-fait bon, ni tout-à-fait méchant, et qui par
une faute ou foiblesse humaine, tombe dans un malheur qu'il ne mérite pas. Aristote en donne pour
exemple OEdipe et Thyeste, en quoi véritablement
je ne comprends point sa pensée. Le premier me

semble ne faire aucune faute, bien qu'il tue son père,
parce qu'il ne le connoît pas, et qu'il ne fait que dis-
puter le chemin en homme de cœur contre un inconnu qui l'attaque avec avantage. Néanmoins comme
la signification du mot grec qu'il emploie peut s'étendre à une simple erreur de méconnoissance, telle qu'é-
toit la sienne, admettons-le avec ce philosophe, bien
que je ne puisse voir quelle passion il nous donne à
purger, ni de quoi nous pouvons nous corriger sur
son exemple. Mais pour Thyeste, je n'y puis découvrir cette probité commune, ni cette faute sans crime,
qui le plonge dans son malheur. Si nous le regardons
avant la tragédie qui porte son nom, c'est un inces-
tueux qui abuse de la femme de son frère. Si nous
le considérons dans la tragédie, c'est un homme de
bonne-foi qui s'assure sur la parole de son frère, avec
qui il s'est réconcilié. En ce premier état il est très-
criminel; en ce dernier, très-homme de bien. Si nous
attribuons son malheur à son inceste, c'est un crime
dont l'auditoire n'est point capable; et la pitié qu'il
prendra de lui n'ira point jusqu'à cette crainte qui
purge, parce qu'il ne lui ressemble point. Si nous im-
putons son désastre à sa bonne-foi, quelque crainte
pourra suivre la pitié que nous en aurons; mais elle
ne purgera qu'une facilité de confiance sur la parole
d'un ennemi réconcilié, qui est plutôt une qualité
d'honnête homme, qu'une vicieuse habitude; et cette
purgation ne fera que bannir la sincérité des récon-
ciliations. J'avoue donc avec franchise que je n'entends point l'application de cet exemple.

J'avouerai plus. Si la purgation des passions se fait dans la tragédie, je tiens qu'elle se doit faire de la manière que je l'explique ; mais je doute si elle s'y fait jamais, et dans celles-là mêmes qui ont les conditions que demande Aristote. Elles se rencontrent dans le Cid, et en ont causé le grand succès : Rodrigue et Chimène y ont cette probité sujette aux passions ; et ces passions font leur malheur, puisqu'ils ne sont malheureux qu'autant qu'ils sont passionnés l'un pour l'autre. Ils tombent dans l'infélicité par cette foiblesse humaine dont nous sommes capables comme eux ; leur malheur fait pitié, cela est constant, et il en a coûté assez de larmes aux spectateurs pour ne le point contester. Cette pitié nous doit donner une crainte de tomber dans un pareil malheur, et purger en nous ce trop d'amour qui cause leur infortune, et nous les fait plaindre ; mais je ne sais si elle nous la donne, ni si elle le purge, et j'ai bien peur que le raisonnement d'Aristote sur ce point ne soit qu'une belle idée, qui n'ait jamais son effet dans la vérité. Je m'en rapporte à ceux qui en ont vu les représentations ; ils peuvent en demander compte au secret de leur cœur, et repasser sur ce qui les a touchés au théâtre, pour reconnoître s'ils en sont venus par-là jusqu'à cette crainte réfléchie, et si elle a rectifié en eux la passion qui a causé la disgrace qu'ils ont plainte. Un des interprètes d'Aristote veut qu'il n'ait parlé de cette purgation des passions dans la tragédie, que parce qu'il écrivoit après Platon, qui bannit les poëtes tragiques de sa république, parce qu'ils les remuent trop fortement. Comme il écrivoit pour le contredire, et montrer qu'il n'est pas à propos de les bannir des Etats bien policés, il a voulu trouver cette utilité dans ces agitations de l'ame, pour les rendre recommandables par la raison même sur qui l'autre se fonde pour les bannir. Le fruit qui peut naître des impressions que fait la force de l'exemple, lui manquoit : la punition des méchantes actions, et la récompense des bonnes, n'étoient pas de l'usage de son siècle, comme nous les avons rendues de celui du nôtre ; et n'y pouvant trouver une utilité solide, hors celle des sentences et des discours didactiques, dont la tragédie se peut passer selon son avis, il en a substitué une, qui peut-être n'est qu'imaginaire. Du moins, si pour la produire il faut les conditions qu'il demande, elles se rencontrent si rarement, que Robortel ne les trouve que dans le seul OEdipe, et soutient que ce philosophe ne nous les prescrit pas comme si nécessaires, que leur manquement rende un ouvrage défectueux ; mais seulement comme des idées de la perfection des tragédies. Notre siècle les a vues dans le Cid, mais je ne sais s'il les a vues en beaucoup d'autres ; et si nous voulons rejeter un coup-d'œil sur cette règle, nous avouerons que le succès a justifié beaucoup de pièces où elle n'est pas observée.

L'exclusion des personnes tout-à-fait vertueuses qui tombent dans le malheur, bannit les martyrs de notre théâtre. Polyeucte y a réussi contre cette maxime ; et Héraclius et Nicomède y ont plû, bien qu'ils n'impriment que de la pitié, et ne nous donnent rien à craindre, ni aucune passion à purger, puisque nous les y voyons opprimés et près de périr, sans aucune faute de leur part, dont nous puissions nous corriger sur leur exemple.

Le malheur d'un homme fort méchant n'excite ni pitié ni crainte, parce qu'il n'est pas digne de la première, et que les spectateurs ne sont pas méchants comme lui, pour concevoir l'autre à la vue de sa punition : mais il seroit à propos de mettre quelque distinction entre les crimes. Il en est dont les honnêtes gens sont capables par une violence de passion, dont le mauvais succès peut faire effet dans l'ame de l'auditeur. Un honnête homme ne va pas voler au coin d'un bois, ni faire un assassinat de sang-froid; mais s'il est bien amoureux, il peut faire une supercherie à son rival, il peut s'emporter de colère et tuer dans un premier mouvement, et l'ambition le peut engager dans un crime ou dans une action blâmable. Il est peu de mères qui voulussent assassiner ou empoisonner leurs enfants, de peur de leur rendre leur bien, comme Cléopâtre dans Rodogune : mais il en est assez qui prennent goût à en jouir, et ne s'en dessaisissent qu'à regret et le plus tard qu'il leur est possible. Bien qu'elles ne soient pas capables d'une action si noire et si dénaturée que celle de cette reine de Syrie, elles ont en elles quelque teinture du principe qui l'y porta; et la vue de la juste punition qu'elle en reçoit, leur peut faire craindre, non pas un pareil malheur, mais une infortune proportionnée à ce qu'elles sont capables de commettre. Il en est ainsi de quelques autres crimes qui ne sont pas de la portée de nos auditeurs. Le lecteur en pourra faire l'examen et l'application sur cet exemple.

Cependant, quelque difficulté qu'il y ait à trouver cette purgation effective et sensible des passions, par le moyen de la pitié et de la crainte, il est aisé de nous accommoder avec Aristote. Nous n'avons qu'à dire, que par cette façon de s'énoncer, il n'a pas entendu que ces deux moyens y servissent toujours ensemble, et qu'il suffit, selon lui, de l'un des deux pour faire cette purgation, avec cette différence toutefois, que la pitié n'y peut arriver sans la crainte, et que la crainte peut y parvenir sans la pitié. La mort du comte n'en fait aucune dans le Cid, et peut toutefois mieux purger en nous cette sorte d'orgueil envieux de la gloire d'autrui, que toute la compassion que nous avons de Rodrigue et de Chimène ne purge les attachements de ce violent amour qui les rend à plaindre l'un et l'autre. L'auditeur peut avoir de la commisération pour Antiochus, pour Nicomède, pour Héraclius ; mais s'il en demeure là, et qu'il ne puisse craindre de tomber dans un pareil malheur, il ne guérira d'aucune passion. Au contraire il n'en a point pour Cléopâtre, ni pour Prusias, ni pour Phocas ; mais la crainte d'une infortune semblable ou approchante peut purger en une mère l'opiniâtreté à ne se point dessaisir du bien de ses enfants, en un mari le trop de déférence à une seconde femme au préjudice de ceux de son premier lit, en tout le monde, l'avidité d'usurper le bien ou la dignité d'autrui

par violence; et tout cela proportionnément à la condition d'un chacun, et à ce qu'il est capable d'entreprendre. Les déplaisirs et les irrésolutions d'Auguste dans Cinna peuvent faire ce dernier effet, par
la pitié et la crainte jointes ensemble; mais, comme
je l'ai déjà dit, il n'arrive pas toujours que ceux que
nous plaignons soient malheureux par leur faute.
Quand ils sont innocents, la pitié que nous en prenons ne produit aucune crainte; et si nous en conce-
vons quelqu'une qui purge nos passions, c'est par le
moyen d'une autre personne que de celle qui nous fait
pitié, et nous la devons toute à la force de l'exemple.

Cette explication se trouvera autorisée par Aristote même, si nous voulons bien peser la raison qu'il
rend de l'exclusion de ces événements qu'il désapprouve dans la tragédie. Il ne dit jamais, *celui-là n'y
est pas propre, parce qu'il n'excite que la pitié, et ne
fait point naître de crainte; et cet autre n'y est pas supportable, parce qu'il n'excite que de la crainte, et ne
fait point naître de pitié;* mais il les rebute, *parce* dit-
il, *qu'ils n'excitent ni pitié ni crainte,* et nous donne
à connoître par-là, que c'est par le manque de l'une
et de l'autre qu'ils ne lui plaisent pas, et que s'ils pro-
duisoient l'une des deux, il ne leur refuseroit point
son suffrage. L'exemple d'Œdipe qu'il allègue, me
confirme dans cette pensée. Si nous l'en croyons, il a
toutes les conditions requises en la tragédie : néanmoins son malheur n'excite que de la pitié, et je ne
pense pas qu'à le voir représenter, aucun de ceux
qui le plaignent s'avise de craindre de tuer son père,

ou d'épouser sa mère. Si la représentation nous peut imprimer quelque crainte, et que cette crainte soit capable de purger en nous quelque inclination blâmable ou vicieuse, elle y purgera la curiosité de savoir l'avenir, et nous empêchera d'avoir recours à des prédictions qui ne servent d'ordinaire qu'à nous faire choir dans le malheur qu'on nous prédit, par les soins mêmes que nous prenons de l'éviter, puisqu'il est certain qu'il n'eût jamais tué son père, ni épousé sa mère, si son père et sa mère, à qui l'oracle avoit prédit que cela arriveroit, ne l'eussent fait exposer de peur qu'il n'arrivât. Ainsi non-seulement ce seront Laïus et Jocaste qui feront naître cette crainte ; mais elle ne naîtra que de l'image d'une faute qu'ils ont faite quarante ans avant l'action qu'on représente, et ne s'imprimera en nous que par un autre acteur que le premier, et par une action hors de la tragédie.

Pour recueillir ce discours, avant que de passer à une autre matière, établissons pour maxime, que la perfection de la tragédie consiste bien à exciter de la pitié et de la crainte par le moyen d'un premier acteur, comme peut faire Rodrigue dans le Cid ; mais que cela n'est pas d'une nécessité si absolue, qu'on ne se puisse servir de divers personnages pour faire naître ces deux sentiments, comme dans Rodogune, et même ne porter l'auditeur qu'à l'un des deux, comme dans Polyeucte, dont la représentation n'imprime que de la pitié sans aucune crainte. Cela posé, trouvons quelque modération à la rigueur de ces règles du philosophe, ou du moins quelque favorable interprétation, pour n'être pas obligés de condamner beaucoup de poèmes que nous avons vus réussir sur nos théâtres.

Il ne veut point qu'un homme tout-à-fait innocent tombe dans l'infortune, parce que cela étant abominable, il excite plus d'indignation contre celui qui le persécute, que de pitié pour son malheur; il ne veut pas non plus qu'un très-méchant y tombe, parce qu'il ne peut donner de pitié par un malheur qu'il mérite, ni en faire craindre un pareil à des spectateurs qui ne lui ressemblent pas : mais quand ces deux raisons cessent, en sorte qu'un homme de bien qui souffre excite plus de pitié pour lui, que d'indignation contre celui qui le fait souffrir, ou que la punition d'un grand crime peut corriger en nous quelque imperfection qui a du rapport avec lui, j'estime qu'il ne faut point faire de difficulté d'exposer sur la scène des hommes très-vertueux ou très-méchants dans le malheur. En voici deux ou trois manières que peut-être Aristote n'a su prévoir, parce qu'on n'en voyoit pas d'exemples sur les théâtres de son temps.

La première est, quand un homme très-vertueux est persécuté par un très-méchant, et qu'il échappe du péril, où le méchant demeure enveloppé, comme dans Rodogune et dans Héraclius, qu'on n'auroit pu souffrir, si Antiochus et Rodogune eussent péri dans la première, et Héraclius, Pulchérie et Martian dans l'autre, et que Cléopâtre et Phocas y eussent triomphé. Leur malheur y donne une pitié qui n'est point

étouffée par l'aversion qu'on a pour ceux qui les ty-
rannisent, parce qu'on espère toujours que quelque
heureuse révolution les empêchera de succomber ; et
bien que les crimes de Phocas et de Cléopâtre soient
trop grands pour faire craindre l'auditeur d'en commettre de pareils, leur funeste issue peut faire sur lui
les effets dont j'ai déjà parlé. Il peut arriver d'ailleurs qu'un homme très-vertueux soit persécuté, et
périsse même par les ordres d'un autre qui ne soit pas
assez méchant pour attirer trop d'indignation sur lui,
et qui montre plus de foiblesse que de crime dans la
persécution qu'il lui fait. Si Félix fait périr son gendre Polyeucte, ce n'est pas par cette haine enragée
contre les chrétiens, qui nous le rendroit exécrable ;
mais seulement par une lâche timidité qui n'ose le
sauver en présence de Sévère, dont il craint la haine
et la vengeance, après les mépris qu'il en a faits durant son peu de fortune. On prend bien quelque aversion pour lui, on désapprouve sa manière d'agir ;
mais cette aversion ne l'emporte pas sur la pitié qu'on
a de Polyeucte, et n'empêche pas que sa conversion
miraculeuse, à la fin de la pièce, ne le réconcilie pleinement avec l'auditoire. On peut dire la même chose
de Prusias dans Nicomède...

Pour nous faciliter les moyens d'exciter cette pitié
qui fait de si beaux effets sur nos théâtres, Aristote
nous donne une lumière. « Toute action, dit-il, se
« passe, ou entre des amis, ou entre des ennemis, ou
« entre des gens indifférents l'un pour l'autre. Qu'un
« ennemi tue ou veuille tuer son ennemi, cela ne pro-

« duit aucune commisération, sinon en tant qu'on
« s'émeut d'apprendre ou de vouloir la mort d'un
« homme, quel qu'il soit. Qu'un indifférent tue un
« indifférent, cela ne touche guère davantage, d'au-
« tant qu'il n'excite aucun combat dans l'ame de ce-
« lui qui fait l'action : mais quand les choses arrivent
« entre des gens que la naissance ou l'affection attache
« aux intérêts l'un de l'autre, comme lorsqu'un mari
« tue, ou est près de tuer sa femme, une mère ses en-
« fants, un frère sa sœur; c'est ce qui convient mer-
« veilleusement à la tragédie. » La raison en est claire.
Les oppositions des sentiments de la nature aux emportements de la passion, ou à la sévérité du devoir,
forment de puissantes agitations, qui sont reçues de
l'auditeur avec plaisir; et il se porte aisément à plaindre un malheureux opprimé ou poursuivi par une
personne qui devroit s'intéresser à sa conservation,
et qui quelquefois ne poursuit sa perte qu'avec déplaisir, ou du moins avec répugnance. Horace et Curiace ne seroient point à plaindre, s'ils n'étoient point
amis et beaux-frères, ni Rodrigue s'il étoit poursuivi
par un autre que par sa maîtresse; et le malheur
d'Antiochus toucheroit beaucoup moins, si un autre
que sa mère lui demandoit le sang de sa maîtresse,
ou qu'un autre que sa maîtresse lui demandât celui
de sa mère; ou si après la mort de son frère, qui lui
donne sujet de craindre un pareil attentat sur sa personne, il avoit à se défier d'autres que de sa mère et
de sa maîtresse.

C'est donc un grand avantage pour exciter la com-

misération que la proximité du sang, et les liaisons
d'amour ou d'amitié entre le persécutant et le persécuté, le poursuivant et le poursuivi, celui qui fait
souffrir et celui qui souffre; mais il y a quelque apparence que cette condition n'est pas d'une nécessité
plus absolue que celles dont je viens de parler, et
qu'elle ne regarde que les tragédies parfaites, non
plus que celle-là. Du moins les anciens ne l'ont pas
toujours observée; je ne la vois point dans l'Ajax de
Sophocle, ni dans son Philoctète; et qui voudra par-
courir ce qui nous reste d'Æschyle et d'Euripide, y
pourra rencontrer quelques exemples à joindre à
ceux-ci. Quand je dis que ces deux conditions ne
sont que pour les tragédies parfaites, je n'entends pas
dire que celles où elles ne se rencontrent point soient
imparfaites : ce seroit les rendre d'une nécessité absolue, et me contredire moi-même. Mais par ce mot
de tragédies parfaites, j'entends celles du genre le
plus sublime et le plus touchant; en sorte que celles
qui manquent de l'une de ces deux conditions, ou
de toutes les deux, pourvu qu'elles soient régulières
à cela près, ne laissent pas d'être parfaites en leur
genre, bien qu'elles demeurent dans un rang moins
élevé et n'approchent pas de la beauté et de l'éclat
des autres, si elles n'en empruntent de la pompe
des vers, ou de la magnificence du spectacle, ou de
quelqu'autre agrément qui vienne d'ailleurs que du
sujet.

Dans ces actions tragiques qui se passent entre
proches, il faut considérer si celui qui veut faire pé-

rir l'autre, le connoît, ou ne le connoît pas, et s'il achève, ou n'achève pas. La diverse combinaison de ces deux manières d'agir forme quatre sortes de tragédies à qui notre philosophe attribue divers degrés de perfection. *On connoît celui qu'on veut perdre, et on le fait périr en effet, comme Médée tue ses enfants, Clytemnestre son mari, Oreste sa mère;* et la moindre espèce est celle-là. *On le fait périr sans le connoître, et on le reconnoît avec déplaisir après l'avoir perdu; et cela,* dit-il, *ou avant la tragédie, comme ŒEdipe, ou dans la tragédie, comme l'Alcmæon d'Astydamas, et Télégonus dans Ulysse blessé,* qui sont deux pièces que le temps n'a pas laissé venir jusqu'à nous; et cette seconde espèce a quelque chose de plus élevé selon lui que la première. La troisième est dans le haut degré d'excellence, *quand on est près de faire périr un de ses proches sans le connoître, et qu'on le reconnoît assez tôt pour le sauver, comme Iphigénie reconnoît Oreste pour son frère, lorsqu'elle devoit le sacrifier à Diane, et s'enfuit avec lui.* Il en cite encore deux autres exemples, de Mérope dans Cresphonte, et de Hellé, dont nous ne connoissons ni l'un ni l'autre. Il condamne entièrement la quatrième espèce de ceux qui connoissent, entreprennent, et n'achèvent pas, qu'il dit *avoir quelque chose de méchant, et rien de tragique,* et en donne pour exemple Æmon qui tire l'épée contre son père dans l'Antigone, et ne s'en sert que pour se tuer lui-même. Mais si cette condamnation n'étoit modifiée, elle s'étendroit un peu loin, et envelopperoit non-seulement le Cid, mais Cinna, Rodogune, Héraclius et Nicomède.

Disons donc qu'elle ne doit s'entendre que de ceux qui connoissent la personne qu'ils veulent perdre, et s'en dédisent par un simple changement de volonté, sans aucun événement notable qui les y oblige, et sans aucun manque du pouvoir de leur part. J'ai déjà marqué cette sorte de dénouement pour vicieux. Mais quand ils y font de leur côté tout ce qu'ils peuvent, et qu'ils sont empêchés d'en venir à l'effet par quelque puissance supérieure, ou par quelque changement de fortune qui les fait périr eux-mêmes, ou les réduit sous le pouvoir de ceux qu'ils vouloient perdre, il est hors de doute que cela fait une tragédie d'un genre peut-être plus sublime que les trois qu'Aristote avoue ; et que s'il n'en a point parlé, c'est qu'il n'en voyoit point d'exemples sur les théâtres de son temps, où ce n'étoit pas la mode de sauver les bons par la perte des méchants, à moins que de les souiller eux-mêmes de quelque crime, comme Electre qui se délivre d'oppression par la mort de sa mère, où elle encourage son frère, et lui en facilite les moyens.

L'action de Chimène n'est donc pas défectueuse pour ne perdre pas Rodrigue après l'avoir entrepris, puisqu'elle y fait son possible, et que tout ce qu'elle peut obtenir de la justice de son roi, c'est un combat où la victoire de ce déplorable amant lui impose silence. Cinna et son Emilie ne pèchent point contre la règle en ne perdant point Auguste, puisque la conspiration découverte les en met dans l'impuissance, et qu'il faudroit qu'ils n'eussent aucune teinture d'humanité, si une clémence si peu attendue ne dissipoit toute leur haine. Qu'épargne Cléopâtre pour perdre Rodogune? qu'oublie Phocas pour se défaire d'Héraclius? et si Prusias demeuroit le maître, Nicomède n'iroit-il pas servir d'otage à Rome, ce qui lui seroit un plus rude supplice que la mort? Les deux premiers reçoivent la peine de leurs crimes, et succombent dans leurs entreprises sans s'en dédire; et ce dernier est forcé de reconnoître son injustice, après que le soulèvement de son peuple et la générosité de ce fils qu'il vouloit agrandir aux dépens de son aîné, ne lui permettent plus de la faire réussir.

Ce n'est pas démentir Aristote, que de l'expliquer ainsi favorablement pour trouver dans cette quatrième manière d'agir qu'il rebute, une espèce de nouvelle tragédie plus belle que les trois qu'il recommande, et qu'il leur eût sans doute préférée, s'il l'eût connue. C'est faire honneur à notre siècle, sans rien retrancher de l'autorité de ce philosophe; mais je ne sais comment faire pour lui conserver son autorité, et renverser l'ordre de la préférence qu'il établit entre ces trois espèces. Cependant je pense être bien fondé sur l'expérience, à douter si celle qu'elle estime la moindre des trois n'est point la plus belle, et si celle qu'il tient la plus belle, n'est point la moindre. La raison est que celle-ci ne peut exciter de pitié. Un père y veut perdre son fils sans le connoître, et ne le regarde que comme indifférent, et peut-être comme ennemi. Soit qu'il passe pour l'un ou pour l'autre, son péril n'est digne d'aucune commisération, selon Aristote même, et ne fait naître en l'auditeur qu'un certain mouvement de trépidation intérieure, qui le porte à craindre que ce fils ne périsse avant que l'erreur soit découverte, et à souhaiter qu'elle se découvre assez tôt pour l'empêcher de périr : ce qui part de l'intérêt qu'on ne manque jamais à prendre dans la fortune d'un homme assez vertueux pour se faire aimer; et quand cette reconnoissance arrive, elle ne produit qu'un sentiment de conjouissance de voir arriver la chose comme on le souhaitoit.

Quand elle ne se fait qu'après la mort de l'inconnu, la compassion qu'excitent les déplaisirs de celui qui le fait périr, ne peut avoir une grande étendue, puisqu'elle est reculée et renfermée dans la catastrophe. Mais lorsqu'on agit à visage découvert, et qu'on sait à qui on en veut, le combat des passions contre la nature, ou du devoir contre l'amour, occupe la meilleure partie du poème; et de là naissent les grandes et fortes émotions, qui renouvellent à tous moments et redoublent la commisération. Pour justifier ce raisonnement par l'expérience, nous voyons que Chimène et Antiochus en excitent beaucoup plus que ne fait Œdipe de sa personne. Je dis de sa personne, parce que le poème entier en excite peut-être autant que le Cid, ou que Rodogune; mais il en doit une partie à Dircé, et ce qu'elle en fait naître n'est qu'une pitié empruntée d'un épisode.

Je sais que l'agnition est un grand ornement
dans les tragédies ; Aristote le dit, mais il est certain
qu'elle a ses incommodités. Les Italiens l'affectent en
la plupart de leurs poëmes, et perdent quelquefois,
par l'attachement qu'ils y ont, beaucoup d'occasions
de sentiments pathétiques, qui auroient des beautés
plus considérables. Cela se voit manifestement en la
Mort de Crispe, faite par un de leurs plus beaux-
esprits, Jean-Baptiste (1) Ghirardelli, et imprimée
à Rome en l'année 1653. Il n'a pas manqué d'y cacher sa naissance à Constantin, et d'en faire seulement un grand capitaine, qu'il ne reconnoît pour
son fils qu'après qu'il l'a fait mourir. Toute cette
pièce est si pleine d'esprit et de beaux sentiments,
qu'elle eut assez d'éclat pour obliger à écrire contre
son auteur, et à la censurer sitôt qu'elle parut. Mais
combien cette naissance cachée sans besoin, et contre
la vérité d'une histoire connue, lui a-t-elle dérobé
de choses plus belles que les brillants dont il a semé
cet ouvrage ! Les ressentiments, le trouble, l'irrésolution et les déplaisirs de Constantin, auroient été
bien autres à prononcer un arrêt de mort contre son
fils, que contre un soldat de fortune. L'injustice de
sa préoccupation auroit été bien plus sensible à
Crispe de la part d'un père, que de la part d'un
maître ; et la qualité de fils, augmentant la grandeur du crime qu'on lui imposoit, eût en même
temps augmenté la douleur d'en voir un père per-

(1) Il se nommoit Jean-Baptiste Philippe.

suadé. Fauste même auroit eu plus de combats in-
térieurs pour entreprendre un inceste, que pour se
résoudre à un adultère; ses remords en auroient été
plus animés, et ses désespoirs plus violents. L'auteur a renoncé à tous ces avantages pour avoir dédaigné de traiter ce sujet, comme nos anciens ont
traité celui d'Hippolyte; et pour avoir cru l'élever
d'un étage plus haut, selon la pensée d'Aristote, je
ne sais s'il ne l'a point fait tomber au-dessous de
ceux que je viens de nommer.

Il y a grande apparence que ce qu'a dit ce philosophe de ces divers degrés de perfection pour la tragédie, avoit une entière justesse de son temps, et en
la présence de ses compatriotes; je n'en veux point
douter : mais aussi je ne puis m'empêcher de dire
que le goût de notre siècle n'est point celui du sien
sur cette préférence d'une espèce à l'autre, ou du
moins que ce qui plaisoit au dernier point à ses
Athéniens, ne plaît pas également à nos Français;
et je ne sais point d'autre moyen de trouver mes
doutes supportables, et demeurer tout ensemble dans
la vénération que nous devons à tout ce qu'il a écrit
de la poétique.

Avant que de quitter cette matière, examinons
son sentiment sur deux questions touchant ces sujets
entre des personnes proches : l'une si le poëte les
peut inventer; l'autre s'il ne peut rien changer en
ceux qu'il tire de l'histoire ou de la fable.

Pour la première, il est indubitable que les anciens en prenoient si peu de liberté, qu'ils arrêtoient

leurs tragédies autour de peu de familles, parce que
ces sortes d'actions étoient arrivées en peu de familles ; ce qui fait dire à ce philosophe que la fortune leur fournissoit des sujets, et non pas l'art. Je
pense l'avoir dit en l'autre discours. Il semble toutefois qu'il en accorde un plein pouvoir aux poètes par
ces paroles : *Ils doivent bien user de ce qui est reçu, et
inventer eux-mêmes.* Ces termes décideroient la question s'ils n'étoient point si généraux ; mais comme il
a posé trois espèces de tragédies, selon les divers
temps de connoître, et les diverses façons d'agir, nous
pouvons faire une revue sur toutes les trois, pour juger s'il n'est point à propos d'y faire quelque distinction qui resserre cette liberté. J'en dirai mon avis
d'autant plus hardiment, qu'on ne pourra m'imputer
de contredire Aristote, pourvu que je la laisse entière
à quelqu'une des trois.

J'estime donc en premier lieu qu'en celles où l'on
se propose de faire périr quelqu'un que l'on connoît,
soit qu'on achève, soit qu'on soit empêché d'achever,
il n'y a aucune liberté d'inventer la principale action,
mais qu'elle doit être tirée de l'histoire ou de la fable.
Ces entreprises contre des proches ont toujours quelque chose de si criminel et de si contraire à la nature,
qu'elles ne sont pas croyables, à moins que d'être ap-
puyées sur l'une ou sur l'autre ; et jamais elles n'ont
cette vraisemblance sans laquelle ce qu'on invente ne
peut être de mise.

Je n'ose décider si absolument de la seconde espèce.
Qu'un homme prenne querelle avec un autre, et que

l'ayant tué il vienne à le reconnoître pour son père, ou pour son frère, et en tombe au désespoir, cela n'a rien que de vraisemblable, et par conséquent on le peut inventer; mais d'ailleurs, cette circonstance de tuer son père ou son frère sans le connoître, est si extraordinaire et si éclatante, qu'on a quelque droit de dire que l'histoire n'ose manquer à s'en souvenir quand elle arrive entre des personnes illustres, et de refuser toute croyance à de tels événements, quand elle ne les marque point. Le théâtre ancien ne nous en fournit aucun exemple qu'OEdipe; et je ne me souviens point d'en avoir vu aucun autre chez nos historiens. Je sais que cet événement sent plus la fable que l'histoire, et que par conséquent il peut avoir été inventé, ou en tout, ou en partie; mais la fable et l'histoire de l'antiquité sont si mêlées ensemble, que, pour n'être pas en péril d'en faire un faux discernement, nous leur donnons une égale autorité sur nos théâtres. Il suffit que nous n'inventions pas ce qui de soi n'est point vraisemblable, et qu'étant inventé de longue main, il soit devenu si bien de la connoissance de l'auditeur, qu'il ne s'effarouche point à le voir sur la scène. Toute la Métamorphose d'Ovide est manifestement d'invention : on en peut tirer des sujets de tragédie, mais non pas inventer sur ce modèle, si ce n'est des épisodes de même trempe. La raison en est que, bien que nous ne devions rien inventer que de vraisemblable, et que ces sujets fabuleux, comme Andromède et Phaéton, ne le soient point du tout, inventer des épisodes, ce n'est pas tant inventer, qu'ajouter à ce qui est déjà inventé; et ces épisodes trouvent une espèce de vraisemblance dans leur rapport avec l'action principale, en sorte qu'on peut dire que, supposé que cela se soit pu faire, il s'est pu faire comme le poète le décrit.

De tels épisodes toutefois ne seroient pas propres à un sujet historique, ou de pure invention, parce qu'ils manqueroient de rapport avec l'action principale, et seroient moins vraisemblables qu'elle. Les apparitions de Vénus et d'Eole ont eu bonne grâce dans Andromède : mais si j'avois fait descendre Jupiter pour réconcilier Nicomède avec son père, ou Mercure pour révéler à Auguste la conspiration de Cinna, j'aurois fait révolter tout mon auditoire, et cette merveille auroit détruit toute la croyance que le reste de l'action auroit obtenue. Ces dénouements par des Dieux de machine sont fort fréquents chez les Grecs, dans des tragédies qui paroissent historiques, et qui sont vraisemblables à cela près. Aussi Aristote ne les condamne pas tout-à-fait, et se contente de leur préférer ceux qui viennent du sujet. Je ne sais ce qu'en décidoient les Athéniens, qui étoient leurs juges ; mais les deux exemples que je viens de citer montrent suffisamment qu'il seroit dangereux pour nous de les imiter en cette sorte de licence. On me dira que ces apparitions n'ont garde de nous plaire, parce que nous en savons manifestement la fausseté, et qu'elles choquent notre religion; ce qui n'arrivoit pas chez les Grecs. J'avoue qu'il faut s'accommoder aux mœurs de l'auditeur, et à plus forte raison à sa croyance ; mais aussi doit-on m'accorder que nous avons du moins autant de foi pour l'apparition des anges et des saints, que les anciens en avoient pour celle de leur Apollon et de leur Mercure. Cependant qu'auroit-on dit, si, pour démêler Héraclius d'avec Martian, après la mort de Phocas, je me fusse servi d'un ange : ce poème est entre des chrétiens, et cette apparition y auroit eu autant de justesse que celle des Dieux de l'antiquité dans ceux des Grecs ; c'eût été néanmoins un secret infaillible de rendre celui-là ridicule, et il ne faut qu'avoir un peu de sens commun pour en demeurer d'accord. Qu'on me permette donc de dire avec Tacite : *Non omnia apud priores meliora, sed nostra quoque ætas multa laudis et artium imitanda posteris tulit.*

Je reviens aux tragédies de cette seconde espèce, où l'on ne connoît un père ou un fils qu'après l'avoir fait périr ; et, pour conclure en deux mots après cette digression, je ne condamnerai jamais personne pour en avoir inventé, mais je ne me les permettrai jamais.

Celles de la troisième espèce ne reçoivent aucune difficulté. Non-seulement on les peut inventer, puisque tout y est vraisemblable, et suit le train commun des affections naturelles ; mais je doute même si ce ne seroit point les bannir du théâtre que d'obliger les poètes à en prendre les sujets dans l'histoire. Nous n'en voyons point de cette nature chez les Grecs qui n'aient la mine d'avoir été inventés par leurs auteurs. Il se peut faire que la fable leur en ait

prêté quelques-uns. Je n'ai pas les yeux assez péné-
trants pour percer de si épaisses obscurités, et déterminer si l'Iphigénie *in Tauris* est de l'invention
d'Euripide, comme son Hélène et son Yon, ou s'il
l'a prise d'un autre ; mais je crois pouvoir dire qu'il
est très-malaisé d'en trouver dans l'histoire, soit que
tels événements n'arrivent que très-rarement, soit
qu'ils n'aient pas assez d'éclat pour y mériter une
place. Celui de Thésée, reconnu par le roi d'Athènes
son père, sur le point qu'il l'alloit faire périr, est le
seul dont il me souvienne. Quoi qu'il en soit, ceux
qui aiment à les mettre sur la scène, peuvent les
inventer sans crainte de la censure. Ils pourront
produire par-là quelque agréable suspension dans
l'esprit de l'auditeur ; mais il ne faut pas qu'ils se
promettent de lui tirer beaucoup de larmes.

L'autre question, s'il est permis de changer quelque chose aux sujets qu'on emprunte de l'histoire
ou de la fable, semble décidée en termes assez formels par Aristote, lorsqu'il dit, *qu'il ne faut point
changer les sujets reçus, et que Clytemnestre ne doit
point être tuée par un autre qu'Oreste, ni Eriphyle
par un autre qu'Alcmæon.* Cette décision peut toutefois recevoir quelque distinction et quelque tempérament. Il est constant que les circonstances, ou, si
vous l'aimez mieux, les moyens de parvenir à l'action demeurent en notre pouvoir. L'histoire souvent
ne les marque pas, ou en rapporte si peu, qu'il est
besoin d'y suppléer pour remplir le poème ; et même
il y a quelque apparence de présumer que la mé-

moire de l'auditeur qui les aura lues autrefois, ne s'y sera pas si fort attachée, qu'il s'aperçoive assez du changement que nous y aurons fait pour nous accuser de mensonge ; ce qu'il ne manqueroit pas de faire, s'il voyoit que nous changeassions l'action principale. Cette falsification seroit cause qu'il n'ajouteroit aucune foi à tout le reste ; comme au contraire il croit aisément tout ce reste, quand il le voit servir d'acheminement à l'effet qu'il sait véritable, et dont l'histoire lui a laissé une plus forte impression. L'exemple de la mort de Clytemnestre peut servir de preuve à ce que je viens d'avancer. Sophocle et Euripide l'ont traitée tous deux, mais chacun avec un nœud et un dénouement tout-à-fait différent l'un de l'autre ; et c'est cette différence qui empêche que ce ne soit la même pièce, bien que ce soit le même sujet, dont ils ont conservé l'action principale. Il faut donc la conserver comme eux ; mais il faut examiner en même temps si elle n'est point si cruelle, ou si difficile à représenter, qu'elle puisse diminuer quelque chose de la croyance que l'auditeur doit à l'histoire, et qu'il veut bien donner à la fable, en se mettant à la place de ceux qui l'ont prise pour une vérité. Lorsque cet inconvénient est à craindre, il est bon de cacher l'événement à la vue, et de le faire savoir par un récit qui frappe moins que le spectacle, et nous impose plus aisément.

C'est par cette raison qu'Horace ne veut pas que Médée tue ses enfants, ni qu'Atrée fasse rôtir ceux de

Thyeste à la vue du peuple. L'horreur de ces actions engendre une répugnance à les croire, aussi-bien que la métamorphose de Progné en oiseau, et de Cadmus en serpent, dont la représentation presque impossible excite la même incrédulité, quand on la hasarde aux yeux du spectateur.

Quæcunque ostendis mihi sic, incredulus odi (1).

Je passe plus outre ; et pour exténuer (2) ou retrancher cette horreur dangereuse d'une action historique, je voudrois la faire arriver sans la participation du premier acteur, pour qui nous devons toujours ménager la faveur de l'auditoire. Après que Cléopâtre eut tué Séleucus, elle présenta du poison à son autre fils Antiochus à son retour de la chasse ; et ce prince soupçonnant ce qui en étoit, la contraignit de le prendre, et la força à s'empoisonner. Si j'eusse fait voir cette action sans y rien changer, c'eût été punir un parricide par un autre parricide : on eût pris de l'aversion pour Antiochus, et il a été bien plus doux de faire qu'elle-même, voyant que sa haine et sa noire perfidie alloient être découvertes, s'empoisonne dans son désespoir, à dessein d'envelopper ces deux amants dans sa perte, en leur ôtant tout sujet de défiance. Cela fait deux effets : la punition de cette impitoyable mère laisse un plus fort exemple, puisqu'elle devient un effet de la justice du ciel, et non pas de la ven-

(1) *Ars poet.* v. 188.
(2) On disoit *exténuer*, pour *atténuer* (diminuer).

geance des hommes : d'autre côté Antiochus ne perd rien de la compassion et de l'amitié qu'on avoit pour lui, qui redoublent plutôt qu'elles ne diminuent; et enfin l'action historique s'y trouve conservée malgré ce changement, puisque Cléopâtre périt par le même poison qu'elle présente à Antiochus.

Phocas étoit un tyran, et sa mort n'étoit pas un crime; cependant il a été sans doute plus à propos de la faire arriver par la main d'Exupère, que par celle d'Héraclius. C'est un soin que nous devons prendre de préserver nos héros du crime tant qu'il se peut, et les exempter même de tremper leurs mains dans le sang, si ce n'est en un juste combat. J'ai beaucoup osé dans Nicomède : Prusias son père l'avoit voulu faire assassiner dans son armée; sur l'avis qu'il en eut par les assassins mêmes, il entra dans son royaume, s'en empara, et réduisit ce malheureux père à se cacher dans une caverne, où il le fit assassiner lui-même. Je n'ai pas poussé l'histoire jusque-là; et après l'avoir peint trop vertueux pour l'engager dans un parricide, j'ai cru que je pouvois me contenter de le rendre maître de la vie de ceux qui le persécutoient, sans le faire passer plus avant.

Je ne saurois dissimuler une délicatesse que j'ai sur la mort de Clytemnestre, qu'Aristote nous propose pour exemple des actions qui ne doivent point être changées. Je veux bien avec lui qu'elle ne meure que de la main de son fils Oreste; mais je ne puis souffrir chez Sophocle que ce fils la poignarde de dessein formé, pendant qu'elle est à genoux devant lui, et le

conjure de lui laisser la vie. Je ne puis même pardonner à Electre, qui passe pour une vertueuse opprimée
dans le reste de la pièce, l'inhumanité dont elle encourage son frère à ce parricide. C'est un fils qui venge
son père, mais c'est sur sa mère qu'il le venge. Séleucus et Antiochus avoient droit d'en faire autant dans
Rodogune; mais je n'ai osé leur en donner la moindre pensée. Aussi notre maxime de faire aimer nos
principaux acteurs n'étoit pas de l'usage des anciens;
et ces républicains avoient une si forte haine des rois,
qu'ils voyoient avec plaisir des crimes dans les plus
innocents de leur race. Pour rectifier ce sujet à notre
mode, il faudroit qu'Oreste n'eût de dessein que contre Ægiste, qu'un reste de tendresse respectueuse
pour sa mère lui en fît remettre la punition aux
Dieux, que cette reine s'opiniâtrât à la protection de
son adultère, et qu'elle se mît entre son fils et lui si
malheureusement, qu'elle en reçût le coup que ce
prince vouloit porter à cet assassin de son père. Ainsi
elle mouroit de la main de son fils, comme le veut
Aristote, sans que la barbarie d'Oreste nous fît horreur, comme dans Sophocle, ni que son action méri-
tât des furies vengeresses pour le tourmenter, puisqu'il demeuroit innocent.

Le même Aristote nous autorise à en user de cette
manière, lorsqu'il nous apprend que *le poëte n'est pas
obligé de traiter les choses comme elles se sont passées,
mais comme elles ont pu, ou dû passer selon le vraisemblable ou le nécessaire.* Il répète souvent ces derniers
mots, et ne les explique jamais. Je tâcherai d'y sup-

pléer le moins mal qu'il me sera possible, et j'espère qu'on me pardonnera si je m'abuse.

Je dis donc premièrement, que cette liberté qu'il nous laisse d'embellir les actions historiques par des inventions vraisemblables, n'emporte aucune défense de nous écarter du vraisemblable dans le besoin. C'est un privilége qu'il nous donne, et non pas une servitude qu'il nous impose. Cela est clair par ses paroles mêmes. Si nous pouvons traiter les choses selon le vraisemblable ou selon le nécessaire, nous pouvons quitter le vraisemblable pour suivre le nécessaire, et cette alternative met en notre choix de nous servir de celui des deux que nous jugerons le plus à propos.

Cette liberté du poète se trouve encore en termes plus formels dans le vingt-cinquième chapitre, qui contient les excuses, ou plutôt les justifications dont il peut se servir contre la censure. *Il faut*, dit-il, *qu'il suive un de ces trois moyens de traiter les choses, et qu'il les représente ou comme elles ont été, ou comme on dit qu'elles ont été, ou comme elles ont dû être :* par où il lui donne le choix, ou de la vérité historique, ou de l'opinion commune sur quoi la fable est fondée, ou de la vraisemblance. Il ajoute ensuite : *Si on le reprend de ce qu'il n'a pas écrit les choses dans la vérité, qu'il réponde qu'il les a écrites comme elles ont dû être; si on lui impute de n'avoir fait ni l'un ni l'autre, qu'il se défende sur ce qu'en publie l'opinion commune, comme en ce qu'on raconte des Dieux, dont la plus grande partie n'a rien de véritable.* Et un peu plus bas : *Quelquefois ce n'est pas le meilleur qu'elles se soient passées de la manière qu'il décrit, néanmoins elles se sont passées effectivement de cette manière*, et par conséquent il est hors de faute. Ce dernier passage montre que nous ne sommes point obligés de nous écarter de la vérité, pour donner une meilleure forme aux actions de la tragédie par les ornements de la vraisemblance, et le montre d'autant plus fortement, qu'il demeure pour constant, par le second de ces trois passages, que l'opinion commune suffit pour nous justifier, quand nous n'avons pas pour nous la vérité, et que nous pourrions faire quelque chose de mieux que ce que nous faisons, si nous recherchions les beautés de cette vraisemblance. Nous courons par-là quelque risque d'un plus foible succès; mais nous ne pêchons que contre le soin que nous devons avoir de notre gloire, et non pas contre les règles du théâtre.

Je fais une seconde remarque sur ces termes de *vraisemblable* et de *nécessaire*, dont l'ordre se trouve quelquefois renversé chez ce philosophe, qui tantôt dit, *selon le nécessaire ou le vraisemblable*, et tantôt, *selon le vraisemblable ou le nécessaire*. D'où je tire une conséquence, qu'il y a des occasions où il faut préférer le vraisemblable au nécessaire, et d'autres où il faut préférer le nécessaire au vraisemblable. La raison en est, que ce qu'on emploie le dernier dans les propositions alternatives, y est placé comme un pis aller, dont il faut se contenter quand on ne peut arriver à l'autre, et qu'on doit faire effort pour le premier avant que de se réduire au second, où l'on n'a droit de recourir qu'au défaut de ce premier.

Pour éclaircir cette préférence mutuelle du vraisemblable au nécessaire, et du nécessaire au vraisemblable, il faut distinguer deux choses dans les actions qui composent la tragédie. La première consiste en ces actions mêmes, accompagnées des inséparables circonstances du temps et du lieu; et l'autre, en la liaison qu'elles ont ensemble, qui les fait naître l'une de l'autre. En la première, le vraisemblable est à préférer au nécessaire, et le nécessaire au vraisemblable dans la seconde.

Il faut placer les actions où il est plus facile et mieux séant qu'elles arrivent, et les faire arriver dans un loisir raisonnable, sans les presser extraordinairement, si la nécessité de les renfermer dans un lieu et dans un jour ne nous y oblige. J'ai déjà fait voir en l'autre Discours que, pour conserver l'unité de lieu, nous faisons parler souvent des personnes dans une place publique, qui vraisemblablement s'entretiendroient dans une chambre; et je m'assure que si on racontoit dans un roman ce que je fais arriver dans le Cid, dans Polyeucte, dans Pompée, ou dans le Menteur, on lui donneroit un peu plus d'un jour pour l'étendue de sa durée. L'obéissance que nous devons aux règles de l'unité de jour et de lieu, nous dispense alors du vraisemblable, bien qu'elle ne nous permette pas l'impossible : mais nous ne tombons pas toujours dans cette nécessité, et Cinna, et Nicomède n'ont

point eu besoin de s'écarter de la vraisemblance à l'é-
· gard du temps, comme ces autres poèmes.

Cette réduction de la tragédie au roman, est la
pierre de touche pour démêler les actions nécessaires
d'avec les vraisemblables. Nous sommes gênés au
théâtre par le lieu, par le temps, et par les incommodités de la représentation, qui nous empêchent d'exposer à la vue beaucoup de personnages tout-à-la-
fois, de peur que les uns demeurent sans action, ou
troublent celle des autres. Le roman n'a aucune de
ces contraintes : il donne aux actions qu'il décrit tout
le loisir qu'il leur faut pour arriver ; il place ceux qu'il
fait parler, agir, ou rêver, dans une chambre, dans
une forêt, dans une place publique, selon qu'il est
plus à propos pour leur action particulière ; il a pour
cela tout un palais, toute une ville, tout un royaume,
toute la terre où les promener ; et s'il fait arriver ou
raconter quelque chose en présence de trente personnes, il en peut décrire les divers sentiments l'un après
l'autre. C'est pourquoi il n'a jamais aucune liberté de
se départir de la vraisemblance, parce qu'il n'a jamais aucune raison, ni excuse légitime pour s'en
écarter.

Comme le théâtre ne nous laisse pas tant de facilité de réduire tout dans le vraisemblable, parce qu'il
ne nous fait rien savoir que par des gens qu'il expose
à la vue de l'auditeur en peu de temps, il nous en
dispense aussi plus aisément. On peut soutenir que
ce n'est pas tant nous en dispenser, que nous permettre une vraisemblance plus large : mais puisqu'Aris-

tote nous autorise à y traiter les choses selon le nécessaire, j'aime mieux dire que tout ce qui s'y passe,
d'une autre façon qu'il ne se passeroit dans un roman,
n'a point de vraisemblance, à le bien prendre, et se
doit ranger entre les actions nécessaires.

L'Horace en peut fournir quelques exemples : l'u-
nité de lieu y est exacte, tout s'y passe dans une salle.
Mais si on en faisoit un roman avec les mêmes particularités de scène en scène, que j'y ai employées, fe-
roit-on tout passer dans cette salle? A la fin du premier acte, Curiace et Camille sa maîtresse vont rejoindre le reste de la famille, qui doit être dans un
autre appartement; entre les deux actes ils y reçoivent la nouvelle de l'élection des trois Horaces; à l'ouverture du second, Curiace paroît dans cette même
salle pour l'en congratuler. Dans le roman il auroit
fait cette congratulation dans le même lieu où l'on en
reçoit la nouvelle en présence de toute la famille, et il
n'est point vraisemblable qu'ils s'écartent eux deux
pour cette conjouissance; mais il est nécessaire pour
le théâtre, et à moins que cela, les sentiments des
trois Horaces, de leur père, de leur sœur, de Curiace,
et de Sabine, se fussent présentés à faire paroître tous
à-la-fois. Le roman qui ne fait rien voir en fût venu
aisément à bout : mais sur la scène il a fallu les séparer pour y mettre quelque ordre, et les prendre l'un
après l'autre, en commençant par ces deux-ci, que
j'ai été forcé de ramener dans cette salle sans vraisemblance. Cela passé, le reste de l'acte est tout-
à-fait vraisemblable, et n'a rien qu'on fût obligé

de faire arriver d'une autre manière dans le roman. A la fin de cet acte, Sabine et Camille, outrées de déplaisir, se retirent de cette salle, avec un emportement de douleur, qui vraisemblablement va renfermer leurs larmes dans leur chambre, où le roman les feroit demeurer, et y recevoir la nouvelle du combat. Cependant, par la nécessité de les faire voir aux spectateurs, Sabine quitte sa chambre au commencement du troisième acte, et revient entretenir ses douloureuses inquiétudes dans cette salle, où Camille la vient trouver. Cela fait, le reste de cet acte est vraisemblable, comme en l'autre; et si vous voulez examiner avec cette rigueur les premières scènes des deux derniers, vous trouverez peut-être la même chose, et que le roman placeroit ses personnages ailleurs qu'en cette salle, s'ils en étoient une fois sortis, comme ils en sortent à la fin de chaque acte.

Ces exemples peuvent suffire pour expliquer comme on peut traiter une action selon le nécessaire, quand on ne la peut traiter selon le vraisemblable, qu'on doit toujours préférer au nécessaire, lorsqu'on ne regarde que les actions en elles-mêmes.

Il n'en va pas ainsi de leur liaison qui les fait naître l'une de l'autre. Le nécessaire y est à préférer au vraisemblable : non que cette liaison ne doive toujours être vraisemblable ; mais parce qu'elle est beaucoup meilleure quand elle est vraisemblable et nécessaire tout ensemble. La raison en est aisée à concevoir. Lorsqu'elle n'est que vraisemblable sans être nécessaire, le poème s'en peut passer, et elle n'y

est pas de grande importance ; mais quand elle est
vraisemblable et nécessaire, elle devient une partie
essentielle du poème, qui ne peut subsister sans elle.
Vous trouverez dans Cinna des exemples de ces deux
sortes de liaisons; j'appelle ainsi la manière dont une
action est produite par l'autre. Sa conspiration contre
Auguste est causée nécessairement par l'amour qu'il
a pour Emilie, parce qu'il la veut épouser, et qu'elle
ne veut se donner à lui qu'à cette condition. De ces
deux actions, l'une est vraie, l'autre est vraisemblable,
et leur liaison est nécessaire. La bonté d'Auguste
donne des remords et de l'irrésolution à Cinna; ces
remords et cette irrésolution ne sont causés que vraisemblablement par cette bonté, et n'ont qu'une liaison vraisemblable avec elle, parce que Cinna pouvoit
demeurer dans la fermeté, et arriver à son but, qui
est d'épouser Emilie. Il la consulte dans cette irrésolution : cette consultation n'est que vraisemblable,
mais elle est un effet nécessaire de son amour, parce
que s'il eût rompu la conjuration sans son aveu, il ne
fût jamais arrivé à ce but qu'il s'étoit proposé; et par
conséquent voilà une liaison nécessaire entre deux
actions vraisemblables, ou si vous l'aimez mieux,
une production nécessaire d'une action vraisemblable, par une autre pareillement vraisemblable.

Avant que d'en venir aux définitions et divisions
du vraisemblable et du nécessaire, je fais encore une
réflexion sur les actions qui composent la tragédie, et
trouve que nous pouvons y en faire entrer de trois
sortes, selon que nous le jugeons à propos. Les unes

suivent l'histoire, les autres ajoutent à l'histoire, les troisièmes falsifient l'histoire. Les premières sont vraies, les secondes quelquefois vraisemblables, et quelquefois nécessaires, et les dernières doivent toujours être nécessaires.

Lorsqu'elles sont vraies, il ne faut point se mettre en peine de la vraisemblance; elles n'ont pas besoin de son secours. *Tout ce qui s'est fait, manifestement s'est pu faire,* dit Aristote, *parce que s'il ne s'étoit pu faire, il ne se seroit pas fait.* Ce que nous ajoutons à l'histoire, comme il n'est pas appuyé de son autorité, n'a pas cette prérogative. *Nous avons une pente naturelle,* ajoute ce philosophe, *à croire que ce qui ne s'est point fait, n'a pu encore se faire;* et c'est pourquoi ce que nous inventons a besoin de la vraisemblance la plus exacte qu'il est possible pour le rendre croyable.

A bien peser ces deux passages, je crois ne m'éloigner point de sa pensée, quand j'ose dire, pour définir le vraisemblable, que c'est *une chose manifestement possible dans la bienséance, et qui n'est ni manifestement vraie, ni manifestement fausse.* On en peut faire deux divisions, l'une en vraisemblable général et particulier, l'autre en ordinaire et extraordinaire.

Le vraisemblable général est ce que peut faire, et qu'il est à propos que fasse un roi, un général d'armée, un amant, un ambitieux, etc. Le particulier est ce qu'a pu ou dû faire Alexandre, César, Alcibiade, compatible avec ce que l'histoire nous apprend de leurs actions. Ainsi tout ce qui choque l'histoire

sort de cette vraisemblance, parce qu'il est manifestement faux, et il n'est pas vraisemblable que César
après la bataille de Pharsale se soit mis en bonne intelligence avec Pompée, ou Auguste avec Antoine
après celle d'Actium; bien qu'à parler en termes généraux, il soit vraisemblable que dans une guerre
civile après une grande bataille, les chefs des partis
contraires se réconcilient, principalement lorsqu'ils
sont généreux l'un et l'autre.

Cette fausseté manifeste qui détruit la vraisemblance, se peut rencontrer même dans les pièces qui
sont toutes d'invention. On n'y peut falsifier l'histoire, puisqu'elle n'y a aucune part; mais il y a des circonstances des temps et des lieux, qui peuvent convaincre un auteur de fausseté, quand il prend mal ses
mesures. Si j'introduisois un roi de France ou d'Espagne sous un nom imaginaire, et que je choisisse
pour le temps de mon action un siècle, dont l'histoire
eût marqué les véritables rois de ces deux royaumes,
la fausseté seroit toute visible; et c'en seroit une encore plus palpable, si je plaçois Rome à deux lieues
de Paris, afin qu'on pût y aller et revenir en un même
jour. Il y a des choses sur qui le poète n'a jamais aucun droit. Il peut prendre quelque licence sur l'histoire, en tant qu'elle regarde les actions des particuliers, comme celle de César ou d'Auguste, et leur attribuer des actions qu'ils n'ont pas faites, ou les faire
arriver d'une autre manière qu'ils ne les ont faites;
mais il ne peut pas renverser la chronologie, pour
faire vivre Alexandre du temps de César, et moins

encore changer la situation des lieux, ou les noms
des royaumes, des provinces, des villes, des montagnes et des fleuves remarquables. La raison est, que
ces provinces, ces montagnes, ces rivières, sont des
choses permanentes. Ce que nous savons de leur situation étoit dès le commencement du monde : nous
devons présumer qu'il n'y a point eu de changement,
à moins que l'histoire ne le marque; et la géographie
nous en apprend tous les noms anciens et modernes.
Ainsi un homme seroit ridicule d'imaginer que, du
temps d'Abraham, Paris fût au pied des Alpes, ou
que la Seine traversât l'Espagne, et de mêler de pa-
reilles grotesques dans une pièce d'invention. Mais
l'histoire est des choses qui passent, et qui succédant
les unes aux autres, n'ont que chacune un moment
pour leur durée, dont il en échappe beaucoup à la
connoissance de ceux qui l'écrivent. Aussi n'en peut-
on montrer aucune qui contienne tout ce qui s'est
passé dans les lieux dont elle parle, ni tout ce qu'ont
fait ceux dont elle décrit la vie. Je n'en excepte pas
même les Commentaires de César, qui écrivoit sa
propre histoire, et devoit la savoir toute entière.
Nous savons quels pays arrosoient le Rhône et la
Seine, avant qu'il vînt dans les Gaules; mais nous
ne savons que fort peu de chose, et peut-être rien du
tout, de ce qui s'y est passé avant sa venue. Ainsi nous
pouvons bien y placer des actions que nous feignons
arrivées avant ce temps-là, mais non pas sous ce prétexte de fiction poétique et d'éloignement des temps,
y changer la distance naturelle d'un lieu à l'autre.

C'est de cette façon que Barclay en a usé dans son
Argenis, où il ne nomme aucune ville ni fleuve de
Sicile, ni de nos provinces, que par des noms véritables, bien que ceux de toutes les personnes qu'il y
met sur le tapis soient entièrement de son invention,
aussi-bien que leurs actions.

Aristote semble plus indulgent sur cet article, puisqu'il *trouve le poëte excusable, quand il pèche contre
un autre art que le sien, comme contre la médecine, ou
contre l'astrologie.* A quoi je réponds, qu'il *ne l'excuse que sous cette condition, qu'il arrive par-là au but
de son art, auquel il n'auroit pu arriver autrement.*
Encore avoue-t-il, *qu'il pèche en ce cas, et qu'il est
meilleur de ne point pécher du tout.* Pour moi, s'il
faut recevoir cette excuse, je ferois distinction entre
les arts qu'il peut ignorer sans honte, parce qu'il lui
arrive rarement des occasions d'en parler sur son
théâtre, tels que sont la médecine et l'astrologie que
je viens de nommer, et les arts sans la connoissance
desquels, ou en tout ou en partie, il ne sauroit établir de justesse dans aucune pièce, tels que sont la
géographie et la chronologie. Comme il ne sauroit représenter aucune action sans la placer en quelque
lieu et en quelque temps, il est inexcusable s'il fait
paroître de l'ignorance dans le choix de ce lieu, et de
ce temps où il la place.

Je viens à l'autre division du vraisemblable en ordinaire et extraordinaire. L'ordinaire est une action
qui arrive plus souvent, ou du moins aussi souvent
que sa contraire. L'extraordinaire est une action qui

arrive à la vérité moins souvent que sa contraire, mais qui ne laisse pas d'avoir sa possibilité assez aisée pour n'aller point jusqu'au miracle, ni jusqu'à ces événements singuliers qui servent de matière aux tragédies sanglantes, par l'appui qu'ils ont de l'histoire ou de l'opinion commune, et qui ne se peuvent tirer en exemple que pour les épisodes de la pièce dont ils font le corps, parce qu'ils ne sont pas croyables, à moins que d'avoir cet appui. Aristote donne deux idées ou exemples généraux de ce vraisemblable extraordinaire : l'un d'un homme subtil et adroit qui se trouve trompé par un moins subtil que lui; l'autre d'un foible qui se bat contre un plus fort que lui, et en demeure victorieux; ce qui surtout ne manque jamais à être bien reçu, quand la cause du plus simple ou du plus foible est la plus équitable. Il semble alors que la justice du ciel ait présidé au succès, qui trouve d'ailleurs une croyance d'autant plus facile, qu'il répond aux souhaits de l'auditoire, qui s'intéresse toujours pour ceux dont le procédé est le meilleur. Ainsi la victoire du Cid contre le comte, se trouveroit dans la vraisemblance extraordinaire, quand elle ne seroit pas vraie. *Il est vraisemblable*, dit notre docteur, *que beaucoup de choses arrivent contre le vraisemblable;* et puisqu'il avoue par-là que ces effets extraordinaires arrivent contre la vraisemblance, j'aimerois mieux les nommer simplement croyables, et les ranger sous le nécessaire, attendu qu'on ne s'en doit jamais servir sans nécessité.

On peut m'objecter que le même philosophe dit,

qu'au regard de la poésie, on doit préférer l'impossible croyable au possible incroyable, et conclure de là, que j'ai peu de raison d'exiger du vraisemblable, par la définition que j'en ai faite, qu'il soit manifestement possible pour être croyable, puisque selon Aristote il y a des choses impossibles qui sont croyables.

Pour résoudre cette difficulté, et trouver de quelle nature est cet impossible croyable, dont il ne donne aucun exemple, je réponds qu'il y a des choses impossibles en elles-mêmes qui paroissent aisément possibles, et par conséquent croyables quand on les envisage d'une autre manière. Telles sont toutes celles où nous falsifions l'histoire. Il est impossible qu'elles se soient passées comme nous les représentons, puisqu'elles se sont passées autrement, et qu'il n'est pas au pouvoir de Dieu même de rien changer au passé; mais elles paroissent manifestement possibles, quand elles sont dans la vraisemblance générale, pourvu qu'on les regarde détachées de l'histoire, et qu'on veuille oublier pour quelque temps ce qu'elle dit de contraire à ce que nous inventons. Tout ce qui se passe dans Nicomède est impossible, puisque l'histoire porte qu'il fit mourir son père sans le voir, et que ses frères du second lit étoient en otage à Rome, lorsqu'il s'empara du royaume. Tout ce qui arrive dans Héraclius ne l'est pas moins, puisqu'il n'étoit pas fils de Maurice, et que bien loin de passer pour celui de Phocas, et être nourri comme tel chez ce tyran, il vint fondre sur lui à force ouverte des bords de l'Afrique, dont il étoit gouverneur, et ne le vit

peut-être jamais. On ne prend point néanmoins pour
incroyables les incidents de ces deux tragédies ; et
ceux qui savent le désaveu qu'en fait l'histoire, la
mettent aisément à quartier pour se plaire à leur représentation, parce qu'ils sont dans la vraisemblance
générale, bien qu'ils manquent de la particulière.

Tout ce que la fable nous dit de ses Dieux et de ses
métamorphoses est encore impossible, et ne laisse pas
d'être croyable par l'opinion commune, et par cette
vieille tradition qui nous a accoutumés à en ouïr parler. Nous avons droit d'inventer même sur ce modèle,
et de joindre des incidents également impossibles à
ceux que ces anciennes erreurs nous prêtent. L'auditeur n'est point trompé de son attente, quand le
titre du poème le prépare à n'y voir rien que d'impossible en effet : il y trouve tout croyable ; et cette
première supposition faite qu'il est des Dieux, et qu'ils
prennent intérêt et font commerce avec les hommes,
à quoi il vient tout résolu, il n'a aucune difficulté à se
persuader du reste.

Après avoir tâché d'éclaircir ce que c'est que le
vraisemblable, il est temps que je hasarde une définition du nécessaire, dont Aristote parle tant, et qui
seul nous peut autoriser à changer l'histoire, et à nous
écarter de la vraisemblance. Je dis donc que le nécessaire, en ce qui regarde la poésie, n'est autre chose
que *le besoin du poète pour arriver à son but, ou pour
y faire arriver ses acteurs.* Cette définition a son fondement sur les diverses acceptions du mot grec, qui
ne signifie pas toujours ce qui est absolument néces-

saire, mais aussi quelquefois ce qui est seulement
utile à parvenir à quelque chose.

Le but des acteurs est divers, selon les divers desseins que la variété des sujets leur donne. Un amant
a celui de posséder sa maîtresse, un ambitieux de
s'emparer d'une couronne, un homme offensé de se
venger, et ainsi des autres. Les choses qu'ils ont besoin de faire pour y arriver, constituent ce nécessaire,
qu'il faut préférer au vraisemblable, ou pour parler
plus juste, qu'il faut ajouter au vraisemblable dans
la liaison des actions, et leur dépendance l'une de
l'autre. Je pense m'être déjà assez expliqué là-dessus;
je n'en dirai pas davantage.

Le but du poète est de plaire selon les règles de
son art. Pour plaire il a besoin quelquefois de rehaus-
ser l'éclat des belles actions, et d'exténuer l'horreur
des funestes. Ce sont des nécessités d'embellissement,
où il peut bien choquer la vraisemblance particulière
par quelque altération de l'histoire, mais non pas se
dispenser de la générale que rarement, et pour des
choses qui soient de la dernière beauté, et si brillantes
qu'elles éblouissent. Surtout il ne doit jamais les pousser au-delà de la vraisemblance extraordinaire, parce
que ces ornements qu'il ajoute de son invention, ne
sont pas d'une nécessité absolue, et qu'il fait mieux
de s'en passer tout-à-fait, que d'en parer son poème
contre toute sorte de vraisemblance. Pour plaire selon
les règles de son art, il a besoin de renfermer son action dans l'unité du jour et du lieu; et comme cela est
d'une nécessité absolue et indispensable, il lui est

beaucoup plus permis sur ces deux articles, que sur celui des embellissements.

Il est si malaisé qu'il se rencontre dans l'histoire, ni dans l'imagination des hommes, quantité de ces événements illustres et dignes de la tragédie, dont les délibérations et leurs effets puissent arriver en un même lieu et en un même jour, sans faire un peu de violence à l'ordre commun des choses, que je ne puis croire cette sorte de violence tout-à-fait condamnable, pourvu qu'elle n'aille pas jusqu'à l'impossible. Il est de beaux sujets où on ne la peut éviter; et un auteur scrupuleux se priveroit d'une belle occasion de gloire, et le public de beaucoup de satisfaction, s'il n'osoit s'enhardir à les mettre sur le théâtre, de peur de se voir forcé à les faire aller plus vite que la vraisemblance ne le permet. Je lui donnerois en ce cas un conseil que peut-être il trouveroit salutaire, c'est de ne marquer aucun temps préfix dans son poème, ni aucun lieu déterminé où il pose ses acteurs. L'imagination de l'auditeur auroit plus de liberté de se laisser aller au courant de l'action, si elle n'étoit point fixée par ces marques; et il pourroit ne s'apercevoir pas de cette précipitation, si elles ne l'en faisoient souvenir, et n'y appliquoient son esprit malgré lui. Je me suis toujours repenti d'avoir fait dire au roi, dans le Cid, qu'il vouloit que Rodrigue se délassât une heure ou deux après la défaite des Maures, avant que de combattre don Sanche. Je l'avois fait pour montrer que la pièce étoit dans les vingt-quatre heures; et cela n'a servi qu'à avertir les spectateurs de la contrainte avec laquelle je l'y ai réduite. Si j'a-vois fait résoudre ce combat sans en désigner l'heure, peut-être n'y auroit-on pas pris garde.

Je ne pense pas que dans la comédie le poète ait cette liberté de presser son action, par la nécessité de la réduire dans l'unité de jour. Aristote veut que tou-tes les actions qu'il y fait entrer soient vraisemblables, et n'ajoute point ce mot, *ou nécessaires,* comme pour la tragédie. Aussi la différence est assez grande entre les actions de l'une et celles de l'autre. Celles de la comédie partent de personnes communes, et ne con-sistent qu'en intrigues d'amour et en fourberies, qui se développent si aisément en un jour, qu'assez sou-vent chez Plaute et chez Térence, le temps de leur durée excède à peine celui de leur représentation. Mais, dans la tragédie, les affaires publiques sont mêlées d'ordinaire avec les intérêts particuliers des personnes illustres qu'on y fait paroître : il y entre des batailles, des prises de villes, de grands périls, des révolutions d'Etats; et tout cela va malaisément avec la promptitude que la règle nous oblige de don-ner à ce qui se passe sur la scène.

Si vous me demandez jusqu'où peut s'étendre cette liberté qu'a le poète d'aller contre la vérité et contre la vraisemblance, par la considération du besoin qu'il en a, j'aurai de la peine à vous faire une réponse pré-cise. J'ai fait voir qu'il y a des choses sur qui nous n'avons aucun droit; et pour celles où ce privilége peut avoir lieu, il doit être plus ou moins resserré, selon que les sujets sont plus ou moins connus. Il

m'étoit beaucoup moins permis dans Horace, et dans
Pompée, dont les histoires ne sont ignorées de personne, que dans Rodogune et dans Nicomède, dont peu
de gens savoient les noms avant que je les eusse mis
sur le théâtre. La seule mesure qu'on y peut prendre,
c'est que tout ce qu'on y ajoute à l'histoire, et tous
les changements qu'on y apporte, ne soient jamais
plus incroyables que ce qu'on en conserve dans le
même poème. C'est ainsi qu'il faut entendre ce vers
d'Horace touchant les fictions d'ornement,

Ficta voluptatis causâ sint proxima veris (1),

Et non pas en porter la signification jusqu'à celles qui
peuvent trouver quelque exemple dans l'histoire ou
dans la fable, hors du sujet qu'on traite. Le même
Horace décide la question autant qu'on la peut décider par cet autre vers, avec lequel je finis ce discours:

Dabiturque licentia sumpta pudenter (2).

Servons-nous en donc avec retenue, mais sans
scrupule; et s'il se peut, ne nous en servons point
du tout. Il vaut mieux n'avoir point besoin de grâce,
que d'en recevoir.

(1) *Ars poet.* v. 338. — (2) Ibid. v. 52.

TROISIÈME DISCOURS.

DES TROIS UNITÉS,
D'ACTION, DE JOUR ET DE LIEU.

Les deux Discours précédents, et l'Examen de mes pièces de théâtre, m'ont fourni tant d'occasions d'expliquer ma pensée sur ces matières, qu'il m'en resteroit peu de chose à dire, si je me défendois absolument de répéter.

Je tiens donc, et je l'ai déjà dit, que l'unité d'action consiste, dans la comédie, en l'unité d'intrigue, ou d'obstacle aux desseins des principaux acteurs, et en l'unité de péril dans la tragédie, soit que son héros y succombe, soit qu'il en sorte. Ce n'est pas que je prétende qu'on ne puisse admettre plusieurs périls dans l'une, et plusieurs intrigues ou obstacles dans l'autre, pourvu que de l'un on tombe nécessairement dans l'autre ; car alors la sortie du premier péril ne rend point l'action complète, puisqu'elle en attire un second ; et l'éclaircissement d'une intrigue ne met point les acteurs en repos, puisqu'il les embarrasse dans une nouvelle. Ma mémoire ne me fournit point d'exemples anciens de cette multiplicité de périls attachés l'un à l'autre, qui ne détruit point l'unité d'action ; mais j'en ai marqué la duplicité indépendante pour un défaut dans Horace, dont il n'est point besoin qu'il tue sa sœur au sortir de sa victoire ; et je me trompe fort, si la mort de Polixène, et celle d'Astyanax dans la Troade de Sénèque, ne font la même irrégularité.

En second lieu, ce mot d'unité d'action ne veut pas dire que la tragédie n'en doive faire voir qu'une sur le théâtre. Celle que le poète choisit pour son sujet doit avoir un commencement, un milieu et une fin ; et ces trois parties non-seulement sont autant d'actions qui aboutissent à la principale, mais en outre, chacune d'elles en peut contenir plusieurs avec la même subordination. Il n'y doit avoir qu'une action complète, qui laisse l'esprit de l'auditeur dans le calme ; mais elle ne peut le devenir que par plusieurs autres imparfaites, qui lui servent d'acheminement, et tiennent cet auditeur dans une agréable suspension. C'est ce qu'il faut pratiquer à la fin de chaque acte pour rendre l'action continue. Il n'est pas besoin qu'on sache précisément tout ce que font les acteurs durant les intervalles qui les séparent, ni même qu'ils agissent lorsqu'ils ne paroissent point sur le théâtre ; mais il est nécessaire que chaque acte laisse une attente de quelque chose, qui se doive faire dans celui qui le suit.

Si vous me demandiez ce que fait Cléopâtre dans Rodogune, depuis qu'elle a quitté ses deux fils au second acte, jusqu'à ce qu'elle rejoigne Antiochus au quatrième, je serois bien empêché à vous le dire, et je ne crois pas être obligé à en rendre compte : mais la fin de ce second prépare à voir un effort de l'amitié des deux frères pour régner, et dérober Rodogune à la haine envenimée de leur mère. On en voit l'effet dans le troisième, dont la fin prépare encore à voir un autre effort d'Antiochus, pour regagner ces deux ennemies l'une après l'autre, et à ce que fait Séleucus dans le quatrième, qui oblige cette mère dénaturée à résoudre, et faire attendre ce qu'elle tâche d'exécuter au cinquième.

Dans le Menteur, tout l'intervalle du troisième au quatrième vraisemblablement se consume à dormir par tous les acteurs. Leur repos n'empêche pas toutefois la continuité d'action entre ces deux actes, parce que ce troisième n'en a point de complète. Dorante le finit par le dessein de chercher les moyens de regagner l'esprit de Lucrèce ; et dès le commencement de l'autre il se présente pour tâcher de parler à quelqu'un de ses gens, et prendre l'occasion de l'entretenir elle-même, si elle se montre.

Quand je dis qu'il n'est pas besoin de rendre compte de ce que font les acteurs pendant qu'ils n'occupent point la scène, je n'entends pas dire qu'il ne soit quelquefois fort à propos de le rendre ; mais seulement qu'on n'y est pas obligé, et qu'il n'en faut prendre le soin que quand ce qui s'est fait derrière le théâtre sert à l'intelligence de ce qui se doit faire devant les spectateurs. Ainsi je ne dis rien de ce qu'a fait Cléopâtre depuis le second acte jusqu'au quatrième, parce que durant tout ce temps-là elle a pu ne rien faire d'important pour l'action principale que je prépare; mais je fais connoître, dès le premier vers du cinquième, qu'elle a employé tout l'intervalle d'entre ces deux derniers à tuer Séleucus, parce que cette mort fait une partie de l'action. C'est ce qui me donne lieu de remarquer que le poète n'est pas tenu d'exposer à la vue toutes les actions particulières qui amènent à la principale. Il doit choisir celles qui lui sont les plus avantageuses à faire voir, soit par la beauté du spectacle, soit par l'éclat et la véhémence des passions qu'elles produisent, soit par quelque autre agrément qui leur soit attaché, et cacher les autres derrière la scène, pour les faire connoître au spectateur ou par une narration, ou par quelque autre adresse de l'art. Surtout il doit se souvenir que les unes et les autres doivent avoir une telle liaison ensemble, que les dernières soient produites par celles qui les précèdent, et que toutes aient leur source dans la protase qui doit former le premier acte. Cette règle, que j'ai établie dès le premier Discours, bien qu'elle soit nouvelle, et contre l'usage des anciens, a son fondement sur deux passages d'Aristote. En voici le premier : *Il y a grande différence, dit-il, entre les événements qui viennent les uns après les autres, et ceux qui viennent les uns à cause des autres.* Les Maures viennent dans le Cid après la mort du comte, et non pas à cause de la mort du comte; et le pêcheur vient, dans D. Sanche, après qu'on soupçonne Carlos d'être le prince d'Aragon, et non pas à cause qu'on les soupçonne : ainsi tous les deux sont condamnables. Le second passage est encore plus formel, et porte en terme exprès, *que tout ce qui se passe dans la tragédie doit arriver nécessairement ou vraisemblablement, de ce qui l'a précédé.*

La liaison des scènes qui unit toutes les actions particulières de chaque acte l'une avec l'autre, est un grand ornement dans un poème, et qui sert beaucoup à former une continuité d'action, par la continuité de la représentation; mais enfin ce n'est qu'un ornement, et non pas une règle. Les anciens ne s'y sont pas toujours assujettis, bien que la plupart de leurs actes ne soient chargés que de deux ou trois scènes; ce qui la rendoit bien plus facile pour eux que pour nous, qui leur en donnons quelquefois jusqu'à neuf ou dix. Je ne rapporterai que deux exemples du mépris qu'ils en ont fait : l'un est de Sophocle dans l'Ajax, dont le monologue, avant que de se tuer, n'a aucune liaison avec la scène qui le précède, ni avec celle qui le suit; l'autre est du troisième acte de l'Eunuque de Térence, où celle d'Antiphon seul n'a aucune communication avec Chrèmes et Pythias, qui sortent du théâtre quand il y entre. Les savants de notre siècle, qui les ont pris pour modèles dans les tragédies qu'ils nous ont laissées, ont encore plus négligé cette liaison qu'eux; et il ne faut que jeter l'œil sur celles de Buchanan, de Grotius, et de Heinsius dont j'ai parlé dans l'Examen de Polyeucte, pour en demeurer d'accord. Nous y avons tellement accoutumé nos spectateurs, qu'ils ne sauroient plus voir une

scène détachée, sans la marquer pour un défaut.
L'œil et l'oreille même s'en scandalisent, avant que
l'esprit y ait pu faire de réflexion. Le quatrième acte
de Cinna demeure au-dessous des autres par ce manquement; et ce qui n'étoit point une règle autrefois,
l'est devenu maintenant par l'assiduité de la pratique.

En parlant des trois sortes de liaisons dans un
Examen, j'ai montré aversion pour celles de bruit,
indulgence pour celles de vue, estime pour celles de
présence et de discours ; et dans ces dernières j'ai
confondu deux choses qui méritent d'être séparées.
Celles qui sont de présence et de discours ensemble ont
sans doute toute l'excellence dont elles sont capables;
mais il en est de discours sans présence, et de présence sans discours, qui ne sont pas dans le même
degré. Un acteur qui parle à un autre d'un lieu caché, sans se montrer, fait une liaison de discours sans
présence, qui ne laisse pas d'être fort bonne ; mais
cela arrive fort rarement. Un homme qui demeure
sur le théâtre seulement pour entendre ce que diront
ceux qu'il y voit entrer, fait une liaison de présence
sans discours, qui souvent a mauvaise grâce, et tombe
dans une affectation mendiée, plutôt pour remplir ce
nouvel usage qui passe en précepte, que pour aucun
besoin qu'en puisse avoir le sujet. Ainsi, dans le troisième acte de Pompée, Achorée, après avoir rendu
compte à Charmion de la réception que César a faite
au roi quand il lui a présenté la tête de ce héros, demeure sur le théâtre, où il voit venir l'un et l'autre,

seulement pour entendre ce qu'ils diront, et le rapporter à Cléopâtre. Les personnages qui deviennent
muets, lient assez mal les scènes, où ils ont si peu de
part, qu'ils n'y sont comptés pour rien. Autre chose
est, quand ils se tiennent cachés pour s'instruire de
quelque secret important par le moyen de ceux qui
parlent, et qui croient n'être entendus de personne ;
car alors l'intérêt qu'ils ont à ce qui se dit, joint à une
curiosité raisonnable d'apprendre ce qu'ils ne peuvent
savoir d'ailleurs, leur donne grande part en l'action,
malgré leur silence.....

Bien que l'action du poëme dramatique doive
avoir son unité, il y faut considérer deux parties,
le nœud, et le dénouement. « Le nœud est composé,
« selon Aristote, en partie de ce qui s'est passé hors
« du théâtre avant le commencement de l'action
« qu'on y décrit, et en partie de ce qui s'y passe ; le
« reste appartient au dénouement. Le changement
« d'une fortune en l'autre, fait la séparation de ces
« deux parties. Tout ce qui le précède est la première ;
« et ce changement, avec ce qui le suit, regarde l'au-
« tre. » Le nœud dépend entièrement du choix et de
l'imagination industrieuse du poète ; et l'on n'y peut
donner de règle, sinon qu'il y doit ranger toutes
choses selon le vraisemblable ou le nécessaire, dont
j'ai parlé dans le second Discours ; à quoi j'ajoute un
conseil de s'embarrasser le moins qu'il lui est possible des choses arrivées avant l'action qui se représente. Ces narrations importunent d'ordinaire, parce
qu'elles ne sont pas attendues, et qu'elles gênent l'es-

prit de l'auditeur, qui est obligé de charger sa mémoire de ce qui s'est fait dix ou douze ans auparavant, pour comprendre ce qu'il voit représenter : mais celles qui se font des choses qui arrivent et se passent derrière le théâtre, depuis l'action commencée, font toujours un meilleur effet, parce qu'elles sont attendues avec quelque curiosité, et font partie de cette action qui se représente. Une des raisons qui donne tant d'illustres suffrages à Cinna pour le mettre au-dessus de ce que j'ai fait, c'est qu'il n'y a aucune narration du passé; celle qu'il fait de sa conspiration à Emilie, étant plutôt un ornement qui chatouille l'esprit des spectateurs, qu'une instruction nécessaire de particularités qu'ils doivent savoir, et imprimer dans leur mémoire pour l'intelligence de la suite. Emilie leur fait assez connoître, dans les deux premières scènes, qu'il conspiroit contre Auguste en sa faveur; et quand Cinna lui diroit tout simplement, que les conjurés sont prêts au lendemain, il avanceroit autant pour l'action, que par les cent vers qu'il emploie à lui rendre compte, et de ce qu'il leur a dit, et de la manière dont ils l'ont reçu. Il y a des intrigues qui commencent dès la naissance du héros, comme celui d'Héraclius; mais ces grands efforts d'imagination en demandent un extraordinaire à l'attention du spectateur, et l'empêchent souvent de prendre un plaisir entier aux premières représentations, tant ils le fatiguent.

Dans le dénouement, je trouve deux choses à éviter, le simple changement de volonté, et la machine.

Il n'y a pas grand artifice à finir un poème, quand celui qui a fait obstacle au dessein des premiers acteurs, durant quatre actes, s'en désiste au cinquième, sans aucun événement notable qui l'y oblige. J'en ai parlé au premier Discours, et n'y ajouterai rien ici. La machine n'a pas plus d'adresse, quand elle ne sert qu'à faire descendre un Dieu pour accommoder toutes choses, sur le point que les acteurs ne savent plus comment les terminer. C'est ainsi qu'Apollon agit dans l'Oreste : ce prince et son ami Pylade, accusés par Tindare et Ménélas de la mort de Clytemnestre, et condamnés à leur poursuite, se saisissent d'Hélène et d'Hermione. Ils tuent ou croient tuer la première, et menacent d'en faire autant de l'autre, si on ne révoque l'arrêt prononcé contre eux. Pour apaiser ces troubles, Euripide ne cherche point d'autre finesse que de faire descendre Apollon du ciel, qui d'autorité absolue ordonne qu'Oreste épouse Hermione, et Pylade Electre ; et de peur que la mort d'Hélène n'y servît d'obstacle, n'y ayant pas d'apparence qu'Hermione épousât Oreste, qui venoit de tuer sa mère, il leur apprend qu'elle n'est pas morte, et qu'il l'a dérobée à leurs coups, et enlevée au ciel dans l'instant qu'ils pensoient la tuer. Cette sorte de machine est entièrement hors de propos, n'ayant aucun fondement sur le reste de la pièce, et fait un dénouement vicieux ; mais je trouve un peu de rigueur au sentiment d'Aristote, qui met en même rang le char dont Médée se sert, pour s'enfuir de Corinthe après la vengeance qu'elle a prise de Créon.

Il me semble que c'en est un assez grand fondement,
que de l'avoir faite magicienne, et d'en avoir rapporté dans le poème des actions autant au-dessus
des forces de la nature que celle-là. Après ce qu'elle
a fait pour Jason à Colchos, après qu'elle a rajeuni
son père Æson depuis son retour, après qu'elle a
attaché des feux invisibles au présent qu'elle a fait
à Créüse, ce char volant n'est point hors de la vraisemblance, et ce poème n'a point besoin d'autre
préparation pour cet effet extraordinaire. Sénèque
lui en donne une par ce vers que Médée dit à sa
nourrice :

Tuum quoque ipsa corpus hinc mecum aveham,

Ainsi la condamnation d'Euripide, qui ne s'y est
servi d'aucune précaution, peut être juste, et ne re-
tombe point sur Sénèque; et l'on n'a pas besoin de
contredire Aristote, pour le justifier sur cet article.

De l'action je passe aux actes, qui en doivent contenir chacun une portion, mais non pas si égale,
qu'on n'en réserve plus pour le dernier que pour les
autres, et qu'on n'en puisse moins donner au premier
qu'aux autres. On peut même ne faire autre chose
dans ce premier, que peindre les mœurs des personnages, et marquer à quel point ils en sont de l'histoire qu'on va représenter. Aristote n'en prescrit point
le nombre. Horace le borne à cinq; et bien qu'il défende d'y en mettre moins, les Espagnols s'opiniâ-
trent à l'arrêter à trois, et les Italiens font souvent la
même chose. Les Grecs les distinguoient par le chant

du chœur; et comme je trouve lieu de croire qu'en quelques-uns de leurs poèmes, ils le faisoient chanter plus de quatre fois, je ne voudrois pas répondre qu'ils ne les poussassent jamais au-delà de cinq. Cette manière de les distinguer étoit plus incommode que la nôtre; car, ou l'on prêtoit attention à ce que chantoit le chœur, ou l'on n'y en prêtoit point. Si l'on y en prêtoit, l'esprit de l'auditeur étoit trop tendu, et n'avoit aucun moment pour se délasser. Si l'on n'y en prêtoit point, son attention étoit trop dissipée par la longueur du chant; et lorsqu'un autre acte commençoit, il avoit besoin d'un effort de mémoire pour rappeler en son imagination ce qu'il avoit déjà vu, et en quel point l'action étoit demeurée. Nos violons n'ont aucune de ces deux incommodités. L'esprit de l'auditeur se relâche, durant qu'ils jouent, et réfléchit même sur ce qu'il a vu, pour le louer ou le blâmer, suivant qu'il lui a plu ou déplu; et le peu qu'on les laisse jouer lui en laisse les idées si récentes, que quand les acteurs reviennent, il n'a point besoin de se faire d'effort pour rappeler et renouer son attention.

Le nombre des scènes dans chaque acte ne reçoit aucune règle : mais comme tout l'acte doit avoir une certaine quantité de vers qui proportionne sa durée à celle des autres, on y peut mettre plus ou moins de scènes, selon qu'elles sont plus ou moins longues, pour employer le temps que tout l'acte ensemble doit consumer. Il faut, s'il se peut, y rendre raison de l'entrée et de la sortie de chaque acteur. Surtout pour la sortie, je tiens cette règle indispensable; et il n'y a rien de si mauvaise grâce qu'un acteur qui se retire du théâtre, seulement parce qu'il n'a plus de vers à dire.

Je ne serois pas si rigoureux pour les entrées. L'auditeur attend l'acteur, et bien que le théâtre représente la chambre ou le cabinet de celui qui parle, il ne peut toutefois s'y montrer, qu'il ne vienne de derrière la tapisserie, et il n'est pas toujours aisé de rendre raison de ce qu'il vient de faire en ville, avant que de rentrer chez lui, puisque même quelquefois il est vraisemblable qu'il n'en est pas sorti. Je n'ai vu personne se scandaliser de voir Emilie commencer Cinna, sans dire pourquoi elle vient dans sa chambre. Elle est présumée y être avant que la pièce commence, et ce n'est que la nécessité de la représentation qui la fait sortir de derrière le théâtre pour y venir. Ainsi je dispenserois volontiers de cette rigueur toutes les premières scènes de chaque acte, mais non pas les autres, parce qu'un acteur occupant une fois le théâtre, aucun n'y doit entrer, qui n'ait sujet de parler à lui, ou du moins qui n'ait lieu de prendre l'occasion, quand elle s'offre. Surtout lorsqu'un acteur entre deux fois dans un acte, soit dans la comédie, soit dans la tragédie, il doit absolument, ou faire juger qu'il reviendra bientôt, quand il sort la première fois, comme Horace dans le second acte, et Julie dans le troisième de la même pièce, ou donner raison, en rentrant, pourquoi il revient sitôt.

Aristote veut que la tragédie bien faite soit belle et

capable de plaire, sans le secours des comédiens, **et**
hors de la représentation. Pour faciliter ce plaisir au
lecteur, il ne faut non plus gêner son esprit que celui
du spectateur, parce que l'effort qu'il est obligé de se
faire pour la concevoir, et se la représenter lui-même
dans son esprit, diminue la satisfaction qu'il en doit
recevoir. Ainsi je serois d'avis que le poète prît grand
soin de marquer à la marge les menues actions, qui
ne méritent pas qu'il en charge ses vers, et qui leur
ôteroient même quelque chose de leur dignité, s'il se
ravaloit à les exprimer. Le comédien y supplée aisément sur le théâtre; mais sur le livre on seroit assez
souvent réduit à deviner, et quelquefois même on
pourroit deviner mal, à moins que d'être instruit par-
là de ces petites choses. J'avoue que ce n'est pas l'u-
sage des anciens; mais il faut m'avouer aussi que,
faute de l'avoir pratiqué, ils nous laissent beaucoup
d'obscurités dans leurs poèmes, qu'il n'y a que les
maîtres de l'art qui puissent développer; encore ne
sais-je s'ils en viennent à bout, toutes les fois qu'ils se
l'imaginent. Si nous nous assujettissions à suivre entièrement leur méthode, il ne faudroit mettre aucune
distinction d'actes ni de scènes, non plus que les
Grecs. Ce manque est souvent cause que je ne sais
combien il y a d'actes dans leurs pièces, ni si à la fin
d'un acte un acteur se retire pour laisser chanter le
chœur, ou s'il demeure sans action pendant qu'il
chante, parce que ni eux, ni leurs interprètes, n'ont
daigné nous en donner un mot d'avis à la marge.

Nous avons encore une autre raison particulière

de ne pas négliger ce petit secours, comme ils ont fait. C'est que l'impression met nos pièces entre les mains des comédiens qui courent les provinces, que nous ne pouvons avertir que par-là de ce qu'ils ont à faire, et qui feroient d'étranges contre-temps, si nous ne leur aidions par ces notes. Ils se trouveroient bien embarrassés au cinquième acte des pièces qui finissent heureusement, et où nous rassemblons tous les acteurs sur notre théâtre, ce que ne faisoient pas les anciens. Ils diroient souvent à l'un ce qui s'adresse à l'autre, principalement quand il faut que le même acteur parle à trois ou quatre, l'un après l'autre. Quand il y a quelque commandement à faire à l'oreille, comme celui de Cléopâtre à Laonice, pour lui aller querir du poison, il faudroit un *à parte* pour l'exprimer en vers, si l'on se vouloit passer de ces avis en marge ; et l'un me semble beaucoup plus insupportable que les autres, qui nous donnent le vrai et unique moyen de faire, suivant le sentiment d'Aristote, que la tragédie soit aussi belle à la lecture qu'à la représentation, en rendant facile à l'imagination du lecteur tout ce que le théâtre présente à la vue des spectateurs.

La règle de l'unité de jour a son fondement sur ce mot d'Aristote, *que la tragédie doit renfermer la durée de son action dans un tour du soleil, ou tâcher de ne le passer pas de beaucoup.* Ces paroles donnent lieu à cette dispute fameuse, si elles doivent être entendues d'un jour naturel de vingt-quatre heures, ou d'un jour artificiel de douze. Ce sont deux opinions dont chacune a des partisans considérables ; et pour moi,

je trouve qu'il y a des sujets si malaisés à renfermer
en si peu de temps, que non-seulement je leur accorderois les vingt-quatre heures entières; mais je me
servirois même de la licence que donne ce philosophe
de les excéder un peu, et les pousserois sans scrupule
jusqu'à trente. Nous avons une maxime en droit,
qu'il faut élargir la faveur, et restreindre les rigueurs :
Odia restringenda, favores ampliandi; et je trouve
qu'un auteur est assez gêné par cette contrainte, qui
a forcé quelques-uns de nos anciens d'aller jusqu'à
l'impossible. Euripide, dans les Suppliantes, fait partir Thésée d'Athènes avec une armée, donner une
bataille devant les murs de Thèbes, qui en étoient
éloignés de douze ou quinze lieues, et revenir victorieux en l'acte suivant; et depuis qu'il est parti, jusqu'à l'arrivée du messager qui vient faire le récit de
sa victoire, Æthra et le chœur n'ont que trente-six
vers à dire. C'est assez bien employer un temps si
court. Eschile fait revenir Agamemnon de Troie avec
une vitesse encore toute autre. Il étoit demeuré d'accord avec Clytemnestre sa femme, que sitôt que cette
ville seroit prise, il le lui feroit savoir par des flambeaux disposés de montagne en montagne, dont le
second s'allumeroit incontinent à la vue du premier,
le troisième à la vue du second, et ainsi du reste, et
par ce moyen elle devoit apprendre cette grande nouvelle dès la même nuit. Cependant à peine l'a-t-elle
apprise par ces flambeaux allumés, qu'Agamemnon
arrive, dont il faut que le navire, quoique battu
d'une tempête, si j'ai bonne mémoire, ait été aussi

vite que l'œil à découvrir ces lumières. Le Cid et Pompée, où les actions sont un peu précipitées, sont bien éloignés de cette licence; et s'ils forcent la vrai-semblance commune en quelque chose, du moins ils ne vont point jusqu'à de telles impossibilités.

Beaucoup déclament contre cette règle, qu'ils nomment tyrannique, et auroient raison, si elle n'é-toit fondée que sur l'autorité d'Aristote : mais ce qui la doit faire accepter, c'est la raison naturelle, qui lui sert d'appui. Le poëme dramatique est une imitation, ou pour en mieux parler, un portrait des actions des hommes; et il est hors de doute que les portraits sont d'autant plus excellents, qu'ils ressemblent mieux à l'original. La représentation dure deux heures, et ressembleroit parfaitement, si l'action qu'elle repré-sente n'en demandoit pas davantage pour sa réalité. Ainsi ne nous arrêtons point ni aux douze, ni aux vingt-quatre heures; mais resserrons l'action du poëme dans la moindre durée qu'il nous sera possi-ble, afin que sa représentation ressemble mieux, et soit plus parfaite. Ne donnons, s'il se peut, à l'une que les deux heures que l'autre remplit : je ne crois pas que Rodogune en demande guère davantage; et peut-être qu'elles suffiroient pour Cinna. Si nous ne pouvons la renfermer dans ces deux heures, prenons en quatre, six, dix; mais ne passons pas de beaucoup les vingt-quatre, de peur de tomber dans le dérégle-ment, et de réduire tellement le portrait en petit, qu'il n'ait plus ses dimensions proportionnées, et ne soit qu'imperfection.

Surtout, je voudrois laisser cette durée à l'imagination des auditeurs, et ne terminer jamais le temps qu'elle emporte, si le sujet n'en avoit besoin; principalement quand la vraisemblance y est un peu forcée, comme au Cid, parce qu'alors cela ne sert qu'à les avertir de cette précipitation. Lors même que rien n'est violenté dans un poëme par la nécessité d'obéir à cette règle, qu'est-il besoin de marquer à l'ouverture du théâtre que le soleil se lève, qu'il est midi au troisième acte, et qu'il se couche à la fin du dernier? C'est une affectation qui ne fait qu'importuner. Il suffit d'établir la possibilité de la chose dans le temps où on la renferme, et qu'on le puisse trouver aisément, si l'on y veut prendre garde, sans y appliquer l'esprit malgré soi. Dans les actions même qui n'ont point plus de durée que la représentation, cela seroit de mauvaise grâce, si l'on marquoit d'acte en acte qu'il s'est passé une demi-heure de l'un à l'autre.

Je répète ce que j'ai dit ailleurs, que quand nous prenons un temps plus long, comme de dix heures, je voudrois que les huit qu'il faut perdre, se consumassent dans les intervalles des actes, et que chacun d'eux n'eût en son particulier que ce que la représentation en consume, principalement lorsqu'il y a liaison de scènes perpétuelle, car cette liaison ne souffre point de vide entre deux scènes. J'estime toutefois que le cinquième, par un privilége particulier, a quelque droit de presser un peu le temps, en sorte que la part de l'action qu'il représente, en tienne davantage qu'il n'en faut pour sa représentation. La raison en est, que le spectateur est alors dans l'impatience de voir la fin, et que quand elle dépend d'acteurs qui sont sortis du théâtre, tout l'entretien qu'on donne à ceux qui y demeurent, en attendant de leurs nouvelles, ne fait que languir, et semble demeurer sans action. Il est hors de doute que depuis que Phocas est sorti au cinquième d'Héraclius, jusqu'à ce qu'Amyntas vienne raconter sa mort, il faut plus de temps pour ce qui se fait derrière le théâtre, que pour le récit des vers qu'Héraclius, Martian et Pulchérie emploient à plaindre leur malheur. Prusias et Flaminius, dans celui de Nicomède, n'ont pas tout le loisir dont ils auroient besoin pour se rejoindre sur la mer, consulter ensemble, et revenir à la défense de la reine, et le Cid n'en a pas assez pour se battre contre D. Sanche, durant l'entretien de l'infante avec Léonor, et de Chimène avec Elvire. Je l'ai bien vu, et n'ai point fait de scrupule de cette précipitation, dont peut-être on trouveroit plusieurs exemples chez les anciens; mais ma paresse dont j'ai déjà parlé me fera contenter de celui-ci, qui est de Térence dans l'Andrienne. Simon y fait entrer Pamphile son fils, chez Glycère, pour en faire sortir le vieillard Criton, et s'éclaircir avec lui de la naissance de sa maîtresse, qui se trouve fille de Crémès. Pamphile y entre, parle à Criton, le prie de le servir, revient avec lui; et durant cette entrée, cette prière et cette sortie, Simon et Crémès qui demeurent sur le théâtre, ne disent que chacun un vers, qui ne sauroit donner tout au plus à Pamphile que le loisir de demander où est Criton, et non pas de parler à lui, et lui dire les raisons qui le doivent porter à découvrir en sa faveur ce qu'il sait de la naissance de cette inconnue.

Quand la fin de l'action dépend d'acteurs qui n'ont point quitté le théâtre, et ne font point attendre de leurs nouvelles, comme dans Cinna, et dans Rodogune, le cinquième acte n'a pas besoin de ce privilége, parce qu'alors toute l'action est en vue; ce qui n'arrive pas quand il s'en passe une partie derrière le théâtre, depuis qu'il est commencé. Les autres actes ne méritent point la même grâce. S'il ne s'y trouve pas assez de temps pour y faire rentrer un acteur qui en est sorti, ou pour faire savoir ce qu'il a fait depuis cette sortie, on peut attendre à en rendre compte en l'acte suivant, et le violon qui les distingue l'un de l'autre en peut consumer autant qu'il en est besoin: mais dans le cinquième il n'y a point de remise, l'attention est épuisée, et il faut finir.

Je ne puis oublier que, bien qu'il nous faille réduire toute l'action tragique en un jour, cela n'empêche pas que la tragédie ne fasse connoître par narration, ou par quelque autre manière plus artificieuse, ce qu'a fait son héros en plusieurs années, puisqu'il y en a dont le nœud consiste en l'obscurité de sa naissance, qu'il faut éclaircir, comme OEdipe. Je ne répéterai point que moins on se charge d'actions passées, plus on a l'auditeur propice, par le peu de gêne qu'on lui donne, en lui rendant toutes les choses présentes, sans demander aucune réflexion à sa mémoire, que pour ce qu'il a vu; mais je ne puis oublier que c'est un grand ornement pour un poème que le choix d'un jour illustre, et attendu depuis quelque temps. Il ne s'en présente pas toujours des occasions ; et dans tout ce que j'ai fait jusqu'ici, vous n'en trouverez de cette nature que quatre : celui d'Horace, où deux peuples devoient décider de leur empire par une bataille, celui de Rodogune, d'Andromède, et de don Sanche. Dans Rodogune, c'est un jour choisi par deux souverains, pour l'effet d'un traité de paix entre leurs couronnes ennemies, pour une entière réconciliation de deux rivales par un mariage, et pour l'éclaircissement d'un secret de plus de vingt ans, touchant le droit d'aînesse entre deux princes jumeaux, dont dépend le royaume et le succès de leur amour. Celui d'Andromède et celui de don Sanche ne sont pas de moindre considération ; mais comme je viens de le dire, les occasions ne s'en offrent pas souvent, et dans le reste de mes ouvrages, je n'ai pu choisir des jours remarquables, que parce que le hasard y fait arriver, et non pas par l'emploi où l'ordre public les ait destinés de longue main.

Quant à l'unité de lieu, je n'en trouve aucun précepte, ni dans Aristote, ni dans Horace. C'est ce qui porte quelques-uns à croire que la règle ne s'en est établie qu'en conséquence de l'unité du jour, et à se persuader ensuite qu'on le peut étendre jusqu'où un homme peut aller et revenir en vingt-quatre heures. Cette opinion est un peu licencieuse ; et si l'on faisoit aller un acteur en poste, les deux côtés du théâtre pourroient représenter Paris et Rouen. Je souhaiterois,

pour ne point gêner du tout le spectateur, que ce
qu'on fait représenter devant lui en deux heures se
pût passer en effet en deux heures, et que ce qu'on lui
fait voir sur un théâtre qui ne change point, pût s'arrêter dans une chambre ou dans une salle, suivant le
choix qu'on en auroit fait ; mais souvent cela est si
malaisé, pour ne pas dire impossible, qu'il faut de
nécessité trouver quelque élargissement pour le lieu,
comme pour le temps. Je l'ai fait voir exact dans Horace, dans Polyeucte, et dans Pompée ; mais il faut
pour cela, ou n'introduire qu'une femme, comme
dans Polyeucte, ou que les deux qu'on introduit aient
tant d'amitié l'une pour l'autre, et des intérêts si con-
joints, qu'elles puissent être toujours ensemble, comme
dans l'Horace, ou qu'il leur puisse arriver, comme
dans Pompée, où l'empressement de la curiosité naturelle fait sortir de leurs appartements Cléopâtre au
second acte, et Cornélie au cinquième, pour aller jusque dans la grand'salle du palais du roi, au-devant
des nouvelles qu'elles attendent. Il n'en va pas de
même dans Rodogune. Cléopâtre et elle ont des intérêts trop divers pour expliquer leurs plus secrètes
pensées en même lieu. Je pourrois en dire ce que
j'ai dit de Cinna, où en général tout se passe dans
Rome, et en particulier moitié dans le cabinet d'Auguste, et moitié chez Emilie. Suivant cet ordre, le
premier acte de cette tragédie seroit dans l'antichambre
de Rodogune, le second dans la chambre de Cléopâtre, le troisième dans celle de Rodogune ; mais si
le quatrième peut commencer chez cette princesse,

il n'y peut s'achever; et ce que Cléopâtre y dit à ses deux fils, l'un après l'autre, y seroit mal placé. Le cinquième a besoin d'une salle d'audience, où un grand peuple puisse être présent. La même chose se rencontre dans Héraclius. Le premier acte seroit fort bien dans le cabinet de Phocas, et le second chez Léontine; mais si le troisième commence chez Pulchérie, il n'y peut s'achever, et il est hors d'apparence que Phocas délibère dans l'appartement de cette princesse de la perte de son frère.

Nos anciens, qui faisoient parler leurs rois dans une place publique, donnoient assez aisément l'unité rigoureuse de lieu à leurs tragédies. Sophocle toutefois ne l'a pas observée dans son Ajax, qui sort du théâtre afin de chercher un lieu écarté pour se tuer, et s'y tue à la vue du peuple : ce qui fait juger aisément que celui où il se tue, n'est pas le même que celui d'où on l'a vu sortir, puisqu'il n'en est sorti que pour en choisir un autre.

Nous ne prenons pas la même liberté de tirer les rois et les princesses de leurs appartements; et comme souvent la différence et l'opposition des intérêts de ceux qui sont logés dans le même palais, ne souffrent pas qu'ils fassent leurs confidences, et ouvrent leurs secrets en même chambre, il nous faut chercher quelque autre accommodement pour l'unité de lieu, si nous la voulons conserver dans tous nos poèmes : autrement il faudroit prononcer contre beaucoup de ceux que nous voyons réussir avec éclat.

Je tiens donc qu'il faut chercher cette unité exacte

autant qu'il est possible ; mais comme elle ne s'accommode pas avec toute sorte de sujets, j'accorderois très-volontiers que ce qu'on feroit passer en une seule ville auroit l'unité de lieu. Ce n'est pas que je voulusse que le théâtre représentât cette ville toute entière, cela seroit un peu trop vaste, mais seulement deux ou trois lieux particuliers, enfermés dans l'enclos de ses murailles. Ainsi la scène de Cinna ne sort point de Rome, et est tantôt l'appartement d'Auguste dans son palais, et tantôt la maison d'Emilie. Le Menteur a les Tuileries et la place Royale dans Paris. Le Cid multiplie encore davantage les lieux particuliers sans quitter Séville ; et comme la liaison de scène n'y est pas gardée, le théâtre, dès le premier acte, est la maison de Chimène, l'appartement de l'infante dans le palais du roi, et la place publique : le second y ajoute la chambre du roi, et sans doute il y a quelque excès dans cette licence. Pour rectifier en quelque façon cette duplicité de lieu, quand elle est inévitable, je voudrois qu'on fît deux choses : l'une, que jamais on ne changeât dans le même acte, mais seulement de l'un à l'autre, comme il se fait dans les trois premiers de Cinna ; l'autre, que ces deux lieux n'eussent point besoin de diverses décorations, et qu'aucun des deux ne fût jamais nommé, mais seulement le lieu général où tous les deux sont compris, comme Paris, Rome, Lyon, Constantinople, etc. Cela aideroit à tromper l'auditeur, qui ne voyant rien qui lui marquât la diversité des lieux, ne s'en apercevroit pas, à moins d'une réflexion malicieuse et critique,

dont il y en a peu qui soient capables, la plupart
s'attachant avec chaleur à l'action qu'ils voient représenter. Le plaisir qu'ils y prennent est cause qu'ils
n'en veulent pas chercher le peu de justesse, pour
s'en dégoûter; et ils ne le reconnoissent que par force,
quand il est trop visible, comme dans le Menteur, où
les différentes décorations font reconnoître cette duplicité de lieu, malgré qu'on en ait.

Mais comme les personnages qui ont des intérêts
opposés ne peuvent pas vraisemblablement expliquer
leurs secrets en même place, et qu'ils sont quelquefois
introduits dans le même acte, avec liaison de scènes
qui emporte nécessairement cette unité, il faut trouver un moyen qui la rende compatible avec cette con-
tradiction qu'y forme la vraisemblance rigoureuse,
et voir comment pourra subsister le quatrième acte de
Rodogune, et le troisième d'Héraclius, où j'ai déjà
marqué cette répugnance du côté des deux personnes
ennemies qui parlent en l'un et en l'autre. Les ju-
risconsultes admettent des fictions de droit, et je
voudrois à leur exemple introduire des fictions de
théâtre, pour établir un lieu théâtral, qui ne seroit ni
l'appartement de Cléopâtre, ni celui de Rodogune
dans la pièce qui porte ce titre, ni celui de Phocas,
de Léontine, ou de Pulchérie dans Héraclius, mais
une salle, sur laquelle ouvrent ces divers appartements, à qui j'attribuerois deux priviléges; l'un,
que chacun de ceux qui y parleroient fût présumé
y parler avec le même secret que s'il étoit dans sa
chambre; l'autre, qu'au lieu que dans l'ordre commun

il est quelquefois de la bienséance que ceux qui occupent le théâtre aillent trouver ceux qui sont dans
leur cabinet pour parler à eux, ceux-ci pussent les
venir trouver sur le théâtre, sans choquer cette bienséance, afin de conserver l'unité de lieu, et la liaison
des scènes. Ainsi Rodogune, dans le premier acte,
vient trouver Laonice qu'elle devroit mander pour
parler à elle; et dans le quatrième, Cléopâtre vient
trouver Antiochus au même lieu où il vient de fléchir Rodogune, bien que dans l'exacte vraisemblance
ce prince devroit aller chercher sa mère dans son
cabinet, puisque elle hait trop cette princesse pour
venir parler à lui dans son appartement, où la première scène fixeroit le reste de cet acte, si l'on n'ap-
portoit ce tempérament dont j'ai parlé à la rigoureuse unité de lieu.

Beaucoup de mes pièces en marqueront, si l'on ne
veut point admettre cette modération, dont je me
contenterai toujours à l'avenir, quand je ne pourrai
satisfaire à la dernière rigueur de la règle. Je n'ai pu
y en réduire que trois, Horace, Polyeucte, et Pompée.
Si je me donne trop d'indulgence dans les autres,
j'en aurai encore davantage pour ceux dont je verrai
réussir les ouvrages sur la scène avec quelque apparence de régularité. Il est facile aux spéculatifs d'être
sévères; mais s'ils vouloient donner dix ou douze
poèmes de cette nature au public, ils élargiroient
peut-être les règles encore plus que je ne fais, sitôt
qu'ils auroient reconnu par l'expérience, quelle contrainte apporte leur exactitude, et combien de belles

choses elle bannit de notre théâtre. Quoi qu'il en soit, voilà mes opinions, ou si vous voulez, mes hérésies, touchant les principaux points de l'art, et je ne sais point mieux accorder les règles anciennes avec les agréments modernes. Je ne doute point qu'il ne soit aisé d'en trouver de meilleurs moyens; et je serai tout prêt de les suivre, lorsqu'on les aura mis en pratique aussi heureusement qu'on y a vu les miens.

FIN.

TABLE DES PIÈCES

CONTENUES

DANS CE VOLUME.

FIN DE LA TABLE.

L.-É. HERHAN, IMPRIMEUR-STÉRÉOTYPE,
RUE TRAÎNÉE, Nᵒ. 15, PRÈS DE SAINT-EUSTACHE.

www.ingramcontent.com/pod-product-compliance
Lightning Source LLC
Chambersburg PA
CBHW050205030726
47505CB00005B/1532